普通高等教育"十三五"旅游与饭店管理及会展策划与管理专业系列规划教材

总主编 刘住

饭店财务会计

主 编 方法林 周 婷
副主编 吴 凡

西安交通大学出版社
XI'AN JIAOTONG UNIVERSITY PRESS

内 容 提 要

　　本书针对旅游与饭店管理专业学生的认知特点，兼顾财务知识体系的系统性，紧密结合饭店实际工作，通过"项目驱动，模块引领，任务设计，案例导学"，注重知识和能力的结合，使学生能够运用相关财务知识去分析和处理饭店经营管理过程中的实际财务会计问题。

　　本教材可供普通高等教育旅游及饭店管理类专业的学生使用，也可作为旅游及饭店从业人员的学习参考用书。

前言

　　随着旅游饭店行业的迅速发展,社会对旅游饭店行业技能人才的要求也越来越高,不仅要求他们具备熟练的操作技能,还要能够从财务的视角去理解和处理日常工作中的问题。因此,饭店财务会计知识是广大旅游饭店从业人员必须了解和掌握的一门专业知识。

　　本书针对职业院校旅游与饭店管理专业学生的认知特点,兼顾财务知识体系的系统性,紧密结合饭店实际工作,通过"项目驱动,模块引领,任务设计,案例导学",注重知识和能力的结合,使学生能够运用相关财务知识去分析和处理饭店经营管理过程中的实际财务会计问题。

　　为适应不断变化着的环境,落实《国家中长期教育改革和发展规划纲要(2010—2020年)》以及教育部关于高等职业教育新近文件的精神与要求,本书具有以下特色:

一、定位准确,体例新颖

　　本书将人才培养目标由先前的"教高〔2006〕16号"和"教职成〔2011〕9号"文件定位,向内涵更加丰富的"培养高等职业复合型专业人才"的目标迈进。同时,本书立足饭店财务会计的基本理论知识和实践,参考了国际酒店财务会计的设计思路,改变了传统财务教材按理论知识本身的逻辑性和完整性进行组织的方式,以酒店运营部门所关心的财务会计问题重构知识体系,项目排序符合学生的认知需要。

二、内容精炼,与时俱进

　　随着电子商务在各行各业的迅速运用,饭店业也与时俱进,不断进行业务改革和创新。本书一改传统财务教材"大而全,面面俱到"的内容特征,重点讲解现代饭店财会从业人员经常遇到的财务会计问题,力求每个案例都更具有权威性、前沿性与代表性,做到文字精炼,案例新颖,与时俱进,通俗易懂,并辅以"案例分析""知识拓展""师生互动""同步思考""同实训课业"等模块加深学生对财务会计知识的理解和运用。

三、理实一体,重在应用

本书将饭店财务会计基本理论和操作实务进行有机整合,将饭店实际工作融入财务学习过程中,注重引发学生在实际应用时对饭店资产负债核算、收入管理、成本控制、财务报表编制、会计信息系统操作等工作的关注和思考,从而指导实践以进一步提高饭店的经营效益和管理水平。

四、方法先进,运用综合

本书兼顾了各种先进的教学方法,将"学导式教学法""案例教学法""互动教学法""问题教学法""讨论教学法""项目教学法"等诸多教学方法具体运用于专业课程的各种教学活动、功能性专栏和课后训练的教材设计中。

本书由南京旅游职业学院方法林总设计,由方法林、周婷担任主编,吴凡担任副主编,刘丽娟、张燕、景诚参编。具体分工如下:项目一、三、四、五(模块一)、九由周婷编写;项目五(模块二)、六、七(模块二)、八、十由吴凡编写;项目二由刘丽娟编写;项目五(模块三)由景诚编写;项目七(模块一)由张燕编写;最后由方法林统稿全书。

本书是集体智慧的结晶,参考了国内外许多作者的观点以及我国最新由财政部出版的相关职称考试教材等其他相关材料,在此谨向他们表示感谢并致敬。由于编者水平和经验有限,书中难免有欠妥和错误之处,恳请读者批评指正,以便修订时完善。

编 者

2017 年 2 月

目录 Contents

项目四 饭店成本、费用核算

项目五 饭店资产的核算

项目九　饭店财务报表的编制

项目十　饭店会计信息系统

项目一 走进饭店会计

学习目标

学习目标

- **职业知识**

学习并掌握饭店财务会计的基本概念；了解饭店财务会计的特点；掌握饭店财务会计信息质量要求；掌握饭店财务会计要素的确认及计量；掌握饭店财务会计核算的主要内容；了解饭店财务会计工作的组织架构；了解财务稽核及内部控制。

- **职业能力**

运用本项目专业知识研究相关案例，掌握饭店的会计计量及其应用；通过本项目后的实训课业，培养相关专业技能。

- **职业道德**

结合本项目中的"同步思考"和"师生互动"等教学内容，依照职业道德规范，强化饭店财务会计实务中从业人员的职业道德素质。

案例思考

李明是某旅游院校的饭店财务管理专业毕业生，很荣幸地被一家国内知名饭店的财务部门录用为正式员工。上班第一天，财务负责人拿出一份饭店财务会计制度让李明好好研读。

饭店财务会计制度

第一节　总则

第一条　为加强财务管理，根据《会计法》及相关法律、法规的财务规定，结合公司具体情况，制定本制度。

第二条　财务管理工作必须在加强宏观控制和微观搞活的基础上，严格执行财经纪律，以提高经济效益，构建和谐的公司经济实力为宗旨。

第三条　财务管理工作在"诚实经营、礼貌微笑""踏实工作、贴近客人"的精神与宗旨下，为公司经济核算、经济运行、经济分析、财务监督制定本制度。

第二节　内部会计管理体系

……

李明很是纳闷，一来就给我看会计制度，这有什么用呀，我都学过会计核算了，应该不需要看这些会计基本理论的知识了吧！

思考：李明的想法正确吗？

— 1 —

模块一　财务会计概述

任务一　饭店财务会计基本概念

一、饭店财务会计的概念

随着我国第三产业的蓬勃发展,饭店类企业日益增多,其形式和层次也逐渐呈现出多元化和高端化的趋势。为了更好地服务于饭店行业,饭店财务会计显得越来越重要。饭店财务会计是以货币为基本的计量单位,以饭店经营活动过程中产生的会计资料为依据,采用专门的技术方法,对饭店这一会计主体的经济活动进行核算与监督并提供会计信息的一种管理活动。

知识拓展

会计基本假设

会计核算需要一些基本前提,我们称作会计基本假设。

会计主体:是指会计工作服务的特定对象,是企业会计确认、计量和报告的空间范围。

持续经营:是指在可以预见的将来,企业将会按当前的规模和状态继续经营下去,不会停业,也不会大规模地削减业务。

会计分期:是指将一个企业持续经营的生产经营活动划分为一个个连续的、长短相同的期间。

货币计量:是指会计主体在会计确认、计量和报告时以货币计量,反映会计主体的生产经营活动。

请问:饭店财务会计的会计主体是什么呢?

二、饭店财务会计的特点

饭店属于第三产业,整体来看,其经营特点表现为以服务为中心,辅之以生产和商品流通,直接为消费者服务。饭店财务会计的特点如下:

(1)根据经营业务的特点,采用不同的会计核算。饭店业务涉及客房经营、餐饮经营、娱乐经营、商品经营,项目多,内容复杂,应根据经营的不同特点来核算。如餐饮业务,具有生产、零售和服务三种职能,在会计核算上就必须分不同业务,结合工业企业、流通企业的会计核算方法、特点进行核算。

(2)根据经营业务的内容,分别计算经营成果。饭店业是一个新兴的综合性社会服务行业。为了充分满足旅客吃、住、行、游、购、娱等方面的要求,一些中高档饭店一般为旅客提供全方位、综合性的服务项目。这种涉及面广、业务内容复杂的情形反映到会计核算上,就要求分别计算各类经营业务的经营成果,分别核算和监督各项经营业务的收入、成本和费用情况,最后加以汇总。

(3)根据经营业务的结算方式不同,需要采用相应的核算方法和管理制度。随着现代科技的发展,银行卡、信用卡、餐卡等各种非现金结算方式已经十分普遍。在结算方式多种多样的同时,也存在着一定的风险,因此,饭店企业的会计部门应采取相应的核算方法和管理制度。

知识拓展

会计学分支

会计师对会计活动进行各种各样的分类,不过大多数会计师都承认存在着既有区别又有重叠的分支,这些分支有财务会计、成本会计、管理会计、税务会计、审计和会计系统等。

财务会计是与收入、费用、资产和负债有关的会计,它涉及入账、分类和汇总交易事项等基本会计过程。这一领域常常局限于编制和分配财务报表所必需的会计记录。

成本会计是会计学的一个分支,是处理现时和预计成本的入账、分类、分账户和报告的一个分支。成本会计师按照部门、职能和职责以及产品和服务来确定成本,成本会计的主要目的是帮助经营者控制经营活动。

管理会计是会计学的又一分支,用以为各级管理部门加强控制而提供信息。管理会计师们编制包括与预算相比较的绩效报告。这些报告的一个主要目的是为了管理决策提供更进一步的信息。

税务会计是与向政府机构编制和提交各种纳税表格有关的一个会计分支。

审计是涉及对报表、记录和内部控制系统进行检查和评定等内容的又一会计分支。审计可能是外部审计,也可能是内部审计。独立的外部审计常常被称为财务审计。在过去的几年里,饭店也越来越多地雇用内部审计师,其基本任务是审查和评估企业内部控制系统。许多大饭店建有专职的内部审计队伍,他们对各类财产进行审计,帮助管理部门完善内部控制系统。

会计学的最后一个分支是会计系统。会计系统人员审查饭店的信息系统。信息系统不仅包括会计信息系统,还包括诸如顾客预订等其他系统。由于饭店基本都已实现计算机化,因此许多会计系统专家是电子数据处理专家。

(资料来源:Raymond S. Schmidgall. 饭店业管理会计[M].4 版. 北京:中国旅游出版社,2002.)

师生互动

老师:看完了美国饭店业协会编制的会计学分支内容,能不能总结出财务会计和管理会计的区别和联系呢? 建议大家去图书馆借阅这本著作,学习一些美国的饭店财务会计制度。

参考答案(二者的比较见表 1-1)

表 1-1　财务会计与管理会计的比较

不同之处	财务会计	管理会计
会计主体	以整个企业为主体	以企业内部各层次的责任单位为主体
基本职能	为企业的利益相关者提供会计信息服务,采用统一的会计制度	作为企业内部的会计管理系统,主要为企业内部管理服务,不受财务会计"公认会计原则"的限制和约束
信息特征	反映过去的会计信息	反映过去、现在和未来的信息

财务会计与管理会计虽然有以上区别,但也存在着密切的联系:

(1)两种是现代会计的两大基本内容。财务会计与管理会计源于统一的母体,共同构成了现代企业会计系统的有机整体。

(2)最终目标相同。财务会计与管理会计所处的环境相同,共同为实现企业的管理和经营目标服务。

(3)相互分享部分信息。管理会计所需的很多资料来自于财务会计信息,因而受到财务会计工作质量的影响。

知识拓展

国际饭店业统一会计制度的原则及特点

国际饭店业统一会计制度所提供的财务报表以及一整套会计科目都是在遵循会计原则下,依循饭店经营损益核算过程的特点设计的。这一制度的编制突出地体现了:

1. 饭店业现代企业制度的一个标志

会计制度是确立饭店业现代企业制度的一个标志,即所有权和经营权两者分离的原则。这一原则的确立,实际上对后来专门从事经营运作的饭店管理公司的兴起也起到了推动作用。

2. 经营性费用和资本性费用的划分

这一会计制度将饭店运营过程中产生的成本,划分为经营性成本费用和资本性成本费用两大类。经营性成本费用控制的责任在经营者,即饭店的总经理;而资本性成本费用控制的权力则在业主机构,即饭店业主公司的董事会。

3. 饭店经营效益优劣的衡量标准

以饭店运营过程中的经营毛利润(gross operationg profit,GOP)作为饭店经营效益优劣的衡量标准。饭店业主以经营毛利润作为考核饭店经营者业绩的主要指标。

国际饭店业统一会计制度与现行的企业会计制度相比较具有以下几个特点:

1. 专业性强

因为这一制度是专门针对饭店行业设计的。

2. "行业规范性"强

这个制度出自于行业协会,是作为"行业规范"提出的,并以此作为"自律标准",它统一了饭店数据的划分和定义,还规定了各部门费用详细分摊方法,因而也使各饭店的经营数字相互间具备了可比性,为各饭店了解市场提供了有利条件,也促进了饭店行业管理水平的提高。

3. 体现了饭店业"管理会计"的需求

损益表的内容和格式综合了财务会计和管理会计的共同需要,十分实用。它确定了饭店内部经营目标责任范围,严格地划分了经营管理中收益产生中心和成本产生中心;以及经营毛利润之前的经营运作范围与经营毛利润之后资本运作范围的界限,并建立起了相应的控制和检查体系。

在经营运作和资本运作之间,更侧重于经营运作;在运用财务资料和经营资料之间,更侧重于经营资料。

着眼于考核内部的经营效益,即把管理会计所要求的预算管理、成本控制与核算、经营差异分析(业绩分析)、信息反馈、经营决策等实际成果,反映和联系在经营资料之中。这一操作的结果与我们一些饭店实行的经营目标责任制是相吻合的。这从根本上实行了在财务会计基础上实际管理会计及体现现代化企业制度的管理模式要求。

(资料来源:美国饭店及汽车旅馆协会.饭店统一会计制度[M].乐明伟,顾玮,译.北京:旅游教育出版社,1990.)

任务二　饭店财务会计信息质量要求

会计信息质量要求是对饭店财务报告中所提供的会计信息质量的基本要求,是使财务报告中所提供的会计信息对投资者等信息使用者决策有用应具备的基本特征。它主要包括可靠性、相关性、可理解性、可比性、实质重于形式、重要性、谨慎性和及时性等。

1. 可靠性

可靠性要求饭店应当以实际发生的交易或者事项为依据进行确认、计量和报告,如实反映符合确认和计量要求的会计要素及其他信息,保证会计信息真实可靠、内容完整。

▌案例分析

某集团饭店(以下简称 JY 集团)成立于 1993 年,是一家拥有相当知名度和规模的饭店。JY 集团 2009 年度会计报表由 JY 集团本部及杭州 SL 饭店、浙江桐庐 JY 饭店、浙江 JY 饭店、浙江 JJ 饭店五家具有法人资格、实行独立核算的企业报表汇编而成。2009 年合并会计报表反映,该集团年末资产总计 45 382.00 万元、负债总计 27 296.00 万元、所有者权益 18 086.00 万元、利润总额 217.00 万元。当年会计报表未经社会中介机构审计。

2010 年 7 月,财政部门派出检查组,对 JY 集团及其下属四个子公司 2009 年会计信息质量进行了检查。检查发现,JY 集团财务管理混乱,会计核算不规范,基础工作薄弱,会计信息严重失真。经检查后调整会计报表,该集团实际资产为 20 098.00 万元、负债为 15 667.00 万元、所有者权益为 4 431.00 万元、利润总额为 3 271.00 万元。资产、负债、所有者权益分别虚增了 126%、74%、308%,利润虚增达 3 488.00 万元。检查结果被财政部门公告,在社会上引起了较强的反响,作为上市公司的 JY 集团股价立刻大跌,给企业和股民都带来不小的损失。

思考:饭店的财务部门如何做到使饭店的财务信息真实可靠呢? 是不是无论付出多大代价都应该保证会计信息的完整呢? 是不是无论重不重要都需要保证会计信息的完整呢?

2. 相关性

相关性要求饭店提供的会计信息应当与投资者等财务报告使用者的经济决策需要相关,有助于投资者等财务报告使用者对饭店过去、现在或者将来的情况作出评价或者预测。

3. 可理解性

可理解性要求饭店提供的会计信息应当清晰明了,便于投资者等财务报告使用者理解和使用。会计信息是一种专业语言,在强调会计信息的可理解性要求的同时,还应该假定信息使用者具有一定的有关饭店的经营活动和会计方面的知识。

4. 可比性

可比性要求饭店提供的会计信息应当相互可比,主要包括两层含义:

(1)同一家饭店不同时期可比。会计信息质量的可比性要求同一家饭店不同时期发生的相同或者相似的交易或者事项,应当采用一致的会计政策,不得随意变更。

(2)不同饭店相同会计期间可比。会计信息质量的可比性要求不同饭店同一个会计期间发生的相同或者相似的交易或者事项,应当采用规定的会计政策,保持会计信息口径一致、相互可比,以使不同饭店按照一致的确认、计量和报告要求提供有关会计信息。

5.实质重于形式

实质重于形式要求饭店应当按照交易或者事项的经济实质进行会计确认、计量和报告,不仅仅以交易或者事项的法律形式为依据。

■■■ 案例分析

某饭店以融资租赁的方式租入一台设备,这台设备的使用寿命为 10 年,租赁合同中规定租期为 8 年,租赁期结束后该饭店有权优先购买这台设备,在租赁期内该饭店有权支配资产并从中收益等。刚刚来到这家饭店财务部门实习的宋晓明在纠结,到底要不要将这台设备纳入到饭店的固定资产中呢? 从法律形式上来看这家饭店是否拥有这台设备的所有权呢? 从经济实质上看,这家饭店是能够控制融资租入资产所创造的未来经济利益的。请问这台设备该做如何的处理呢?

提示:查阅资料了解融资租赁的含义。

6.重要性

重要性要求饭店提供的会计信息应当反映与饭店的财务状况、经营成果和现金流量有关的所有重要交易或者事项。重要性可以从饭店事项的性质和金额的大小来加以判断。

7.谨慎性

谨慎性要求饭店对交易或者事项进行会计确认、计量和报告应当保持应有的谨慎,不应该高估资产或者收益、低估负债或者费用。

■ 同步思考

某饭店购进一台设备,价值 100.00 万,该饭店的会计小明将这台设备的账面价值登记为 120.00 万;某一个月发生了管理费用 5 000.00 元,小明在财务经理的指示下将 5 000.00 元登记为 4 000.00 元,请问上述人员的做法违反了会计信息质量的什么要求?

8.及时性

及时性要求饭店对已经发生的交易或者事项,应当及时进行确认、计量和报告,不得提前或者延后。及时性要求饭店及时收集会计信息;及时处理会计信息;及时传递会计信息。

任务三　饭店财务会计要素及其确认与计量

一、饭店财务会计要素的内容

会计要素是根据交易或者事项的经济特征所确定的财务会计对象和基本分类。会计要素按照性质分为资产、负债、所有者权益、收入、费用和利润。其中资产、负债和所有者权益反映饭店的财务状况,收入、费用和利润反映饭店的经营成果。

1.资产

资产是指饭店过去的交易或者事项形成的,由饭店拥有或者控制的,预期会给企业带来经济利益的资源。资产的确认条件有两个:一是与该资源有关的经济利益很可能流入饭店;二是该资源的成本或者价值能够可靠地计量。

2.负债

负债是指饭店过去的交易或者事项形成的,预期会导致经济利益流出企业的现时义务。负债的确认条件也有两个:一是与该义务有关的经济利益很可能会流出企业;二是未来流出的经济利益的金额能够可靠计量。

3.所有者权益

所有者权益体现的是所有者在饭店中的剩余权益,因此,所有者权益的确认主要依赖于其他会计要素,尤其是资产和负债的确认。

4.收入

收入是指饭店在日常活动中形成的、会导致所有者权益增加的、与所有者投入资本无关的经济利益的总流入。饭店的收入具有一定的特殊性,包括客房收入、餐饮收入、商品部收入、车队收入等等。

5.费用

费用是指饭店在日常活动中发生的、会导致所有者权益减少的、与向所有者分配利润无关的经济利益的总流出。饭店在筹建期间发生的开办费、董事会和行政管理部门在饭店的经营管理中发生的一系列经费都是饭店的期间费用。

6.利润

利润是指饭店在一定会计期间的经营成果。通常情况下,如果饭店实现了利润,表示饭店的所有者权益会增加;反之,如果饭店发生亏损,表明饭店的所有者权益将减少。利润包括收入减去费用后的净额、直接计入到利润的利得和损失等。

师生互动

请分小组讨论,进行师生互动,举例说明一家饭店的资产、负债、所有者权益、收入、费用和利润。并分析饭店行业的会计要素和一般工业企业的会计要素所包括的内容有什么不同之处。

二、会计要素的确认

确认是财务会计数据进入会计系统进行记录和报告的程序,即将某一会计事项作为资产、负债、所有者权益、收入、费用或其他会计要素正式地列入财务报表的过程。某一会计事项一旦被确认,就要同时以文字和数据加以记录,其金额包括在报表总计之中。对于记录来说,应包括应否记录、何时记录、当做哪个会计要素来记录。对于报告来说,应包括应否计入财务报表、何时计入财务报表、当做哪一项会计要素来报告。

财务会计确认主要解决三个问题:一是某一事项是否需要确认;二是该事项应在何时确认;三是该事项应确认为什么会计要素。这三个方面实际上是说明财务会计确认应采用的标准。一般的标准有:①被确认的项目仅仅是通过交易或事项所产生,它们的性质应符合要素的定义;②与该项目有关的未来经济利益流入或流出企业的不确定性能明确地评估;③该项目应有可计量的属性如成本、价值等,并能可靠地计量。

根据以上标准,在确认收入时,应符合"实现"的原则;在确认费用时,应符合"配比"的原则。实现原则和配比原则,既同"持续经营""会计分期"假设有关联,又同"权责发生制"原则相联系。前者要求收入和费用都应当按权责发生制进行跨期摊配,以便如实地反映各个经营期间的经营业绩;后者是对跨期摊配的期间或时点作出如实计算期间经营业绩相适应的合理规定。这就是说,收入的确认应是在取得收入权利的交易或事项发生之时;而费用的确认应是在承担费用的交易或事项出现之时。因此,权责发生制构成了收入与费用的确认基础,进一步也构成了资产和负债的确认基础。

财务会计确认,在方法上一般是通过填制和审核凭证来进行的。填制和审核凭证,是为会计记录提供完整的、真实的原始资料,保证账簿记录正确、完整的方法。会计凭证是记录经济业务和明确经济责任的书面证明,是登记账簿的依据。会计凭证分为原始凭证和记账凭证。对于已经发生的经济业务,都必须由经办人或单位填制原始凭证,并签名盖章。所有原始凭证都要经过会计部门和其他有关部门的审核。只有审核后的并确认是正确无误的原始凭证,才能作为填制记账凭证和登记账簿的依据。所以,填制和审核凭证是保证会计资料真实性、正确性的有效手段。

三、会计要素的计量

计量问题是财务会计的核心问题,贯穿于财务会计从记录到报告的全过程。财务会计的目标一是要向有关方面提供财务会计信息,这些信息必须是既用文字又用数字来描述的,并且是以定量化为主的信息。财务会计的确认,实际上是明确了某一事项属于什么会计要素的问题,而计量则是要进一步明确对该事项归属于某一会计要素的数量为多少的问题,体现了会计信息的定量化特点。因此,为了产生并传递合乎目的要求和质量标准的信息,可靠的计量具有十分重要的意义。

计量是指为了在财务报表中确认和计量有关会计要素而确定其货币金额的过程。会计计量包括计量单位(或称计量尺度)和计量属性(或称计量基础)两个方面的内容。就计量单位而言,财务会计以货币作为主导计量尺度,同时辅之以各种实物量度(如千克、件);就计量属性来看,虽然存在着可用于要素计量的多种属性,如历史成本、现时成本、现行市价、可变现净值、现值等,但目前通行的是选择历史成本作为财务会计的计量属性。

适应会计计量的需要,企业要进行成本计算。所谓成本计算就是对应计入一定对象上的全部费用进行归集、计算,并确定各该对象的总成本和单位成本的会计方法。通过成本计算可以正确地对会计核算对象进行计价,可以考核经济活动过程中物化劳动和活劳动的耗费程度,为在经营管理中正确计算盈亏提供数据资料。

会计计量是为了将符合确认条件的会计要素登记入账并列报于财务报表而确定其金额的过程。会计要素可以按照以下几种方式计量:

(1)历史成本。历史成本又称实际成本,是指取得或者制造某项财产物资时所实际支付的现金或者其他等价物。例如,某饭店2016年2月16日购进一台设备,售价100.00万元,则这台设备的历史成本就是100.00万元。

(2)重置成本。重置成本又称现行成本,是指按照当前市场条件,重新取得同样一项资产所需要支付的现金或者现金等价物。例如,该饭店在2017年2月16日(一年后的今天)再去市场购买一台同样的设备需要支付80.00万元,那么该台设备的重置成本就是80.00万元。

(3)可变现净值。可变现净值是指在生产经营过程中,以预计售价减去进一步加工成本和销售所必需的预计税金、费用后的净值。

(4)现值。现值是指对未来现金流量以恰当的折现率进行折现后的价值,是考虑货币时间价值因素等的一种计量属性。

知识拓展

什么是货币时间价值？

　　请问明年的一元钱和现在的一元钱的价值一样吗？如果现在面临两种选择：一是现在获得 100.00 万元，二是在一年后获得 100.00 万元。你会选择是现在还是明年拿到这 100.00 万元呢？其实如果你知道了什么是货币时间价值，你将会轻松地作出决定。本杰明·弗兰克说："钱生钱，并且所生之钱会生出更多的钱。"这就是货币时间价值的本质。货币的时间价值（time value of money）这个概念认为，当前拥有的货币比未来收到的同样金额的货币具有更大的价值，因当前拥有的货币可以进行投资、复利。即使有通货膨胀的影响，只要存在投资机会，货币的现值就一定大于它的未来价值。

　　（5）公允价值。公允价值是指在公平交易中，熟悉情况的交易双方自愿进行资产交换或者债务清偿的金额。

知识拓展

财务会计循环

　　为了实现会计的目标，财务会计在提供信息时，就必须遵照一定程序，配合相应的方法。习惯上，人们将财务会计确认（填制审核凭证）、计量（货币计价和成本计算）、记录（设置账户、复式记账、登记账簿）、报告（财产清查、编制报表）等为主的会计基本程序及相应方法称为财务会计循环。财务会计工作就是依据这样的程序周而复始、循环往复地进行。

　　确认和计量前文中已经讲过，在此将简单介绍记录和报告。

1. 财务会计记录

　　记录是指对经过确认而进入会计系统的每项数据，运用预先设计的账户，按复式记账的要求，在账簿上加以登记。它是会计核算中一个重要环节，运用的会计方法有设置账户、复式记账和登记账簿。

　　（1）设置账户。设置账户就是根据会计对象具体内容的不同特点和经济管理的不同要求，选择一定的标准进行分类，并事先规定分类核算的项目（会计科目），以账簿为载体，以一定结构分类、连续、系统地记录经济业务的一种手段和形式。

　　（2）复式记账。复式记账是指对每一项经济业务或事项，都以相同的金额，在相互联系的两个或两个以上的账户中进行记录的一种方法。任何一项经济事项的发生，都会引起资金的增减变动，而且这种变动涉及两个相互对应的方面，即资金从何而来，到何处去。如借入长期款项，一方面"长期借款"增加，另一方面借入的款项又会引起"银行存款"增加。这表明钱从长期借款增加而来，并放入了银行存款之中。这两种现象是一个经济事项的两个方面，都需要分别设置账户进行核算。采用复式记账法，就是要将每项经济事项用两个或两个以上的账户相互联系地进行登记，使每个经济事项所涉及的两个或两个以上的账户发生对应关系，对应账户上所记的金额相等。通过这种账户之间金额相等的平衡关系，以了解资金运动的来龙去脉，相互联系地反映资金增减变动的完整内容。开展复式记账，在历史上曾有过多种方法，如借贷记账法、收付记账法和增减记账法等。根据国际惯例，企业的会计记账应采用借贷记账法。借贷记账法是以"借""贷"作为记账符号、以"有借必有贷、借贷必相等"作为记账规则的一种复式记账方法。

（3）登记账簿。登记账簿是根据填制和审核无误的记账凭证,在账簿上进行全面、连续、系统记录的方法。账簿,是用来记录经济业务的簿籍。登记账簿应该以记账凭证为依据,按照规定的会计科目开设账户,并将记账凭证中所反映的经济业务分别记入有关账户。这样,账簿记录就对会计凭证中分散记录的经济业务内容进行了进一步的分类、汇总,使之系统化,能够更加适应经济管理的需要。账簿记录的各种数据资料,还是编制财务报表的重要依据。

2.财务会计报告

财务会计报告是指企业对外提供的反映企业某一特定日期财务状况和某一会计期间经营成果、现金流量的文件。它是企业会计人员根据日常会计核算资料归集、加工、汇总而形成的结果,是会计核算工作的最终产品,是企业向与企业有利害关系的各个方面以及其他相关的机构传递信息的基本手段,也是信息使用者获取企业会计信息的基本途径。在编制财务会计报告之前,为了保证报告的数字真实可靠,必须做到账证、账账、账实相符。因而,必须进行财产清查。这也是会计的专门方法。还应当指出,报表不是把复式簿记所形成的资料重新罗列一次,而是对账簿资料的再加工。

企业编制的财务会计报告应当根据真实的交易、事项以及完整、准确的账簿记录等资料,并按照国家统一的会计制度规定的编制基础、编制依据、编制原则和方法进行编制,不得随意改变财务会计报告的编制基础、编制依据、编制原则和方法。企业负责人对本企业财务会计报告的真实性、完整性负责。企业不得编制和对外提供虚假的或者隐瞒重要事实的财务会计报告。任何组织或者个人不得授意、指使、强令企业编制和对外提供虚假的或者隐瞒重要事实的财务会计报告。企业应当按照规定定期编制和报送财务会计报告。

财务会计报告包括会计报表、会计报表附注和财务情况说明书三部分。其中会计报表包括资产负债表、利润表、现金流量表及相关附表。财务会计报告分为年度、半年度、季度和月度财务会计报告。年度、半年度财务会计报告包括会计报表、会计报表附注和财务情况说明书。季度、月度财务会计报告通常仅指会计报表,会计报表至少包括资产负债表和利润表。半年度、季度、月度财务会计报告统称为中期财务会计报告。

任务四 饭店财务会计核算的内容

一、饭店会计核算的主要内容

饭店会计的核算和其他企业会计一样,核算的内容也包括资产、负债、所有者权益、收入、费用和利润。饭店会计就是对饭店的资金运动过程进行会计核算和会计监督。

1.资金的筹集

企业生产经营的起点是资金筹集,一般企业的资金来源于企业的所有者和企业的债权人,其具体情况如下:

（1）从企业所有者处筹集的资金,包括货币资金、存货、固定资产、无形资产等形式,形成投资者的资本金,通常被称为实收资本。饭店通过投资者取得的注册资本金,可以用来保证生产经营活动所需的基本运营资金,购建必要的固定资产。

（2）从企业债权人处筹集的资金,属于企业的负债,主要有银行存款、应付债券等。这是饭店在生产经营过程中所必需的补充营运资金,可以保证饭店正常的生产经营活动。

2.购进原材料或低值易耗品

饭店为了保证正常的客房、餐饮、娱乐等生产经营需要购入一些原材料,或是作为辅助材料的低值易耗品,其具体情况如下:

(1)饭店的餐饮部需要购入各类生鲜食品作为做菜的原材料;

(2)饭店客房部门需要购入客人使用的布草、洗涮用品、清洁用品等产品作为低值易耗品。

3.产品生产加工

饭店生产加工的过程主要反映如下:

(1)将购买的原材料投入到生产过程中,将储备的资金转化为生产资金,同时发生劳动磨损价值的转移,以及用货币资金支付劳动者的劳动报酬及其他费用,构成产品的全部生产成本。

(2)通过劳动者的加工制造,生产出合格的产品,从而将生产成本转化为成品资金。

4.产品的提供

饭店将自己生产制作的产品,卖给前往饭店消费的顾客以及社会需要的顾客,收回货币资金,实现产品所有权由生产者向消费者的转移。

5.服务的提供

饭店取得收入的主要方式是提供产品和服务,饭店主要依托各种设施、工具向消费者提供产品和服务,并取得相应的业务收入。饭店在生产产品和提供服务过程中所耗费的劳动、低值易耗品、其他配套设施等,一般在一个期间算一次,作为期间费用。

6.财务成果计算与分配

饭店通过缴纳税金,向投资者分配利润等方式使部分资金退出企业,并通过提取盈余公积等方式使部分资金投入扩大再生产过程中,从而形成新的运营资金。饭店会计在这个过程中主要核算应交税费、其他业务利润、期间费用、投资收益、营业外收支、应付利润、留存收益等内容。

二、饭店各部门会计核算的主要内容

由于饭店大致分为客房部、餐饮部、康乐部和商场四个部门,因此每个部门的核算内容和侧重点不一样,应该分门别类地对不同部门进行核算。各部门核算内容如表1-2所示。

表1-2　饭店各部门的会计核算内容

饭店各部门	主要核算内容
客房部	饭店收入的主要部分,主要核算房金、加床、电话、洗衣以及物料用品和一次性物品的消耗
餐饮部	核算餐饮收入与成本(如房客的早餐、午餐和晚餐,以及宴会用餐和包场等)、原材料成本(如原材料采购、入库、保管、领用和出售)等
康乐部	内容比较复杂,主要包括健身房、游泳池、棋牌室和KTV、美容美发等的核算
商场	核算商品的购进、销售或进行委托代销商品的核算

饭店会计的基本核算内容如图1-1所示。

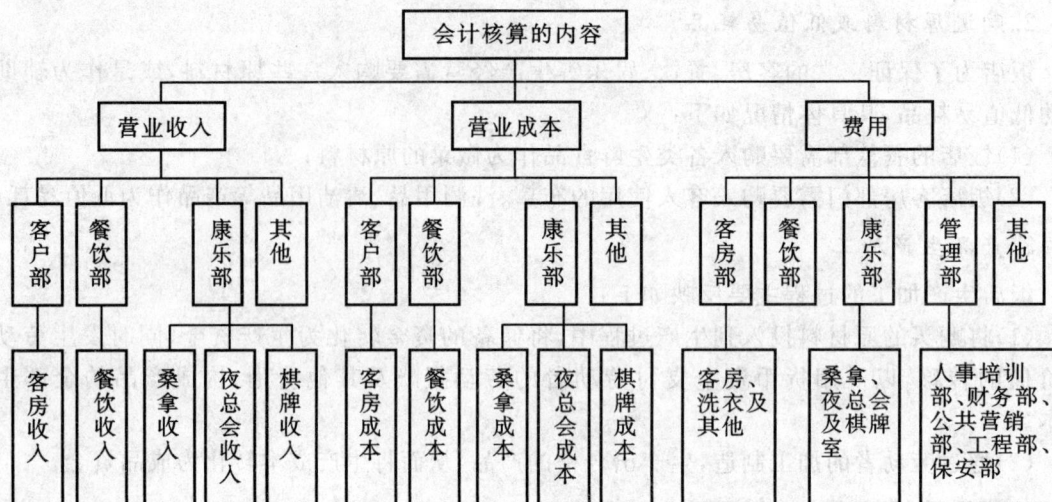

图 1-1 饭店会计的基本核算内容

三、饭店会计常用的会计科目

随着这几年会计法规的不断更新,饭店业会计科目设定的依据也不断变化,从 1993 年 7 月 1 日开始执行的《餐旅服务业企业会计制度》到 2001 年 1 月 1 日起财政部颁发的《企业会计准则》,再到 2007 年 1 月 1 日起开始执行的新的《企业会计准则》,饭店会计科目也在稳定中不断发展变化。按照新会计准则编制的饭店业常用会计科目如表 1-3 所示。

表 1-3 饭店常用会计科目表

序号	科目名称	序号	科目名称
	资产类	29	应付职工薪酬
1	库存现金	30	应交税费
2	银行存款	31	应付利息
3	其他货币资金	32	其他应收款
4	交易性金融资产	33	长期应付款
5	应收账款		所有者权益类
6	预付账款	34	实收资本
7	应收利息	35	资本公积
8	其他应收款	36	盈余公积
9	坏账准备	37	本年利润
10	原材料	38	利润分配
11	库存商品		成本类
12	商品进销差价	39	研发支出
13	存货跌价准备		损益类

序号	科目名称	序号	科目名称
14	固定资产	40	主营业务收入
15	累计折旧	41	其他业务收入
16	固定资产减值准备	42	汇兑收益
17	在建工程	43	公允价值变动损益
18	工程物资	44	投资收益
19	固定资产清理	45	营业外收入
20	无形资产	46	主营业务成本
21	累积摊销	47	其他业务成本
22	无形资产减值准备	48	营业税金及附加
23	商誉	49	销售费用
24	长期待摊费用	50	管理费用
25	待处理财产损溢	51	财务费用
	负债类	52	资产减值损失
26	短期借款	53	营业外支出
27	应付账款	54	所得税费用
28	预收账款	55	以前年度损益调整

注：

◇新会计准则的附录中指出，企业在不违反企业会计准则的前提下，可以根据本单位的实际情况自行增设、分拆、合并会计科目。

◇其中：最新会计准则中取消了"包装""低值易耗品"这两个科目，但却规定包装物和低值易耗品可以在购入的时候进行一次性核销或实行五五摊销法。假设企业采用五五摊销法，则可以增设"包装物及低值易耗品"科目来核算摊余的50%物品价值，在编制资产负债表时，其余额并入存货项目。

◇新会计准则也取消了"待摊费用"和"预提费用"两个科目。企业在发生权责发生制核算原则下，对发生在1年内分期摊销的费用，按下面的两种方法处理。

①保留原有的"待摊费用"和"预提费用"科目。编制资产负债表时，其余额可并入合适的项目中。

②支付1年以内应摊销的费用时，在"预付账款"科目下设"待摊费用"二级科目。如果预提费用为应付借款利息，则在"应付利息"科目核算；如为其他费用，则在"应付账款"和"其他应付款"科目设置专户核算。

◇委托代销商品如有发生时，可保留"委托代销商品"科目或在"库存商品"科目设专户处理。

◇应付福利费经济业务，改在"应付职工薪酬"科目核算。

◇营业费用改在"销售费用"科目核算。

◇成本类科目取消了"业务直接成本"和"业务间接费用"科目，增设了"研发支出"科目。饭店经营部门于期（月）末对领用未消耗的原材料等进行盘点的金额，可从"主营业务成本""销售费用"等科目转"原材料"的"月末盘存"专户，下月初再转回各有关成本、费用科目。

模块二 饭店财务会计岗位设置及控制流程

任务一 饭店财务会计工作的组织架构

一、饭店财务机构的设置

饭店财会部门的机构和人员设置一般可根据饭店规模的大小及所负责的业务内容来决定。不同星级的饭店其组织架构是不一样的,岗位设置与人员数量的配置也是有区别的,但饭店财务部门的主要岗位设置及相应职能大致是相同的。对这部分的介绍如表1-4所示。

表1-4 饭店财务部门主要岗位设置

主要岗位	职能
收款组	主要管理住店客人分户账及除商场以外各营业点的结账、收款工作;受中国银行委托办理外币兑换业务;管理供客人使用的贵重保险箱(有许多饭店前台收款归前厅部管理,收款组的内容会相应有所不同)
信用组	负责已结账离店客人的应收款的明细分类核算和催收工作,分析应收账款的回收情况,并根据饭店的信用政策处理日常营业中的有关赊销及催收、催付款问题,如能否向某客人或某公司赊销,赊销的金额是多少;某位住店客人账户欠款达到饭店规定的限额数时如何催付,是催其全部付清还是部分付清,或和该客人商定另作信用安排等
稽核组	负责核对及结算饭店当日营业收入,在次日晨报出"饭店营业收入日报表";负责将每晚房费过账于住店客人分户账内,核对"住店客人房费"总数结余;核对当日过账于住店客人分户账内的各营业部门账项,抽样检查餐厅账单,核查各类单据销号,防止舞弊
会计组	负责流动资产、长期投资、固定资产、无形及递延资产的明细分类核算;负责流动负债、长期负债及所有者权益的明细分类核算;负责营业收入及销售费用、管理费用、财务费用的明细分类核算;正确计算各会计期间的利润,按规定进行利润分配;办理饭店总分类核算,定期编制资产负债表、利润表、财务状况变动表和其他会计报表;执行国家现金管理制度、结算制度、信贷制度和外汇管理条例;负责会计档案的保管工作
餐饮成本组	负责餐饮营业成本的核算,编制"餐饮成本日报表"以及"成本月报表";监督销售费用的支出和营业成本计划的执行情况;在业务上指导和组织餐厅、酒吧的成本控制工作

续表 1－4

主要岗位	职能
综合分析组	负责饭店的统计分析工作,分析饭店营业收入及利润计划的完成情况,定期综合分析饭店财务成本计划的执行情况,编制财务情况说明书;根据总经理室及上级的要求编制饭店年度核算,参与审查经营物资供应、技术措施、基本建设等计划和主要经济合同,分析各项计划和经济合同,对执行中存在的问题提出改进措施;负责饭店的价格管理工作
物资采购管理组	负责饭店各项经营物资的采购验收、发放和保管工作,办理经营物资的明细分类核算;配合会计组分析采购资金的使用情况、储备资金的占用情况及原材料、物料用品消耗定额的执行情况;定期进行仓库盘点,保证账物相符

同步思考

现在许多饭店都取消了"夜审"岗位,请思考"夜审"岗位是否需要设置呢? 请查阅相关资料,理解"夜审"岗位的职责及优缺点。

如果饭店规模大、业务量大、经营过程复杂,财务机构就要相应大些,内部分工也要细一些;反之,则机构可以小些,内部分工也可以粗一些。但其最终目的都是要使饭店内部纵向各层级之间、横向各部门之间以及饭店与员工之间的财务关系得到妥善处理,以便实现责、权、利关系的制度化,保证饭店财务目标的实现。图 1－2 所示为某星级饭店财务部的组织机构图,以供参考(不同的饭店会根据自身的实际情况设置不同的财务部组织机构图,可能与下图有所区别,但不影响我们学习主要的财务部组织机构图)。

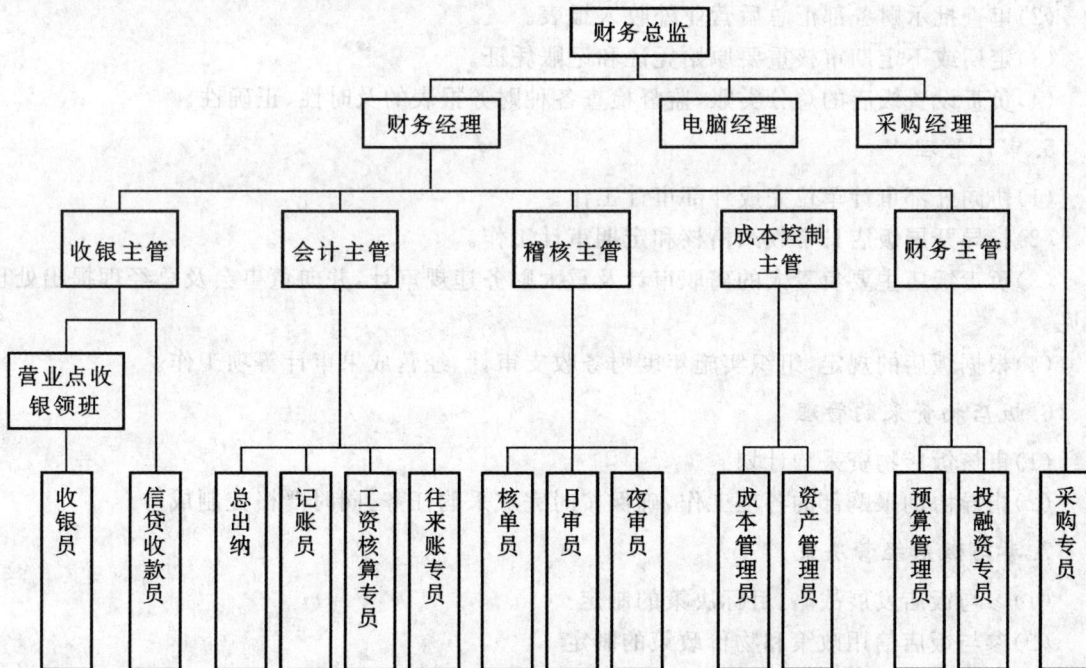

图 1－2 某星级饭店财务部组织机构图

二、饭店主要财务岗位职能

(一)财务总监岗位的职能

1. 建立健全饭店财务制度

(1)组织编制饭店财务管理、会计核算、会计监督、预算管理、审计监察、采购管理等工作的规章制度和工作程序,经批准后组织实施并监督检查落实情况。

(2)组织执行国家有关财经法律、法规、方针、政策和制度,保障饭店的合法经营,维护饭店各大股东的合法权益。

2. 投资和融资的管理

(1)要按照董事会的指示和饭店的经营要求,筹集饭店运营所需资金,保证饭店战略发展的资金需求。

(2)负责饭店重要的投融资项目的评估和审核,并审核饭店重要资金的流向。

3. 财务管理

(1)负责饭店的预算、决算和计划管理工作。

(2)负责审查核定计划外重大收支项目以及签批各部门重要用款项目。

(3)定期向饭店总经理汇报饭店财务收支、经营成果和资金变动的情况,对饭店的经营状况进行阶段性的财务分析与预测,呈报重要会计报表和财务分析报告。

(4)严格执行国家的外汇管理制度,统筹饭店的外汇管理工作。

4. 会计监督

(1)指导和监督饭店全面经济核算工作的开展。

(2)审查批示财务部汇总后营业外收入报表。

(3)定期或不定期审核重要原始凭证和记账凭证。

(4)负责设置饭店的总分类账,监督检查各种财务报表的及时性、正确性。

5. 审计管理

(1)协同外部审计单位完成外部审计工作。

(2)指导开展饭店日常收入稽核和定期审计工作。

(3)负责饭店主要负责人的离职审计及重大财务违规审计,并向董事会及总经理提出处理意见。

(4)根据饭店的规定,组织实施年度财务收支审计、经营成果审计等项工作。

6. 饭店物资采购管理

(1)审核饭店物资采购计划。

(2)指导协助采购部的各项工作,确保按时完成采购任务,同时严格控制成本。

7. 参与饭店经营决策

(1)参与饭店发展战略、目标决策的制定。

(2)参与饭店信用政策和物价政策的制定。

(3)参与饭店重要会议并提出合理化建议。

(4)参与主要经济合同的谈判、签署并监督执行情况。

8.人员管理及其他工作

(1)指导、监督、培训和管理财务部人员的工作,培养有发展潜力的下属人员。

(2)负责财务经理的考核和各个主管考核结果的审核工作。

(3)做好饭店财务系统的行政事务处理,提高效率,增强团队精神。

(4)协调饭店各部门,在饭店内部控制各个环节的关系。

(5)负责与财政、银行、税务、外汇和保险机构重要财务事项的沟通协调工作。

(二)财务经理岗位的职能

1.组织实施财务制度与预算管理

(1)组织编制财务制度及各项工作的操作流程与规范。

(2)组织编制饭店财务预算和财务收支计划,督促、检查各项计划的执行。

(3)监督各项财务制度、规范的执行情况,及时发现问题、解决问题。

2.收银和核算管理

(1)组织设置饭店会计科目。

(2)监督收银工作的开展,审核营业收入和支出。

(3)定期或不定期审核原始凭证和记账凭证的准确性和真实性。

(4)监督饭店工资核算和发放工作。

(5)监督饭店各类税金的缴纳工作。

3.成本管理

(1)定期对饭店财务收支情况进行汇总和分析。

(2)负责饭店重要采购申请项目的审核和监督落实。

(3)定期指导财务盘点工作,掌握饭店财产情况。

(4)组织开展对各类资产包括固定资产、无形资产等的管理。

(5)定期向财务总监汇报财务收支情况,呈报会计报表和财务报告。

4.投资、融资管理

(1)组织对饭店投资项目进行财务评估,编制投资方案。

(2)组织开展饭店筹资事宜,编制筹融资方案并报审。

(3)监督饭店现金和其他资金的使用和管理情况,杜绝违规操作。

5.财务报告和报表管理

(1)负责饭店财务报告的编制。

(2)负责饭店重要财务报表的编制。

(3)审核财务日报表、月报表及年度报表。

6.人员管理及其他工作

(1)指导、监督、培训和管理所属人员的业务工作,培养有发展潜力的下属人员。

(2)考核下属各主管与其他人员的工作,按规定实施奖惩。

(3)参与饭店各类重大决策和重要经济合同的财务审核和评估工作。

(4)做好与饭店各部门的沟通协调工作。

(5)完成领导交办的其他工作。

(三)收银主管岗位的职能

1.收银业务管理

(1)协助财务经理制定收银结账规章制度和工作规范,并监督下属人员执行。

(2)审核各营业场所的营业收入与报表。

(3)检查各项收费的折扣、优惠的贯彻落实情况。

(4)评估客户信用,监督执行部门信用政策的执行。

(5)督导执行备用金和外汇管理规定,定期、不定期地抽查各营业点备用金的使用情况,监督下属员工按时上交营业款。

(6)监督饭店价格政策在收银业务开展过程中的执行情况。

2.定期工作汇总和分析

(1)负责编制客账分析表。

(2)负责月末收银业务的结账、对账和盘点工作。

(3)每月向财务部经理提供饭店应收账款、客账余额报告。

3.人员管理及其他工作

(1)组织召开收银员例会。

(2)安排和协调下属人员的工作班次。

(3)负责下属人员的培训、考核工作,及时提供下属员工的任用、晋升、调动、奖励的资料和信息。

(4)负责各营业点收银业务的协调工作,及时处理各类收银业务投诉。

(5)完成领导交办的其他工作。

(四)会计主管岗位的职能

1.制定落实会计制度与工作规范

(1)协助财务经理制定饭店会计各项规章制度和工作规范并督导下属人员执行。

(2)参与制订饭店各项收支计划并认真执行。

(3)负责饭店二级、三级会计科目的设置和调整工作。

(4)负责分解落实各项计划指标,加强对计划完成情况的控制监督和检查考核。

2.会计核算

(1)审核各项会计核算手续的完整性和列支科目的正确性。

(2)检查饭店所有记账凭证、原始凭证的有效性、合法性和正确性。

(3)定期和不定期检查各项明细账项,督促检查往来账款的财务核算。

(4)督导薪金费用核算和成本核算工作,确保核算的准确性和及时性。

(5)负责每月各项按规定进行预提和待摊费用的核算。

(6)参与饭店月度、年度以及不定期开展的财产盘点工作。

(7)负责专用款项的明细核算,正确反映各项专用基金运用和结余情况以及专项工程支出和完工情况。

(8)督促检查会计档案的妥善保管和存档,做到存档有记录,调档有手续。

3. **费用报销与现金管理**

(1)审核总出纳的收支凭证及备用金情况,保证库存现金的安全。

(2)及时检查银行存款未还账款调节表的编制情况,发现问题及时查找原因并纠正。

(3)督促各部门费用报销业务开展,确保报销手续齐全,无违规行为。

4. **会计报表和缴税管理**

(1)负责填制科目汇总表,据以登记总账并与各项明细账核对相符。

(2)审核总账会计编制的会计报表,及时报送财务部门经理审核。

(3)按时向财务部经理呈报会计报表,包括利润表、资产负债表和现金流量表。

(4)组织开展饭店税款的计算、申报、缴纳工作和有关财政、工商的财务事宜,督促检查各项税金的计算上缴。

(5)按月工资表、水电耗用表、燃气耗用表等费用项目编制部门费用分摊表。

5. **人员管理及其他工作**

(1)对出纳工作及会计工作进行督促和监督,并协调各项工作。

(2)协助做好下属人员的业务培训工作,培养发展有潜力的下属人员。

(3)负责下属员工的排班、考勤和考核工作,提出奖惩意见。

(4)定期向财务部经理汇报工作。

(5)完成领导交办的其他工作。

(五)稽核主管岗位的职能

1. **制定落实稽核制度与操作规范**

(1)协助财务经理制定饭店会计各项规章制度与工作规范并督导下属人员执行。

(2)拟定饭店稽核工作流程,报上级领导审批通过后组织实施。

(3)对执行中的稽核制度、规程、流程等提出完善建议或方案。

2. **核单工作管理**

(1)指导核单员对饭店各项收入的单据进行审核。

(2)处理核单过程中遇到的重大问题并及时向领导汇报。

(3)抽查单据、凭证的核查工作,不断改进核查方法,提高核查效率。

3. **日间稽核工作管理**

(1)安排、检查日间稽核工作。

(2)对日间稽核工作进行指导。

(3)审核日审计员编制的稽核报告,提出完善意见。

(4)处理日间稽核中出现的重大遗留问题,根据问题的严重程度向财务部经理和总经理汇报。

4. **夜间稽核工作管理（注：部分饭店已经取消夜间稽核岗位）**

(1)复核夜审员已审核的房租报表和编制的试算平衡报告。

(2)复核夜审员编制的营业日报表,及时将报表报送总经理和相关部门经理审阅。

(3)处理夜间稽核中出现的重大遗留问题,根据问题的严重程度向财务部经理和总经理汇报。

5.人员管理及其他工作

(1)负责安排顶班或进行班次调整。

(2)负责稽核业务培训和下属人员的绩效考核,培养有发展潜力的下属人员。

(3)负责夜审和日审的考勤和纪律维护。

(六)财务主管岗位的职能

1.制定落实财务管理制度和操作规范

(1)协助财务经理制定饭店预算与投融资的各项规章制度和工作规范并督导下属人员执行。

(2)拟定饭店预算管理流程,报上级领导审批通过后组织实施。

(3)对执行中的制度、规程、流程等提出完善建议或方案。

2.预算管理

(1)根据饭店经营目标和预算制度,指导开展各项预算工作。

(2)编制预算计划,按照预算计划按时完成预算工作。

(3)组织编制预算控制方案,督促并检查各部门执行情况。

(4)分析饭店经营状况和预算执行情况,形成预算执行报告。

3.投融资管理

(1)分析市场和项目的风险,结合饭店实际情况开展饭店筹融资活动,编制筹融资方案并报审。

(2)建立并开拓多融资渠道,与融资机构建立和保持良好合作关系。

4.人员管理及其他工作

(1)监督、指导、考核下属人员工作,提出奖惩意见。

(2)协助做好下属人员的业务培训工作,培养发展有潜力的下属人员。

(3)定期向财务经理汇报工作。

(4)负责各类资料、报表等的整理和归档工作。

(5)完成领导交办的其他工作。

(七)成本控制主管岗位的职能

1.制定落实成本控制制度与操作规范

(1)协助财务经理制定成本控制等各项规章制度和工作规范,并督导下属人员执行。

(2)编制成本预算及成本控制方案,报上级领导审批通过后组织实施。

(3)对执行中的制度、规程、流程等提出完善建议或方案。

2.价格的管理

(1)及时了解副食品市场行情和收货组收货质量及价格。

(2)定期做好食谱成本估价表,根据销售估价计算毛利。

(3)整理记录市场采购价格变动情况。

(4)与采购、餐饮部门定期进行市场调查、分析,有效控制进价。

3.**对成本进行预算和分析**

(1)负责饭店餐饮成本及其他成本的预测。

(2)定期对饭店成本进行分析并编制成本分析报告。

(3)及时提出降低成本改进措施及建议,有效控制饮食成本。

4.**对账目进行审查**

(1)检查各客房、前厅、餐厅、商场等的明细账。

(2)会同餐饮部门核对、编制每天的酒水销售报告表。

(3)配合客房部核对每天的销售报告表。

(4)查看入厨单、餐单与收银报告表,编制餐饮项目销售记录。

5.**对资产进行管理**

(1)负责对食品原材料进行验收,设置食品原材料验收岗位。

(2)及时掌握仓库物资存量,控制补货量,对采购量提出参考意见,设置仓库管理岗位。

(3)定期盘点食品、客用品、印刷品等,审核进出库台账、成本台账、收获日报表等存货管理账单。

(4)负责饭店固定资产和其他资产采购的审核。

(5)负责饭店固定资产的定期清查,确保账卡物一致。

(6)落实固定资产购置、转移、租赁、修理及报废手续,防止资产流失。

6.**进行报表和报告的编制**

(1)每月编制各部门领用物品报表,收、发报表和存货报表。

(2)定期编制成本控制报告,向财务经理进行工作汇报。

7.**人员管理及其他工作**

(1)监督、指导、考核下属人员工作,提出奖惩意见。

(2)协助做好下属人员的业务培训工作,培养有潜力的下属人员。

(3)定期向财务经理汇报工作。

(4)负责各类资料、报表等的整理与归档工作。

(5)完成领导交办的其他工作。

师生互动

老师扮演提问组,学生扮演回答组,采用一站到底的形式,就饭店财务岗位设置的上下级关系进行提问和抢答。

任务二 饭店财务稽核及内部控制

同步思考

某饭店财务部门由于人手不够,决定让出纳小王兼任收入和费用账务的登记,同时也负责固定资产账务的登记。如果你是小王,你会同意上级领导的决定吗?为什么呢?

一、会计岗位的设置要符合内部牵制制度要求

内部牵制制度,是指凡是涉及款项和财务收付、结算及登记的任何一项工作,必须由两人

或者两人以上分工办理,以起到相互制约作用的一种制度。会计机构内部牵制制度,在国际上也称为会计责任分离,实际上是我国传统的"钱、账分管"制度。它是内部控制制度的重要组成部分,各饭店应当建立内部牵制制度。

知识拓展

《会计基础工作规范》第十二条规定:"会计工作岗位,可以一人一岗、一人多岗或者多岗一人。但是出纳不得兼管稽核、会计档案保管和收入、支出、费用、债权债务账目的登记工作。"

在设置会计工作岗位时,必须遵循"不相容职务相分离原则"。因为出纳人员是各单位专门从事货币资金收付的会计人员,根据复式记账的原则,每发生一笔货币资金收付业务,都要登记收入、费用或者债权、债务等有关账簿,如果这些账簿都由出纳人员一人承担,就会造成既管钱又记账,无人监管无人控制,给贪污舞弊行为以可乘之机。不过出纳人员可以兼记固定资产明细账。

二、会计人员工作岗位应当有计划地进行轮岗

会计人员轮岗,不仅是会计工作本身的需要,也是加强会计人员队伍建设的需要。《会计基础工作规范》第十三条规定:"会计人员的工作岗位应当有计划地进行轮换。"定期或者不定期地轮换会计人员的岗位有利于会计人员全面熟悉会计核算和监督业务,不断提高会计业务技能和业务素质。同时,也有利于增强会计人员之间的团结合作意识,进一步完善单位内部会计控制制度。

三、建立会计岗位责任制度

会计工作岗位责任制是指明确各项会计工作的职责范围、具体内容和要求,并落实到每个会计工作岗位或者会计人员的一种会计工作责任制度。

设计会计岗位责任制是为了分清每一位会计人员的职责和要求,做到事事有人管,人人有专责,从而提高会计工作效率,保证会计信息质量。

会计人员岗位责任制度的主要内容包括:会计人员的工作岗位设置;各会计工作岗位的职责和标准;各会计工作岗位的人员和具体分工;会计工作岗位轮换办法;对各会计工作岗位的考核办法。

实行定岗定编是建立会计机构岗位责任制的基础。会计人员的工作岗位一般可以分为会计主管、稽核、总账报表、资金核算、财产物资核算、往来核算、工资核算、收入利润核算、成本费用核算、出纳、会计档案保管等。对于规模大、业务量大的单位,会计机构内部可以按经济业务的类别划分为若干业务组,如综合财务组、财务结算组、资金会计组、成本会计组、收入利润会计组、资产会计组等。

知识拓展

财务会计规范

财务会计规范是指制约财务会计实务的法律、法规、准则和制度等的总称,它既是约束财务会计行为的标准,也是对财务会计工作进行评价的依据。我国企业财务会计核算规范主要由《中华人民共和国会计法》(以下简称《会计法》)、企业会计准则和企业会计制度等组成,并已形成了以《会计法》为核心的一个比较完整的体系。

1. 会计法

《会计法》于 1985 年由全国人民代表大会常务委员会通过,并于同年 5 月 1 日起施行,为适应我国社会主义市场经济发展和深化会计改革的需要,1993 年 12 月和 1999 年 10 月全国人大常委会对其进行了两次修订。《会计法》是我国会计工作的根本大法,它在我国的会计规范体系中处于最高层次,是其他会计规范制定的基本依据。《会计法》对我国会计工作的主要方面作出规定,涉及我国会计工作的各个方面,它用法律形式确定了会计工作的地位和作用,对我国会计管理的体制、会计核算和会计监督的对象及内容、会计机构、会计人员的职责和权限,以及有关的法律责任作出了明确的规定。这些规定是我国进行会计工作的基本依据。

此外,为了配合《会计法》的实施,国务院于 2000 年颁布并于 2001 年实施了《企业财务会计报告条例》,这一条例的核心在于确保企业提供的会计资料的真实和完整,必然也是企业开展会计核算所应遵循的基本规范。

2. 会计准则

会计准则亦称会计标准,是制定会计核算制度和组织会计核算的基本规范。会计准则最早出现在 20 世纪 30 年代的美国,其后,一些西方资本主义国家也相继制定了本国的会计准则。70 年代,一些西方国家的职业会计团体发起成立了国际会计准则委员会,制定并发布国际会计准则。我国的会计准则制定始于 1988 年,于 1992 年 11 月发布了我国第一个会计准则,即《企业会计准则》,并于 1993 年 7 月 1 日开始施行。2006 年 2 月 15 日发布了新的《企业会计准则》,并自 2007 年 1 月 1 日起施行。我国的会计准则由财政部制定并颁布。我国的《企业会计准则》包括基本会计准则和具体会计准则两大部分。基本会计准则,主要是对会计核算的一般要求和会计核算的主要方面作出原则性规定,为具体会计准则和会计制度的制定提供依据,又包括会计核算的一般原则和会计要素准则;具体会计准则是根据基本会计准则的要求,对企业各种经济业务的会计处理方法和程序作出具体规定,包括基本业务准则、特殊业务准则和特殊行业基本业务准则。目前,财政部已经发布并施行的具体会计准则有:"现金流量表""资产负债表日后事项""收入""债务重组""建造合同""会计政策、会计估计变更和差错更正""关联方披露""非货币性资产交换""或有事项""无形资产""借款费用""租赁""固定资产""存货"等共 41 号准则。

2011 年 10 月 18 日,财政部发布了《小企业会计准则》,要求相关小企业自 2013 年 1 月 1 日起执行。

3. 会计制度

会计制度是在会计法和会计准则基础上制定的具体会计方法和程序的总称。我国的会计制度是国家财政部门通过一定的行政程序制定、具有一定强制性的会计规范的总称,其中会计核算制度是重要的组成部分。1999 年修订的《会计法》要求企业保证会计资料的真实、完整,并且规定国家实行统一的会计制度。我国财政部为了贯彻落实《会计法》《企业财务会计报告条例》以及其他有关法规的规定,适应社会主义市场经济要求,在继续制定会计准则的同时,对会计核算制度进行了改革,确立了建立国家统一的、打破行业和所有制界限、集财务会计于一体的会计核算制度,包括会计要素的确认、计量、记录和报告全过程的会计核算标准。

案例分析

某饭店内部控制

按照企业内部控制规范体系的规定,建立健全和有效实施内部控制,评价其有效性,并如实披露内部控制评价报告是公司董事会的责任。监事会对董事会建立和实施内部控制进行监督。经理层负责组织领导企业内部控制的日常运行。公司董事会、监事会及董事、监事、高级管理人员保证本报告内容不存在任何虚假记载、误导性陈述或重大遗漏,并对报告内容的真实性、准确性和完整性承担个别及连带法律责任。

公司内部控制的目标是合理保证经营管理合法合规、资产安全、财务报告及相关信息真实完整,提高经营效率和效果,促进实现发展战略。由于内部控制存在的固有局限性,故仅能为实现上述目标提供合理保证。此外,由于情况的变化可能导致内部控制变得不恰当,或对控制政策和程序遵循的程度降低,根据内部控制评价结果推测未来内部控制的有效性具有一定的风险。

2013年度,公司根据《企业内部控制基本规范》《企业内部控制配套指引》,围绕内部环境、风险评估、控制活动、信息与沟通、内部监督等五方面基本要素,确定了内部控制评价的具体内容,对内部控制设计与运行情况进行了全面评价。公司内部控制实施范围涵盖了股份公司层面、饭店本部、各分子公司及其重要业务流程;明确了风险管理职责,建立了风险评估的标准、程序、方法和运行机制;从内控规范的点、线、面、网入手,通过对重大决策、重点项目、重要流程的内外部风险和关键控制点进行全面梳理、排查、辨识、归类,对不同风险程度进行分析、测评,完善了内外部风险数据库。公司根据相关规范,结合业务规模、行业特征、风险偏好、风险承受度等因素,确定了内部控制缺陷具体认定标准,并与以前年度保持了一致。

根据公司财务报告内部控制重大缺陷的认定情况,于内部控制评价报告基准日,不存在财务报告内部控制重大缺陷。董事会认为,公司已按照企业内部控制规范体系和相关规定的要求在所有重大方面保持了有效的财务报告内部控制。

根据公司非财务报告内部控制重大缺陷认定情况,于内部控制评价报告基准日,公司未发现非财务报告内部控制重大缺陷。自内部控制评价报告基准日至内部控制评价报告发出日之间未发生影响内部控制有效性评价结论的因素。

(资料来源:金陵饭店股份有限公司2013年年报)

实训课业

1.简述饭店财务会计的概念。

2.饭店财务会计信息质量要求有哪些?

3.简述饭店财务会计岗位设置及内部控制制度的内容。

4.利用课余时间走访一家饭店,了解其财务部门的岗位设置及内部控制制度,最好通过调查问卷的方式收集资料。

项目二 饭店货币资金的核算

学习目标

• 职业知识

全面熟悉饭店出纳岗位的基本职责和业务流程;掌握各种转账结算方式的票据、结算凭证的填制与正确使用,掌握库存现金、银行存款的管理规定及会计核算,掌握其他货币资金的种类、适用情况和具体账务处理。

• 职业能力

掌握出纳岗位对企业的库存现金、银行存款和其他货币资金的使用和会计核算,能根据相关资料登记日记账。

• 职业道德

能初步具有良好的会计职业道德,依照职业道德规范,能解决货币业务会计处理过程中的常见问题。

案例思考

出纳员小王由于刚参加工作不久,对于货币资金业务管理和核算的相关规定不甚了解,所以出现一些不应有的错误,有两件事情让他印象深刻,至今记忆犹新。

第一件事是在 2014 年 6 月 8 日和 10 日两天的现金业务结束后例行的现金清查中,分别发现现金短缺 50 元和现金溢余 20 元的情况,对此他经过反复思考也弄不明白原因。为了保全自己的面子和息事宁人,同时又考虑到两次账实不符的金额又很小,他决定采取下列办法进行处理:现金短缺 50 元,自掏腰包补齐;现金溢余 20 元,暂时收起。

第二件事是公司经常对其银行存款的实有额心中无数,甚至有时会影响到公司日常业务的结算,公司经理因此指派有关人员检查一下小王的工作,结果发现,他每次编制银行存款余额调节表时,只根据公司银行存款日记账的余额加或者减对账单中企业的未入账款项来确定公司银行存款的实有数,而且每次做完此项工作以后,小王就立即将这些未入账的款项登记入账。

思考:请问小王的做法正确吗?

模块一 货币资金岗位工作职责

任务一 熟悉出纳岗位职责

一、出纳员岗位能力培养目标

通过本岗位的实训,全面熟悉出纳岗位的基本职责和业务流程;了解货币资金的管理制度,熟悉各种银行结算方式,掌握各种转账结算方式的票据、结算凭证的填制与正确使用,掌握货币资金收付结算与核算的内容和操作技能。

二、出纳员岗位职责

出纳员岗位的职责一般包括以下几个方面:

(1)做好现金的日常管理及收付工作,保证现金收付的正确性和合法性。

(2)每天工作日结束前,及时盘点库存现金并与有关报表和凭证进行核对,填写《现金日报表》,做到账实、账表、账证、账账相符。

(3)严格执行现金管理制度和结算制度,根据公司规定的费用报销和收付款审批手续,办理现金及银行结算业务。对于重大的开支项目,必须经过会计主管人员、公司领导审核签章,方可办理。

(4)负责银行账户的日常结算,银行存款日记账,并做到日清月结,月末与银行核对存款余额,及时编制《银行存款余额调节表》。

(5)及时清理账目,督促因公借款人员及时报账,杜绝个人长期欠款。

(6)出纳员不得兼管收入、费用债权、债务账薄登记工作以及稽核工作和会计档案保管工作。

(7)保管好现金、各种印章、空白支票、空白收据及其他证券,对于现金和各种有价证券,要确保其安全和完整无缺,如有短缺,要负责赔偿,对于空白收据和空白支票必须严格管理,专设登记簿登记,认真办理领用注销手续。保险箱密码要保密,保管好钥匙,不得转交他人。

(8)严格遵守现金管理制度,库存现金不得超过定额,不坐支,不挪用,不得用白条抵顶库存现金,保持现金实存与现金账面一致。

任务二 牢记收支结算纪律及原则

一、支付结算的概念

支付结算是指单位、个人在社会经济活动中使用票据、信用卡和汇兑、托收承付、委托收款等结算方式进行货币给付及其资金清算的行为。其主要功能是完成资金从一方当事人向另一方当事人的转移。

银行、城市信用合作社、农村信用合作社(以下简称银行)以及单位(含个体工商户)和个人是办理支付结算的主体。其中,银行是支付结算和资金清算的中介机构。

二、支付结算的特征

支付结算作为一种法律行为,具有以下法律特征:

1. 支付结算必须通过中国人民银行批准的金融机构进行

支付结算的方式包括支票、银行本票、银行汇票、商业汇票、托收承付、委托收款、信用卡和信用证等结算行为。而这些结算行为必须通过中国人民银行批准的金融机构才能进行。《支付结算办法》规定:"银行是支付结算和资金清算的中介机构。未经批准的中国人民银行非银行金融机构和其他单位不得作为中介机构经营支付结算业务。但法律、行政法规另有规定的除外。"这表明支付结算与一般的货币给付及资金清算行为不同。

2. 支付结算的发生取决于委托人的意志

银行在支付结算中充当中介结构的角色,因此,银行只要以善意且符合规定的正常操作程序审查,对伪造、变造的票据和结算凭证上的签章以及需要交验的个人有效身份证件,未发现异常而支付金额的,对出票人或付款人不再承担受委托付款的责任,对持票人或收款人不再承担付款的责任。与此同时,当事人对在银行的存款有自己的支配权;银行对单位、个人在银行开立存款账户的存款,除国家法律、行政法规另有规定外,不得为任何单位或者个人查询账户情况;除国家法律另有规定外,银行不得为任何单位或个人冻结、扣款,不得停止单位、个人存款的正常支付。

3. 支付结算实行统一管理和分级管理相结合的管理体制

支付结算是一项政策性强、与当事人利益息息相关的活动,因此,必须对其实行统一的管理。根据《支付结算办法》的规定:中国人民银行总行负责制定统一的支付结算制度,组织、协调、管理、监督全国的支付结算工作,调解、处理银行之间的支付结算纠纷。中国人民银行各分行根据统一的支付结算制度制定实施细则,报总行备案;根据需要可以制定单项支付结算办法,报中国人民银行总行批准后执行。中国人民银行分、支行负责组织、协调、管理、监督本辖区的支付结算工作,协调处理本辖区银行之间的支付结算纠纷。政策性银行、商业银行总行可根据统一的支付结算制度,结合本行情况,制定具体管理实施办法,报经中国人民银行总行批准后执行,并负责组织、管理、协调本行内分支机构之间的支付结算纠纷。

4. 支付结算是一种要式行为

所谓要式行为,是指法律规定必须按照一定形式进行的行为。如果该行为不符合法定的形式要件,即为无效。办理支付结算的形式要件包括票据和结算凭证的格式和书写规范要求等。

5. 支付结算必须依法进行

根据《支付结算办法》的规定:"银行、城市信用合作社、农村信用合作社(以下简称银行)以及单位和个人(含个体工商户)办理支付结算必须遵守国家的法律、行政法规和本办法的各项规定,不得损害社会公共利益。"因此,支付结算的当事人必须严格依法进行支付结算活动。

支付结算体系是金融体系的重要组成部分,是支持经济运行和维护金融稳定的重要基础,其主要功能是完成资金从乙方当事人向另一方当事人的转移。安全、高效的支付结算体系,对于加速社会资金的周转,提高资源配置的效率,密切各金融市场的联系,防范金融风险,畅通货币政策传导,推动金融工具的创新,改善金融服务以及维护公众对资金的信心,具有重要意义。

三、支付结算的基本原则

1. 恪守信用,履约付款原则

在市场经济条件下,存在着多种交易形式,相应地存在着各种形式的商业信用。收付双方在经济往来过程中,在相互信任的基础上,根据双方的资信情况自行协商约期付款。一旦交易双方达成了协议,那么交易的一方就应当根据事先的约定行事,及时提供货物或劳务,而另一方则应按约定的时间、方式支付款项。

2. 谁的钱进谁的账并由谁支配原则

银行作为结算的中介机构,在办理结算过程中,必须保护客户资金的所有权和自主支配权不受侵犯。各单位在银行的存款,受法律保护;客户委托银行把钱转给谁,银行就把钱进谁的账。银行维护开户单位存款的自主支配权,谁的钱就由谁来自主支配使用。除国家法律规定以外,银行不代任何单位查询、扣款,不得停止各单位存款的正常支付。

3. 银行不垫款原则

银行在办理结算过程中,只提供结算服务,起中介作用,负责将款项从付款单位账户转到收款单位账户,不给任何单位垫支款项。这一原则主要在于划清银行资金与存款资金的界限,保护银行资金的所有权或经营权的安全,并促使单位和个人以自己所有或经营管理的财产直接对自己的债务承担责任,从而保证了银行资金的安全。因此,《支付结算办法》规定银行不垫款。付款单位在办理结算过程中只能用自己的存款余额支付其他单位款项,收款单位也只能在款项已经银行办妥收款手续,进入本单位账户后才能支配使用。

上述原则是一个有机整体,分别从不同角度强调了付款人、收款人和银行在结算过程中的权利和义务,从而切实保障了支付活动的正常、有序进行。参与支付结算活动的各方当事人,如银行、单位和个人都应严格遵守上述基本原则。

任务三　掌握各类票据

一、票据结算概述

1. 票据的概念与种类

票据是指《中华人民共和国票据法》(以下简称《票据法》)所规定的由出票人依法签发的、约定自己或者委托付款人在见票时或指定的日期向收款人或持票人无条件支付一定金额并可转让的有价证券。票据结算是支付结算的重要内容。这里的"有价证券",是指设定并证明持券人有权取得一定财产权利的书面凭证。

在我国,票据主要包括银行汇票、商业汇票、银行本票和支票。

2. 票据的特征

票据为有价证券的一种,具有有价证券的一般特征,但它又是区别于其他有价证券的一类独立的有价证券。与其他有价证券相比,票据主要有以下几个特征:

(1)票据为债权凭证。票据关系实质为一种债权债务关系,票据持票人可以就票据上所记载金额向特定票据债权人行使请求权。

(2)票据为金钱凭证。票据是以一定金额给付目的而创设的证券,以非金钱的其他财物为给付的证券,不属于票据。

(3)票据是文义证券。票据所创设的权利义务内容,完全依票据上所载文义而定,而不能任意解释或者根据票据以外的任何其他文件确定。即使票据上记载的文义有错,也要以该文义为准。例如,当票据上记载的出票日与实际出票日不一致时,以票据上所记载日期为准。因此,票据为文义证券。

(4)票据是完全有价证券。有价证券可分为完全有价证券和不完全有价证券。证券与权利在一定情况下可以分离时,为不完全有价证券;证券与权利不可分离时,为完全有价证券。票据作为完全有价证券,是指其权利与票据的占有不可分离,票据上权利的发生、转移、行使,均须依票据才能进行。

(5)票据是要式证券。票据的制作格式和记载事项都由法律严格规定,不按法律规定作成票据或不按法律规定记载事项,会影响票据的效力甚至会造成票据无效。此外,票据的签发、转让、承兑,付款、追索等行为,也必须严格按照票据法规定的程序和方式进行方为有效,所以票据是要式证券。

(6)票据是无因证券。票据上的法律关系只是单纯的金钱支付关系,权利人享有票据权利只以持有票据为必要,至于这种支付关系的原因或者说权利人取得票据的原因均可不问,即使这种原因关系无效,对票据关系也不发生影响。持有票据的人行使权利时无须证明其取得证券的原因。因而票据是无因证券。

(7)票据是流通证券。在西方国家,票据制度强调票据的流通性,英、美等国就以"流通证券"来形容票据。因为票据可经背书或交付方法转让于他人,具有流通性,所以,票据是流通证券。一般说来,无记名票据,仅依交付就可转让;记名票据,必须经背书才能交付转让。

(8)票据为提示证券。票据权利人向票据债务人行使权力时,必须提示票据,否则,债务人有权拒绝履行其义务。

(9)票据为返还证券。票据权利人的债权满足后,必须将票据交还给债务人,当事人之间的票据关系才告消灭。

3.票据的功能

(1)支付功能。即票据可以充当支付工具,代替现金使用。对于当事人而言,用票据支付可以消除现金携带的不便,克服点钞的麻烦,节省计算现金的时间。

(2)汇兑功能。即票据可以代替货币在不同的地方运送,方便异地之间的支付。

(3)信用功能。即票据当事人可以凭借自己的信誉,将未来才能获得的金钱作为现在的金钱来用。

(4)结算功能。即债务抵消功能。简单的结算是互有债务的双方当事人各签发一张本票,待两张本票都到到期日可以相互抵消债务。若有差额,由一方以现金支付。

(5)融资功能。即融通资金或调度资金。票据的融资功能是通过票据的贴现、转贴现和再贴现实现的。

4.票据行为

票据行为是指票据当事人以发生票据债务为目的、以在票据上签名或盖章为权利与义务成立要件的法律行为,包括出票、背书、承兑和保证四种。

(1)出票。出票是指出票人签发票据并将其交付给收款人的行为。出票人在票据上的签章不符合《票据法》等规定的,票据无效;承兑人、保证人在票据上的签章不符合《票据法》等规定的,其签章无效,但不影响其他符合规定签章的效力;背书人在票据上的签章不符合《票据法》等规定的,其签章无效,但不影响其前手符合规定签章的效力。

(2)背书。背书是指持票人为将票据权利转让给他人或者将一定的票据权利授予他人行使,而在票据背面或者粘单上记载有关事项并签章的行为。背书按照目的不同分为转让背书和非转让背书。转让背书是以持票人将票据权利转让给他人为目的;非转让背书是将一定的票据权利授予他人行使,包括委托收款背书和质押背书。无论何种目的,都应当记载背书事项并交付票据。

(3)承兑。承兑是指汇票付款人承诺在汇票到期日支付汇票金额并签章的行为。承兑仅适用于商业汇票。承兑不得附有条件;承兑附有条件的,视为拒绝承兑。付款人承兑汇票后,应承担到期付款的责任。

(4)保证。保证是指票据债务人以外的人,为担保特定债务人履行票据债务而在票据上记载有关事项并签章的行为。被保证的票据,保证人应当与被保证人对持票人承担连带责任。保证人为两人以上的,保证人之间承担连带责任。票据到期后得不到付款的,持票人有权向保证人请求付款,保证人应当足额付款。保证人清偿票据债务后,可以行使持票人对被保证人及其前手的追索权。

二、支票

支票是由出票人签发,委托办理支票存款业务的银行在见票时无条件支付确定的金额给收款人或持票人的票据。支票的基本当事人为出票人、付款人和收款人。

单位和个人在同一票据交换区域的各种款项结算,均可以使用支票。支票由银行统一印制,现金支票是印有"现金"字样的支票,现金支票只能用于从银行提取现金;转账支票是印有"转账"字样的支票,转账支票只能办理转账结算,不能支取现金;普通支票是未印"现金""转账"字样的支票,普通支票可以用以支取现金,也可以用于转账。在普通支票左上角画有两条平行线的,称为划线支票,划线支票只能用于转账,不能支取现金。

支票的提示付款期为出票日起 10 日内,中国人民银行另有规定的除外。超过提示付款期限的,持票人开户银行不予受理,付款人不予付款。企业应在银行存款范围内签发支票,不得签发空头支票。在签发支票之前,出纳员应认真查明银行存款日记账的结余数额,防止签发超过存款余额的空头支票。出票人签发空头支票、签章与预留银行签章不符的支票,使用支付密码的地区,支付密码错误的支票,银行应予以退票,并按票面金额处以 5%,不低于 1 000 元的罚款;持票人有权要求出票人赔偿支票金额 2% 的赔偿金。对屡次签发的,银行应停止其签发支票。

支票的持票人可以委托开户银行收款或直接向出票人开户银行提示付款,但现金支票只能由收款人向付款人提示付款。持票人委托开户银行收取支票票款的,应做委托收款的背书,银行通过票据交换系统收妥后入账。

三、旅行支票

旅行支票是一种定额本票,其作用是专供旅客购买和支付旅途费用。它与一般银行汇票、支票的不同之处在于旅行支票没有指定的付款地点和银行,一般也不受日期限制,能在全世界通用,客户可以随时在国外的各大银行、国际饭店、餐厅及其他消费场所兑换现金或直接使用,是国际旅行都常用的支付凭证之一。旅行支票是一种全球范围内被普遍接受的票据,在很多国家和地区都有着如同现金一般的流动性,不仅很多商场和饭店都支持旅行支票的付款,也可以在旅行地兑换为当地的货币使用。

1. 面额固定

各种旅行支票均有不同的固定面额,形似现钞,如有 10、20、50、100、500、1 000 美元等面额的旅行支票。使用时可以零星花用,比银行汇票方便。

2. 兑换方便

发行者为了扩大其流通领域,在世界各大城市和旅游地特约许多代兑机构,大大方便了旅游者的兑取。持票人携旅行支票出游,不仅可在发行行银行的代兑行兑取票款,而且还可以在旅行社、旅店、机场、车站等地随时兑付。

3. 携带安全

旅行者购买旅行支票时,需在出售银行柜台上当面在旅行支票初签位置上签字,作为预留签字,取款时,须在兑付行的柜台上当面在旅行支票的复签位置上第二次签字,兑付行核对初签与复签相符后,方可付款。因此,旅行支票遗失或被盗,不易被冒领,比携带现钞安全。

4.挂失补偿

发行机构规定,旅行支票不慎遗失或被盗,可提出"挂失退款申请",只要符合发行机构的有关规定,挂失人就可得到退款或补发新的旅行支票。

5.流通期限长

旅行支票多数不规定流通期限,可以长期使用,并具有"见票即付"的特点,持票人可以在发行机构的国外代兑机构凭票立即取款。

四、银行本票

银行本票,是申请人将款项交存银行,由银行签发并承诺自己在见票时无条件支付确定金额给收款人或持票人的票据。银行本票由银行签发并保证兑付,见票即付,具有信誉高、支付能力强等特点。

银行本票分为定额本票和不定额本票两种。定额本票面额为 1 000 元、5 000 元、10 000元、50 000 元四种。单位和个人在同一票据交换区域需支付的各种款项,均可使用银行本票。银行本票可以用于转账,但票面注明"现金"字样的可以用于支取现金。使用银行本票提取现金只适用于个人申请人。申请人或收款人是单位的,不得申请签发现金银行本票。

银行本票的付款期自出票日起最长不超过两个月。在付款期内,银行见票即付。申请人因银行本票超过付款期或其他原因要求退款时,可持银行本票到签发银行办理。

申请人使用银行本票,应填写"银行本票申请书",出票银行收妥银行本票存款签发银行本票。用于转账的,在本票上划去"现金"字样,不定额本票用压数机压印出票金额,签章后交给申请人。

知识拓展

银行本票一式两联,第一联银行留存,以便兑付时看本票是否被涂改或者挖补;第二联为出票行结清本票时作借方凭证。

五、银行汇票

银行汇票,是指汇款人先将款项交存当地银行,由银行签发并由银行在见票时按照实际结算金额无条件支付给收款人或持票人的票据。它适用于单位、个体经营户和个人向同城或异地支付各种款项。银行汇票具有使用灵活、票随人到、兑现性强等特点。

采用银行汇票结算方式,汇款单位或个人需向汇出银行填写"银行汇票申请书",详细列明汇入地点、汇入银行、收款单位或个人名称、汇款用途等项内容。汇出银行同意受理后,即收妥款项,签发银行汇票,并用压数机压印出票金额,然后将银行汇票和解讫通知一并交给汇款人。

银行汇票的付款期为一个月。逾期的汇票,兑付银行不予受理。收款人受理申请人交付的银行汇票时,应在出票金额以内,根据实际需要的款项办理结算,并将实际结算金额和多余金额准确、清晰地填入银行汇票和解讫通知,未填明实际结算金额和多余金额或实际结算金额超过出票金额的,银行不予受理;收款人可以将银行汇票背书转让给被背书人,但以不超过出票金额的实际结算金额为准。未填写实际结算金额或实际结算金额超过出票金额的银行汇票不得背书转让。因逾期或其他原因要求退款时,可持银行汇票和解讫通知到签发银行办理退款。

知识拓展

银行汇票一式四联,第一联为卡片,为承兑行支付票款时做付出传票;第二联为银行汇票,与第三联解讫通知一并由汇款人自带,在兑付行兑付汇票后此联做联行往来账付出传票;第三联解讫通知,在兑付行兑付后随报单寄签发行,由签发行做余款收入传票;第四联是多余款通知,并在签发行结清后交汇款人。

六、商业汇票

商业汇票是指由出票人签发,委托付款人在指定日期无条件支付确定的金额给收款人或者持票人的票据。

商业汇票的付款期限,由双方协商确定,但最长不得超过 6 个月。商业汇票提示付款期限自汇票到期日起 10 天内。商业汇票适用于在银行开立存款账户的法人以及其他组织之间真实的商品交易或债权债务的业务。商业汇票可以办理同城结算,也可以办理异地结算。

商业汇票按承兑人不同,可分为商业承兑汇票和银行承兑汇票两种。商业承兑汇票是收款人开出,经付款人承兑,或由付款人开出并承兑的汇票。由收款人签发的商业承兑汇票,应交付款人承兑;由付款人签发的商业承兑汇票,应经本人承兑。付款人需在商业承兑汇票正面签署"承兑"字样并加盖预留银行印章后,将汇票交给收款人,以便到期收款。收款人对将要到期的商业承兑汇票,应递交开户银行办理收款。付款人应于商业承兑汇票到期前将票款足额交存其开户银行,银行在到期日凭票从付款人账户划转给收款人或贴现银行。汇票到期日付款人存款账户不足支付时,其开户银行应将汇票退给收款人,由收付双方自行处理,并对付款人按票面金额处以一定罚金。

银行承兑汇票是指由在承兑银行开立存款账户的付款人(即出票人)签发,由承兑银行承兑的汇票。企业申请使用银行承兑汇票时,应向其承兑银行按票面金额的 0.05% 交纳手续费。银行承兑汇票的出票人应于汇票到期前将票款足额交存其开户银行,承兑银行应在汇票到期日或到期日后的见票当日支付票款。银行承兑汇票的出票人于汇票到期前未能足额交存票款时,承兑银行凭票向持票人无条件付款,还应根据承兑契约规定,对承兑申请人执行扣款,并对尚未扣回的承兑金额按照每天 0.05% 计收利息。

商业汇票按是否带息,可分为带息票据和不带息票据。商业汇票属于期票,票据到期付款人承担无条件付款的义务。采用商业汇票方式可以使企业之间的债权债务关系表现为外在的票据,使商业信用票据化,更有效地保障债权人利益。债权人还可以在票据到期前到银行办理贴现业务来融通资金。

同步思考

银行承兑汇票结算和商业承兑汇票结算有何不同? 银行汇票和商业汇票有什么不同?

任务四 了解非票据结算方式

一、汇兑

汇兑,是汇款人委托银行将其款项汇给收款人的结算方式。汇兑按传递方式不同,分为信汇和电汇两种。信汇是指汇款人委托银行通过邮寄方式将款项划转给收款人。电汇是指汇款人委托银行通过电报将款项划给收款人。单位和个人到异地办理各种款项的结算,均可采用汇兑方式。汇兑的委托日期,是汇款人向汇出银行提交汇兑结算凭证的当日。

付款方委托银行汇出款项后,根据信(电)汇凭证回单,借记"材料采购""应付账款"等有关科目,贷记"银行存款"科目。收款方根据银行转来的收账通知,借记"银行存款"科目,贷记"主营业务收入""应收账款"等有关科目。

付款方:

借:材料采购、应付账款等

　　贷:银行存款

收款方:

借:银行存款

　　贷:主营业务收入、应收账款等

知识拓展

信汇凭证一式四联,第一联为汇出行给汇款人的回单;第二联为汇出行作借方凭证;第三联为汇入行作贷方凭证;第四联为收款人的收账通知或代取款收据。电汇凭证一式三联,第一联为汇出行给汇款人的回单;第二联为汇出行作借方凭证;第三联为汇出行凭以汇出汇款。

二、委托收款

委托收款,是指收款人委托银行向付款人收取款项的结算方式。单位和个人凭已承兑商业汇票、债券、存单等付款人债务证明办理款项结算,均可使用委托收款方式。在委托收款方式下,款项的划回方式,分为邮寄和电报两种。委托收款在同城或异地均可办理。在同城范围内,收款人收取公用事业费或根据国务院的规定,可以使用同城委托收款。收取公用事业费必须具有事先收付双方签订的经济合同,由付款人向开户银行授权,并经开户银行同意,报经中国人民银行批准。

付款单位接到银行付款通知、审查债务凭证后支付款项时,借记"应付账款"等科目,贷记"银行存款"科目。

收款方办妥委托银行收款手续后,根据委托收款结算凭证的回单联,借记"应收账款"科目,贷记"主营业务收入"等科目。收款方接到银行转来委托收款凭证的收账通知时,借记"银行存款"科目,贷记"应收账款"科目。

付款单位:

借:应付账款

　　贷:银行存款

收款单位:

借:应收账款

　　贷:主营业务收入

收到收账通知时:

借:银行存款

　　贷:应收账款

三、托收承付

托收承付,是指根据购销合同,由收款人发货后委托银行向异地付款人收取款项,由付款人向银行承认付款的结算方式。使用托收承付结算方式的收款单位和付款单位必须是国有企业、供销合作社以及经营管理较好并经开户银行审查同意的城乡集体所有制工业企业。办理托收承付的款项，必须是商品交易以及因商品交易而产生的劳务供应的款项。代销、赊销、寄销商品的款项，不得办理托收承付。

收款单位按照签订的购货合同发货后，委托银行办理托收，付款单位应在承付期内审查核对，安排资金。承付货款分为验单付款和验货付款两种，验单付款的承付期为 3 天，验货付款的承付期为 10 天，付款单位在承付期满日银行营业终了时，如无足够资金支付，其不足部分按逾期付款处理，并处以逾期付款赔偿金。逾期付款期满 3 个月仍未付清的欠款，付款人开户银行通知付款人还回单证，如自发出通知的第 3 天起，付款人不退回单证的，付款人开户银行每天按欠款金额处以 0.05‰但不低于 50 元的罚款，并暂停付款人向外办理结算业务，直到还回单证为止。付款单位经过验单或验货，发现收款单位托收款项计算错误或所收货物的品种、质量、规格等与合同规定不符的情况，可以在承付期内提出全部或部分拒付，并填写"拒付理由书"送交开户银行，开户银行认为符合拒付条件的，即转给收款方开户银行，再通知收款单位进行处理。

四、信用卡

信用卡，是指商业银行向个人和单位发行的，据以向特约单位购物、消费和向银行提取现金，具有消费信用的特制载体卡片。

信用卡按适用对象分为单位卡和个人卡；按信誉等级分为金卡和普通卡。凡在中国境内金融机构开立基本存款账户的单位可申领单位卡，单位卡可申领若干张。单位人民币卡账户的资金一律从其基本存款账户转账存入，不得交存现金，不得将销货收入存入单位卡账户。持卡人可持信用卡在特约单位购物、消费，但单位卡不得用于 10 万元以上的商品交易、劳务供应款项的结算，不得支取现金。

信用卡在规定的限额和期限内允许善意透支。透资期最长为 60 天，信用卡的首月最低还款额不得低于其当月透支余额的 10％。透支利息，自签单日或银行记账日起 15 日内按日息万分之五计算，15 日按日息万分之十计算，超过 30 日或透支金额超过规定限额的，按日息万分之十五计算。

知识拓展

住店客人使用信用卡如何核算

前厅在客人登记时输入信用卡号码并要拿信用卡的授权号码，在电脑前台备注中注明，签了名的信用卡必须在 DEPOSIT BOOK 上作记录让收银员签收。

用信用卡付账，首先须通过 POS 机来预取授权，金额是根据入住的天数乘以房费再加上一定的保证金取得；此外，国内信用卡必须请客人在预授权单上签名，签名样式须与信用卡一致。如卡有问题，请客人更换信用卡或者改用其他押金方式。如有问题，请当值经理协助处理。

客人签了名的信用卡请当事人在当班期间转交给收银员签收。

案例分析

一次住店三笔交易:何为信用卡预授权

孙小姐日前去香港地区旅游,通过境外的酒店代订网站预订了房间。在通过网站要求用信用卡预订成功后,孙小姐收到短信提醒,提示她的信用卡已经预授权一笔170美元的交易。入住酒店的当天,孙小姐又被要求用信用卡或现金支付入住押金。最后离店结账时,又用信用卡支付了所有房费,这一次短信提示是消费交易。孙小姐觉得很困惑:住一次店,怎么刷了三次卡,她究竟支出了多少钱? 酒店有没有多收她的钱呢?

据了解,不少信用卡持卡人都对信用卡"预授权"了解的不多,甚至有些持卡人会误会自己被酒店重复扣款。建行信用卡中心的工作人员给出了详细的解释。

1. 预授权不意味已扣款

据介绍,持卡人预订酒店尤其是境外酒店时,如果通过境外提供代订酒店的服务网站进行预订,根据每家酒店的要求,有时会要求客户预付所有房费,有时会要求用信用卡预付一笔金额。如遇到后者,即代订网站要求用信用卡预付时,信用卡此时进行的交易为预授权交易。

所谓"预授权",通俗讲就是酒店按照入住天数,根据酒店预交押金规定估算一个金额,要求顾客"预授权"信用卡的一笔金额作保证金,实际上这钱还是在持卡人的卡上,并没有支付给酒店,只是这笔金额被冻结了。

有时酒店要求预授权的金额为所有房费,若是如此,则在离店时酒店会进行"预授权完成"交易,这笔冻结的金额将全数入账。如果消费者预订了房间却不入住,作为罚款,酒店也有可能进行"预授权完成"划走这笔金额。当然,还有一种情况是,取消预订房间一般有个犹豫期,在犹豫期内取消预订是免费的,如果超过犹豫期取消预订房间,可能会被扣去一些取消预订的手续费。

2. 三笔交易各有名堂

从孙小姐的状况看,第一条短信提示的是"预授权"。酒店按照自己的规定,估算了一个金额,作为预订酒店的保证金进行"预授权"。孙小姐入住后第二条短信提示的交易是部分酒店会要求支付的入住押金,也是以"预授权"的方式进行。最后孙小姐离店时所产生的消费交易,才是酒店真正的扣款,也是孙小姐最终支付的金额。

3. 预授权可以提前解冻

预授权交易,由于冻结了该部分金额,孙小姐的信用额度也将减少相应的数目,如果酒店在30天内不进行预授权完成交易,那么30天后这笔金额将自动解冻,孙小姐的信用额度将恢复。如果孙小姐急着在30天内恢复额度,酒店可以进行预授权撤销交易,交易完成后,立刻解冻,额度立即恢复。一般在孙小姐最终离店完成结账后,酒店会主动为客户进行预授权撤销交易,方便客人的额度能够立即恢复。

建行信用卡中心的工作人员提醒:境外网站预订酒店,支持使用的信用卡一般以 VISA/MASTER/美国运通/JCB 等国际性卡片为主,记账金额一般为美元。部分网站例如 booking、agoda 等预付所有房费时,已经可以用支付宝支付方式,这样便能以人民币结算付款了。

(资料来源:刘志飞. 一次住店三笔交易:何为信用卡预授权[EB/OL]. [2013 - 05 - 30]. http://finance. sina. com. cn/money/bank/credit/20130530/075815635743. shtml.)

五、信用证

信用证是开证银行依据申请人的申请开出的,凭符合信用证条款的单据支付款项的付款承诺证明。信用证一般用于境外结算,经中国人民银行批准经营结算业务的商业银行总行以及经商业银行总行批准开办信用证结算业务的分支机构,也可以办理国内企业之间商品交易的信用证结算业务。

采用信用证结算方式时,收款方在收到信用证后,即备货装运,签发有关发票账单,连同运费单据和信用证送交银行,根据退还的信用证等有关凭证填制收款凭证;付款方在接到开证行的通知后,根据付款的有关单据编制付款凭证。

六、电子支付

电子支付,是单位或个人通过电子终端,直接或间接向银行业金融机构发出支付指令,实现货币支付与资金转移的行为。电子支付的业务类型按电子支付指令发起方式可以分为网上支付、电话支付、移动支付、销售点终端交易、自动柜员机交易和其他电子支付类型。

目前企业银行服务是网上银行服务中最重要的部分之一。"网上银行"系统是银行业务服务的延伸,客户可以通过互联网方便地使用商业银行核心业务服务,完成各种非现金交易结算业务。

知识拓展

饭店其他先进支付方式介绍

1. 微信支付

微信支付是集成在微信客户端的支付功能,用户可以通过手机完成快速的支付流程。微信支付以绑定银行卡的快捷支付为基础,向用户提供安全、快捷、高效的支付服务。用户只需在微信中关联一张银行卡,并完成身份认证,即可将装有微信 APP 的智能手机变成一个全能钱包,之后即可购买合作商户的商品及服务,用户在支付时只需在自己的智能手机上输入密码,无需任何刷卡步骤即可完成支付,整个过程简便流畅。

目前微信支付已实现刷卡支付、扫码支付、公众号支付、APP 支付,并提供企业红包、代金券、立减优惠等营销新工具,满足用户及商户的不同支付场景。

2. 支付宝支付

支付宝(中国)网络技术有限公司是国内领先的第三方支付平台,致力于提供"简单、安全、快速"的支付解决方案。支付宝公司从 2004 年建立开始,始终以"信任"作为产品和服务的核心。旗下有"支付宝"与"支付宝钱包"两个独立品牌。自 2014 年第二季度开始成为当前全球最大的移动支付厂商。

支付宝主要提供支付及理财服务,包括网购担保交易、网络支付、转账、信用卡还款、手机充值、水电煤缴费、个人理财等多个领域。在进入移动支付领域后,为零售百货、电影院线、连锁商超和出租车等多个行业提供服务。还推出了余额宝等理财服务。

通过支付宝转账分为两种:①转账到支付宝账号,资金瞬间到达对方支付宝账户;②转账到银行卡,用户可以转账到自己或他人的银行卡,支持百余家银行,最快 2 小时到账。

同步思考

银行结算方式有哪些？如何办理？请比较各自的优缺点。

模块二 货币资金核算内容

货币资金是以货币形态存在的资产,是企业流动性最强的资产。在企业的各项经济活动中,货币资金起着非常重要的作用。货币资金按其存放的地点和用途包括库存现金、银行存款和其他货币资金。由于货币资金具有高度的流动性和支付能力,所以加强货币资金的管理和控制是非常重要的。

任务一 掌握库存现金核算业务

库存现金通常是指存放于企业财务部门、由出纳人员经管的货币。库存现金是企业流动性最强的资产,企业应当严格遵守国家有关现金管理制度,正确进行现金收支的核算,监督现金使用的合法性和合理性。

一、现金使用范围的管理

在我国,中国人民银行总行是现金管理的主管部门,各级人民银行负责对开户银行现金管理的具体执行。为了严格管理货币发行,有计划地组织现金投放和回笼,调节货币流通,节约现金使用,国务院批准颁发了《现金管理暂行条例》。每个企业必须按照现金管理的规定进行现金结算,并接受开户银行的监督。现金管理制度主要包括以下内容。

1. 现金使用范围的管理

根据《现金管理暂行条例》的规定,企业可以在下列范围内使用现金:

(1)职工工资、津贴、个人劳务报酬。

(2)根据国家规定颁发给个人的科学技术、文学艺术、体育等各种奖金。

(3)各种劳保、福利费用以及国家规定的对个人的其他支出。

(4)向个人收购农副产品和其他物资的款项。

(5)出差人员必须随身携带的差旅费。

(6)结算起点(1 000元人民币)以下的零星支出。

(7)中国人民银行确定需要支付现金的其他支出。

属于上述现金结算范围的支付,企业可以根据需要以现金支付或签发现金支票支付;不属于上述范围的款项支付,一律通过银行转账结算。

2. 库存现金的限额管理

银行为每个开户单位核定库存现金的最高限度库存金额称为库存限额。企业日常零星开支所需库存现金由开户银行根据企业的实际需要情况核定最高限额,一般为3~5天的日常零星开支所需的库存现金限额,边远地区和交通不便的企业库存现金可多于5天,但不超过15天日常零星开支。企业每日的库存现金结存数不得超过核定的限额,超过部分应及时送存银行,企业如需要增加或减少库存限额的,应当向开户银行提出申请,由开户银行核定。

3.现金日常收支的管理

开户单位现金收支应当依照下列规定办理：

（1）企业现金收入应于当日送存银行，当日送存确有困难的由银行确定时间。

（2）企业支付现金，可以从本单位库存现金限额中支付或者从开户银行提取，不得从本单位的现金收入中直接支付，即不得"坐支"现金。企业如因特殊情况需要坐支现金的，应当事先报经开户银行审批，由开户银行核定坐支的范围和限额。

（3）企业根据对于符合现金使用范围规定的，从开户银行提取现金，应当写明提取现金的用途，由本单位财会部负责人签字盖章，并经开户银行审核后，予以支付现金。

（4）企业不得"白条抵库"；不准谎报用途套取现金；不准利用银行账户代其他单位和个人存入或支取现金；不准将单位收入的现金以个人名义存入储蓄，即不得"公款私存"；不准保留账外公款（即小金库）。

知识拓展

白条

白条，是指不符合财务制度和会计凭证手续的字条或单据，因一般系报销者在白条上填制，无红、蓝色印章，故称之为白条。白条还指欠条，比如一些基层的政府管理人员在餐厅、店铺吃饭买东西时不付钱，而是写下欠条，这些也叫做白条。有的白条上面是有公章的。

4.现金内部控制制度

一个有效的内部控制制度，不允许由单独一人自始至终地操控和处理一笔业务的全过程，必须在各个独立的部门之间有明确、合理的分工。企业的库存现金收支与保管应由出纳人员负责，经营现金的出纳人员不得监管收入、费用、债权、债务等账薄的保管工作，以及会计档案保管工作。企业的出纳人员应定期进行轮岗，不得一人长期从事出纳人员工作。对企业的库存现金，出纳人员应做到日清月结，由财务主管人员进行抽查与稽核，发现的溢缺，必须查明原因并按规定进行处理，以保证现金的正确使用和安全完整。

现金收入的内部控制，主要是对收据和发票的数量、编号进行控制并定期进行核对；签发收款凭证与收款的职责分开；所有的现金收入都应开具收款收据；按开出收据的存根与已入账的收据联按编号进行核对注销，作废的收据应贴在存根上，以便核查。现金支出的内部控制，要建立现金支出审批制度，并按现金管理制度和结算制度的要求办理现金支出业务；出纳、记账工作不得由同一人担任，签发支票和现金的支付，应由两个人分别签章；付款业务必须有原始凭证，并由主管人员和会计人员审核同意后，出纳员方可付款；付款后的付款凭证加盖"现金付讫"戳记并定期装订成册，由专人保管。

二、库存现金的核算

1.库存现金核算的科目设置

为了总括地反映企业库存现金的收入、支出和结存情况，企业应当设置"库存现金"总分类科目，由不从事出纳工作的会计人员负责登记。借方登记库存现金的增加数，贷方登记库存现金的减少数，期末余额在借方，反映企业实际持有的库存现金的金额。企业内部各车间、各部门周转使用的备用金，应在"其他应收款"或"备用金"账户核算，不在本账户进行核算。

为了全面、系统、连续地反映有关现金的收支情况，企业应设置"现金日记账"进行序时核算,由出纳人员根据审核无误的现金收付款凭证,按照业务发生顺序逐笔进行序时登记。每日终了,应当在现金日记账上计算出当日的现金收入合计额、现金支出合计额和结余额,并将现金日记账的账面余额与实际库存现金相核对,保证账实相符;月度终了,现金日记账的余额应当与现金总账的余额核对,保证账账相符。

有外币现金的企业,应当按人民币和各种外币分别设置"库存现金日记账"进行明细核算。

2.库存现金核算的账务处理

(1)库存现金收入的核算。

企业收入现金的主要途径有从银行提取现金、收取转账结算金额起点以下的小额销售货款、职工出差报销时交回的剩余借款、对个人收取的款项等。企业收到现金时,根据审核无误的原始凭证,借记"库存现金"科目,贷记"银行存款""主营业务收入""其他应收款"等科目。

借:库存现金
  贷:银行存款
    主营业务收入
    其他应收款

【例2-1】A饭店2017年1月1日,出纳员开出现金支票,提取现金6 000.00元备用。编制会计分录如下:

借:库存现金　　　　　　　　　　　　　　　　　　　6 000.00
  贷:银行存款　　　　　　　　　　　　　　　　　　　6 000.00

【例2-2】A饭店2017年1月10日,采购员张某出差归来,报销差旅费2 900.00元,交回现金100.00元。编制会计分录如下:

借:库存现金　　　　　　　　　　　　　　　　　　　100.00
  管理费用　　　　　　　　　　　　　　　　　　　2 900.00
  贷:其他应收款——张某　　　　　　　　　　　　　3 000.00

(2)库存现金支出的核算。

企业在允许使用现金的范围内支付现金时,根据审核无误的原始凭证,借记"管理费用"等科目,贷记"库存现金"科目。

【例2-3】A饭店2017年1月1日,采购员张某预支差旅费3 000.00元。编制会计分录如下:

借:其他应收款——张某　　　　　　　　　　　　　　3 000.00
  贷:库存现金　　　　　　　　　　　　　　　　　　　3 000.00

【例2-4】A饭店2017年1月15日,以现金800.00元购买办公用品。编制会计分录如下:

借:管理费用　　　　　　　　　　　　　　　　　　　800.00
  贷:库存现金　　　　　　　　　　　　　　　　　　　800.00

三、库存现金的清查

库存现金的清查是对库存现金的盘点与核对。企业应根据现金管理的规定,对库存现金进行定期和不定期的清查,以便保证账实相符和库存现金的安全完整。现金清查一般采用实地盘点法,对于清查的结果,应编制"现金盘点报告单"。清查中发现的现金短缺或溢余,在会计上通过"待处理财产损溢"科目进行核算,现金清查中发现短缺的现金,按实际短缺金额,借记"待处理财产损溢"科目,贷记"库存现金"账户;现金清查中发现溢余的现金,应按溢余的金额,借记"库存现金"科目,贷记"待处理财产损溢"账户,待查明原因后作相应处理。

短缺时:

借:待处理财产损溢

　　贷:库存现金

溢余时:

借:库存现金

　　贷:待处理财产损溢

1.库存现金短缺的账务处理

库存现金短缺,查明原因后按不同情况进行会计处理:

(1)属于应由责任人赔偿的部分,借记"其他应收款——应收库存现金短缺款(××个人)"或"库存现金"等科目,贷记"待处理财产损溢——待处理流动资产损溢"科目。

(2)属于应由保险公司赔偿的部分,借记"其他应收款——应收保险赔款"科目,贷记"待处理财产损溢——待处理流动资产损溢"科目。

(3)属于无法查明的其他原因,根据管理权限,经批准后处理,借记"管理费用"科目,贷记"待处理财产损溢——待处理流动资产损溢"科目。

【例2-5】A饭店2017年1月3日,在现金清查中发现现金短缺200.00元,尚待查明原因。

查明原因前,编制会计分录如下:

借:待处理财产损溢——待处理流动资产损溢　　　　　　　　200.00

　　贷:库存现金　　　　　　　　　　　　　　　　　　　　　　200.00

上述现金短缺,经查属于出纳人员王某责任,根据批复意见,由责任人赔偿。编制会计分录如下:

借:其他应收款——王某　　　　　　　　　　　　　　　　　200.00

　　贷:待处理财产损溢——待处理流动资产损溢　　　　　　　200.00

2.库存现金溢余的账务处理

库存现金溢余,查明原因后分不同情况进行会计处理:

(1)属于应支付给有关人员或单位的,应借记"待处理财产损溢——待处理流动资产损溢"科目,贷记"其他应付款——应付现金溢余(××个人或××单位)"或"库存现金"科目。

(2)属于无法查明原因的现金溢余,经批准后,借记"待处理财产损溢——待处理流动资产损溢"科目,贷记"营业外收入"科目。

【例2-6】A饭店2017年1月31日,在现金清查中发现有溢余300.00元,原因待查。

查明原因前,编制会计分录如下:

借:库存现金　　　　　　　　　　　　　　　　　　　　　　300.00

　　贷:待处理财产损溢——待处理流动资产损溢　　　　　　　300.00

经批准,上述现金盈余转做营业外收入。编制会计分录如下:

借:待处理财产损溢——待处理流动资产损溢　　　　　　　　300.00

　　贷:营业外收入　　　　　　　　　　　　　　　　　　　　300.00

四、备用金的核算

备用金是指由财务部门单独拨给前台收银和营业点收银以及企业内部各职能部门或报账单位用于费用开支或销售找零用的周转使用资金,这部分资金交专人保管,以备日常零星开支之用,通常称为备用金。备用金的需要量,包括在库存现金的限额之内。备用金的收付,也体现了库存现金的收付,在管理和使用上也要执行有关现金管理的规定。

实行定额备用金制度的企业,由财会部门根据实际需要拨出一笔固定金额的备用金,由专人领用,按规定的用途使用,定期或备用金不足支出时,凭单据向会计部门报销,并补足其原定额。

企业备用金的会计处理,一般通过"其他应收款"科目核算,也可专设"备用金"科目进行核算。

【例2-7】A饭店2017年1月3日,企业会计部门为方便采购部门日常零星开支的需要,特设立定额备用金4 000.00元。设立时,财会部门开出现金支票一张给采购部门。

(1)设立备用金时,编制会计分录如下:

借:备用金——采购部门　　　　　　　　　　　　　　4 000.00
　　贷:银行存款　　　　　　　　　　　　　　　　　　　4 000.00

(2)10天后,采购部门凭各种发票报销,发票金额为2 800.00元,会计又开出现金支票2 800.00元补足备用金定额。编制会计分录如下:

借:管理费用　　　　　　　　　　　　　　　　　　　　2 800.00
　　贷:银行存款　　　　　　　　　　　　　　　　　　　2 800.00

(3)2017年1月15日,企业因情况变化,决定取消备用金制度,采购部门最后一次报销880.00元,并将多余款项交还出纳人员。编制会计分录如下:

借:管理费用　　　　　　　　　　　　　　　　　　　　880.00
　　库存现金　　　　　　　　　　　　　　　　　　　　3 120.00
　　贷:备用金——采购部门　　　　　　　　　　　　　　4 000.00

任务二　学会银行存款的业务核算

一、银行存款的管理

1.银行账户的种类

根据中国人民银行颁发的《人民币银行结算账户管理办法》规定,企业可以在银行或其他金融机构开立基本存款账户、一般存款账户、临时存款账户和专用存款账户。

基本存款账户是存款人办理日常结算和现金收付的账户。企业的工资、奖金等现金的支取,只能通过基本存款账户办理。一个企业只能开立一个基本存款账户。一般存款账户是企业为了业务方便,在银行或金融机构开立的基本存款账户以外的账户,企业可以通过该账户办理转账结算和现金的缴存,但不得支取现金。临时存款账户是企业因临时经营活动需要开立的暂时性账户;临时存款账户的有效期最长不得超过2年,企业可以通过本账户办理转账结算和根据国家现金管理的规定办理存现金收付。专用存款账户是企业因特定用途需要开立的账户,企业通过本账户只能办理具有特定用途的款项的存取和转账。

企业在银行开立账户后,可到开户银行购买各种银行往来使用的凭证(如送款单、进账单、现金支票、转账支票等),用以办理银行存款的收付款项。

2.账户的使用与管理

各开户单位应加强对银行存款账户的管理,正确使用银行账户。

(1)认真贯彻执行国家的政策、法令,遵守银行信贷、结算和现金管理等有关规定。在银行检查时,企业必须提供账户使用情况的有关资料。

(2)各单位在银行开立的账户,只供本单位业务经营范围内的资金收付,不准出租、出借或转让给其他单位和个人使用。

(3)各单位在银行的账户必须有足够的资金保证支付,不准签发空头的支付凭证,不准签发远期的支付凭证。

(4)各种收付款凭证,必须填明款项来源和用途,不得巧立名目,弄虚作假,套取现金,严禁利用账户搞非法活动。

(5)及时、正确地记录同银行的往来账户,重视对账工作,认真、及时地与银行寄送的对账单进行核对,发现不符,及时与银行联系,尽快查对清楚。

二、银行存款的核算

1.银行存款核算科目的设置

为了总括反映企业银行存款的收入、支出和结存情况,应设置"银行存款"总分类科目,由不从事出纳工作的会计人员负责登记。该账户属于资产类科目,借方登记银行存款的增加额,贷方登记银行存款的减少额,期末余额在借方,表示企业期末结存的银行存款余额。另外应注意,为了避免重复记账,现金和银行存款内部的业务,只编制相关付款凭证,不编制收款凭证。

为了全面、系统、连续地反映有关银行存款收支的情况,企业应设置"银行存款日记账"进行序时核算,由出纳人员根据审核无误的银行存款收、付款凭证逐日逐笔进行序时登记。每日终了,应计算当日银行存款收入、支出合计数和余额,并定期与银行转来的对账单进行核对,至少每月核对一次。

对于有外币存款的企业,应按不同币种和开户银行分别设置日记账。

2.银行存款核算的账务处理

企业向银行或其他金融机构存入款项时,借记"银行存款"科目,贷记"库存现金""主营业务收入""应收账款"等科目;企业从银行提取或支出款项时,借记"库存现金""材料采购""管理费用"等科目,贷记"银行存款"科目。每日终了时,应计算银行存款收入合计、银行存款支出合计及结余数。

【例2-8】A饭店2017年1月发生下列经济业务。

(1)收回B公司前欠货款30 000.00元,转账支票已送存银行,进账单回联已交回会计部门。编制会计分录如下:

借:银行存款 30 000.00
　贷:应收账款——B公司 30 000.00

(2)支付行政管理部门的电话费2 000.00元,开出转账支票一张。编制会计录如下:

借:管理费用 2 000.00
　贷:银行存款 2 000.00

(3)企业销售给B公司产品一批,售价50 000.00元,增值税8 500.00元,收到等额转账

支票一张,存入银行。编制会计分录如下:

借:银行存款 58 500.00
　　贷:主营业务收入 50 000.00
　　　应交税费——应交增值税(销项税额) 8 500.00

三、银行存款的清查

银行存款的清查是指企业银行存款日记账的账面余额与其开户银行转来的对账单的余额进行核对。

为了准确掌握银行存款的实际金额,防止银行存款账目发生差错,企业应经常与银行核对存款账。由出纳员根据银行存款日记账的记录与银行对账单进行逐笔核对,每月至少一次。核对时,如果发现双方的余额不一致,要及时查找原因。属于记账错误的,应及时更正;属于未达账项因素影响的,要及时编制银行存款余额调节表,剔除未达账项因素的影响。

所谓未达账项,是指开户银行与本企业之间,对于同一笔款项的收付业务,在传递过程中存在一定的时间差异,导致一方已登记入账,另一方因未接到有关凭证而尚未入账的款项。出现未达账项主要有以下 4 种情况:

(1)银行已收企业未收的款项。这种情况是指银行已根据有关收款凭证将一笔款项作为企业存款增加的业务进行了处理,而企业尚未收到相关凭证从而未记账的款项。

(2)银行已付企业未付的款项。这种情况是指银行已根据有关付款凭证将一笔款项作为企业存款减少的业务处理,而企业尚未收到相关凭证从而未记账的款项。

(3)企业已收银行未收的款项。这种情况是指企业已根据有关收款凭证将一笔款项作为银行存款增加的会计处理,但银行尚未接到相关凭证从而未记账的款项。

(4)企业已付银行未付的款项。这种情况是指企业已根据有关付款凭证将一笔款项作为银行存款减少的会计处理,但银行尚未接到相关凭证从而未记账的款项。

为了正确反映各种未达账项,调节企业和银行双方的账面存款余额的不一致,企业在逐笔核对银行送来的对账单后,采用编制银行存款余额调节表来核对银行存款的余额。调节的方法是以双方账面余额为基础,各自分别加上对方已收款入账而已方未入账的数额,减去对方已付款入账而已方未入账的数额。

知识拓展

每月月初银行会给存款户一份银行对账单,汇总该存款账户上个月的变动情况,银行对账单会列示月初账户余额、该期间银行所收到的每笔存款与其他收入款、付款时账户余额以及月底账户余额。企业就可以以此为依据,核对银行存款日记账的记录是否正确,并编制银行存款余额调节表。

【例 2-9】新永泰饭店 2017 年 1 月 31 日,银行存款日记账的余额为 540 000.00 元,银行转来对账单的余额为 830 000.00 元。经逐笔核对,发现以下未达账项:

(1)企业送存转账支票 600 000.00 元,并已登记银行存款增加,但银行尚未入账。

(2)企业开出转账支票 450 000.00 元,但持票单位尚未到银行办理转账,银行尚未记账。

(3)企业委托银行代收 B 公司购货款 480 000.00 元,银行已收妥并登记入账,但企业尚未收到收款通知,尚未入账。

(4)银行代企业支付电话费 40 000.00 元,银行已登记企业银行存款减少,但企业未收到银行付款通知,尚未记账。

根据上述资料,编制"银行存款余额调节表",如表 2-1 所示。

表 2-1 银行存款余额调节表

2017 年 1 月 31 日

单位:元

项目	金额	项目	金额
企业银行存款日记账余额	540 000.00	银行对账单余额	830 000.00
加:银行已收,企业未收款	480 000.00	加:企业已收,银行未收款	600 000.00
减:银行已付,企业未付款	40 000.00	减:企业已付,银行未付款	450 000.00
调节后的存款余额	980 000.00	调节后的存款余额	980 000.00

若调节后的双方余额相等,说明双方账簿记录基本正确。如果调节后的双方余额不等,说明银行或企业的账簿记录、计算有错误,应进一步查明原因,予以更正。

需要注意的是,"银行存款余额调节表"不是记账的依据,编制"银行存款余额调节表"仅是查明账实是否相符的一种方法,并不需要对存在的未达账项在账簿中调整。对于银行已经记账而企业尚未入账的未达账项,待以后收到相关凭证后再作账务处理。但对于时差较大的未达账项,应查阅有关凭证和账簿记录,必要时应与开户银行取得联系,查明原因,及时解决。

同步思考

银行存款日记账账面余额与对账单余额之间出现不一致的原因主要有哪些方面?应如何处理?

任务三 了解其他货币资金的业务核算

一、其他货币资金的内容

其他货币资金是指企业除库存现金、银行存款以外的各种货币资金,主要包括外埠存款、银行本票存款、银行汇票存款、信用证保证金存款、信用卡存款和存出投资款。

同步思考

银行结算方式中哪些不属于"其他货币资金"的核算内容?

二、其他货币资金的核算

为了反映和监督其他货币资金的收入、支出和结存情况,企业应当设置"其他货币资金"总账账户,该账户借方登记其他货币资金的增加额,贷方登记其他货币资金的减少额,期末余额在借方,反映企业实际持有的其他货币资金。该账户应按其他货币资金的种类设置明细账。

1. 外埠存款的核算

外埠存款是指企业到外地进行临时或零星采购时,汇往采购地银行开立采购专户的款项。

企业将款项汇往外地开立采购专户时,应填写汇款委托书,委托开户银行办理汇款。汇入地银行以汇款单位名义开立临时采购账户,该账户的存款不计利息,只付不收、付完清户,除了采购人员可从中提取少量现金以外,一律采用转账结算。企业将款项汇往外地开立采购专户时,根据汇出款项凭证,进行账务处理。借记"其他货币资金——外埠存款"账户,贷记"银行存款"账户;收到采购员交来的供应单位的材料账单等报销凭证时,借记"材料采购"或"原材料"、"库存商品"、"应交税费——应交增值税(进项税额)"等账户,贷记"其他货币资金——外埠存款"账户;将多余的外埠存款转回当地银行结算户时,根据银行的收账通知,借记"银行存款"账户,贷记"其他货币资金——外埠存款"账户。

饭店将款项汇往外地开立采购专户时,根据汇出款项凭证:

借:其他货币资金——外埠存款
    贷:银行存款

收到采购员交来的报销凭证:

借:材料采购、原材料、库存商品
      应交税费——应交增值税(进项税额)
    贷:其他货币资金——外埠存款

将多余的外埠存款转回当地银行结算户时,根据银行的收账通知:

借:银行存款
    贷:其他货币资金——外埠存款

📚 知识拓展

外埠存款,反映企业到外地进行临时或零星采购,汇往采购地银行开立采购专户的款项。银行对临时采购户一般实行半封闭式管理的办法,即该账户的存款不计利息,只付不收,付完清户。

【例2-10】新永泰饭店2017年1月5日,通过银行汇款60 000.00元在上海开立采购专户,由采购员张某负责相关事宜。

(1)开立采购专户时,编制会计分录如下:

借:其他货币资金——外埠存款   60 000.00
    贷:银行存款   60 000.00

(2)1月20日收到采购员张某交来的材料账单,货款50 000.00元,专用发票上注明的增值税额8 500.00元。编制会计分录如下:

借:原材料   50 000.00
    应交税费——应交增值税(进项税额)   8 500.00
    贷:其他货币资金—外埠存款   58 500.00

(3)1月30日收到上海采购专户的余额1 500.00元。编制会计分录如下:

借:银行存款   1 500.00
    贷:其他货币资金——外埠存款   1 500.00

2.银行本票存款的核算

银行本票存款,是指企业为取得银行本票按规定存入银行的款项。

企业在填送"银行本票申请书"并将款项交存银行取得银行本票后,根据银行盖章退回的申请书存根联,借记"其他货币资金——银行本票"账户,贷记"银行存款"账户;企业根据有关购货凭证,借记"材料采购"或"原材料"、"库存商品"、"应交税费——应交增值税(进项税额)"等账户,贷记"其他货币资金——银行本票"账户。如企业因本票超过付款期限等原因未曾使用而要求银行退款,借记"银行存款"账户,贷记"其他货币资金——银行本票"账户。

饭店根据银行盖章退回的申请书存根联：

借：其他货币资金——银行本票

　　贷：银行存款

饭店根据有关购货凭证：

借：材料采购、原材料、库存商品

　　应交税费——应交增值税（进项税额）

　　贷：其他货币资金——银行本票

如饭店因本票超过付款期限等原因未曾使用而要求银行退款：

借：银行存款

　　贷：其他货币资金——银行本票

【例 2－11】 A 饭店 2017 年 1 月 20 日，申请办理银行本票，用于采购材料。银行受理后开出定额本票一张。

(1)2017 年 1 月 20 日，企业收到本票时，编制会计分录如下：

借：其他货币资金——银行本票　　　　　　　　　　585 000.00

　　贷：银行存款　　　　　　　　　　　　　　　　　　585 000.00

(2)2017 年 1 月 25 日，企业采购某材料，收到的增值税专用发票注明货款 500 000.00 元，增值税 85 000.00 元。以银行本票支付货款，根据发票账单等有关凭证，编制会计分录如下：

借：材料采购——某材料　　　　　　　　　　　　　500 000.00

　　应交税费——应交增值税（进项税额）　　　　　 85 000.00

　　贷：其他货币资金——银行本票存款　　　　　　　585 000.00

3. 银行汇票存款的核算

银行汇票存款，是指企业为取得银行汇票按规定存入银行的款项。

企业在填送"银行汇票申请书"并将款项交存银行取得银行汇票后，根据银行盖章退回的申请书存根联，借记"其他货币资金——银行汇票"账户，贷记"银行存款"账户；企业根据有关购货凭证，借记"物资采购"或"原材料"、"库存商品"、"应交税费——应交增值税（进项税额）"等账户，贷记"其他货币资金——银行汇票"账户。如企业因汇票超过付款期限等原因未曾使用而要求银行退款，借记"银行存款"账户，贷记"其他货币资金——银行汇票"账户。

饭店根据银行盖章退回的申请书存根联：

借：其他货币资金——银行汇票

　　贷：银行存款

饭店根据有关购货凭证：

借：材料采购、原材料、库存商品

　　应交税费——应交增值税（进项税额）

　　贷：其他货币资金——银行汇票

如饭店因本票超过付款期限等原因未曾使用而要求银行退款：

借：银行存款

　　贷：其他货币资金——银行汇票

【例 2－12】 天津 A 股份有限公司 2017 年 1 月 10 日，申请办理一张金额 60 000.00 元的银行汇票，用于偿还应付账款。银行受理后开出银行汇票、解讫通知。实际办理结算的金额为

58 500.00，余额银行自动划回。

（1）2017 年 1 月 10 日，企业收到银行汇票、解讫通知时，编制会计分录如下：

借：其他货币资金——银行汇票　　　　　　　　　　　　　　　60 000.00

　　贷：银行存款　　　　　　　　　　　　　　　　　　　　　　60 000.00

（2）2017 年 1 月 20 日，收到收款单位收据时，编制会计分录如下：

借：应付账款　　　　　　　　　　　　　　　　　　　　　　　58 500.00

　　贷：其他货币资金——银行汇票　　　　　　　　　　　　　　58 500.00

（3）2017 年 1 月 20 日，接到银行剩余款项划回通知时，编制会计分录如下：

借：银行存款　　　　　　　　　　　　　　　　　　　　　　　1 500.00

　　贷：其他货币资金——银行汇票　　　　　　　　　　　　　　1 500.00

4. 信用证保证金存款的核算

信用证保证金存款，是指企业为取得信用证按规定存入银行的保证金。

企业填写"信用证申请书"，将信用证保证金交存银行时，应根据银行盖章退回的"信用证申请书"回单，借记"其他货币资金——信用证保证金"账户，贷记"银行存款"账户。企业接到开证行通知，根据供货单位信用证结算凭证及所附发票账单，借记"材料采购"或"原材料"、"库存商品"、"应交税费——应交增值税（进项税额）"等账户，贷记"其他货币资金——信用证保证金"账户；将未用完的信用证保证金存款余额转回开户银行时，借记"银行存款"账户，贷记"其他货币资金——信用证保证金"账户。

饭店根据银行盖章退回的申请书存根联：

借：其他货币资金——信用证保证金

　　贷：银行存款

饭店根据有关购货凭证：

借：材料采购、原材料、库存商品

　　应交税费——应交增值税（进项税额）

　　贷：其他货币资金——信用证保证金

如饭店因本票超过付款期限等原因未曾使用而要求银行退款：

借：银行存款

　　贷：其他货币资金——信用证保证金

【例 2-13】A 饭店 2017 年 1 月 5 日，要求银行对境外 B 公司开出信用证 100 000.00 元，按规定向银行提交开证申请书、信用证申请人承诺书、购销合同及保证金 100 000.00 元。

（1）根据银行退回的进账单第一联，编制会计分录如下：

借：其他货币资金——信用证保证金存款　　　　　　　　　　100 000.00

　　贷：银行存款　　　　　　　　　　　　　　　　　　　　　100 000.00

（2）20 天后，企业收到境外 B 公司发来的材料及银行转来的信用证结算凭证及所附发票账单，共支付款项 93 600.00 元，其中价款 80 000.00 元，增值税 13 600.00 元。余款 6 400.00 元已退回企业开户银行。编制会计分录如下：

借：原材料　　　　　　　　　　　　　　　　　　　　　　　80 000.00

　　应交税费——应交增值税（进项税额）　　　　　　　　　　13 600.00

　　贷：其他货币资金——信用证保证金存款　　　　　　　　　93 600.00

借:银行存款   6 400.00
  贷:其他货币资金——信用证保证金存款   6 400.00

5.信用卡存款的核算

信用卡存款,是指企业为取得信用卡按照规定存入银行的款项。

企业应填制"信用卡申请表",连同支票和有关资料一并送存发卡银行,根据银行盖章退回的进账单第一联,借记"其他货币资金——信用卡"账户,贷记"银行存款"账户;企业用信用卡购物或支付有关费用,收到开户银行转来的信用卡存款的付款凭证及所附发票账单,借记"管理费用"等账户,贷记"其他货币资金——信用卡"账户;企业信用卡在使用过程中,需要向其账户续存资金的,借记"其他货币资金——信用卡"账户,贷记"银行存款"账户;企业的持卡人如不需要继续使用信用卡时,应持信用卡主动到发卡银行办理销户,销卡时,单位卡账户余额转入企业基本存款户,不得提取现金,借记"银行存款"账户,贷记"其他货币资金——信用卡"账户。

饭店根据银行盖章退回的申请书存根联:

借:其他货币资金——信用卡
  贷:银行存款

饭店用信用卡购物或支付有关费用,收到开户银行转来的信用卡存款的付款凭证及所附发票账单:

借:管理费用
  贷:其他货币资金——信用卡

饭店信用卡在使用过程中,需要向其账户续存资金的:

借:其他货币资金——信用卡
  贷:银行存款

饭店的持卡人如不需要继续使用信用卡时,应持信用卡主动到发卡银行办理销户,销卡时,单位卡账户余额转入企业基本存款户,不得提取现金:

借:银行存款
  贷:其他货币资金——信用卡

知识拓展

信用卡各项费用核算介绍

信用卡虽然能让卡友们享受到优惠,但同时信用卡也是有着诸多的收费项目的,下面就来介绍信用卡各项费用及其计算方式。

1.利息

持卡人当期非现金交易自记账日至到期还款日(含)为免息还款期。在免息还款期内还清当期全部款项无需支付利息。否则,自记账日起按日利率万分之五收取利息。

2.年费

年费指银行核准发给信用卡后,持卡人应按银行规定按年缴纳的费用。目前国内多家银行有年费优惠政策。

3.滞纳金

滞纳金指当持卡人在到期还款日(含)前还款金额不足最低还款额时,按规定应向发卡机构支付的费用。

4.超限费

超限费指当持卡人累计未还交易金额超过发卡机构为其核定的信用额度时,按规定应向发卡机构支付的费用。

5.分期付款手续费

分期付款手续费指持卡人办理银行提供的分期付款业务时,需按规定向发卡机构支付一定比例的费用。

6.挂失手续费

信用卡遗失、被窃或遭他人占有时,持卡人应及时通过发卡机构客户服务热线办理挂失,信用卡正式挂失后,持卡人按规定应向发卡机构支付的费用被称作挂失手续费。

说明:由于各家银行信用卡收费标准有所差别,建议持卡人通过网站、服务电话、申请书、信用卡章程等渠道了解各项业务的具体收费标准。

【例 2-14】A 饭店 2017 年 1 月 15 日,将银行存款 90 000.00 元存入信用卡,2017 年 1 月 30 日,企业用信用卡支付业务招待费 5 000.00 元,又续存 9 000.00 元。

(1)办理信用卡时,编制会计分录如下:

借:其他货币资金——信用卡存款　　　　　　　　　　　90 000.00
　　贷:银行存款　　　　　　　　　　　　　　　　　　　　90 000.00

(2)支付业务招待费时,编制会计分录如下:

借:管理费用——业务招待费　　　　　　　　　　　　　　5 000.00
　　贷:其他货币资金——信用卡存款　　　　　　　　　　　5 000.00

(3)续存资金时,编制会计分录如下:

借:其他货币资金——信用卡存款　　　　　　　　　　　　9 000.00
　　贷:银行存款　　　　　　　　　　　　　　　　　　　　9 000.00

6.存出投资款的核算

存出投资款是指企业已存入证券公司但尚未进行投资的资金。

企业向证券公司划出资金时,应按实际划出的金额,借记"其他货币资金——存出投资款"账户,贷记"银行存款"账户;购买股票、债券等时,借记"交易性金融资产"等账户,贷记"其他货币资金——存出投资款"账户。

向证券公司划出资金时,应按实际划出的金额:

借:其他货币资金——存出投资款
　　贷:银行存款

购买股票、债券等时:

借:交易性金融资产
　　贷:其他货币资金——存出投资款

【例 2-15】A 饭店 2017 年 1 月 1 日,向 C 证券公司存入资金 200 000.00 元,10 天后用该

存款购买股票 150 000.00 元。

(1)存入 C 证券公司款项时,编制会计分录如下:

借:其他货币资金——存出投资款　　　　　　　　　　200 000.00

　　贷:银行存款　　　　　　　　　　　　　　　　　　　　200 000.00

(2)购买股票时,编制会计分录如下:

借:交易性金融资产　　　　　　　　　　　　　　　　150 000.00

　　贷:其他货币资金——存出投资款　　　　　　　　　　　150 000.00

实训课业

1.什么是货币资金?货币资金包括哪些内容?如何进行其他货币资金业务的会计处理?

2.银行结算方式有哪些?

3.现金的使用范围包括哪些?

4.银行存款账户有哪几类?各个存款账户的使用有哪些规定?

5.银行存款日记账账面余额与银行对账单之间不一致的原因主要有哪些?应如何进行处理?

项目三　饭店往来结算的核算

学习目标

- **职业知识：**

学习并了解饭店信用组织形式；掌握饭店信用政策的制定和实施；通晓饭店信用业务流程；掌握应收账款的岗位职责。

- **职业能力：**

运用本项目专业知识研究相关案例，掌握应收账款和应收票据的核算业务；学会坏账损失的业务核算。

- **职业道德：**

结合本项目中的"同步思考"和"师生互动"等教学内容，依照职业道德规范，强化饭店财务会计实务中饭店信用岗位人员的职业道德素质。

案例思考

小王是某财经大学大四的学生，最近他正在准备毕业论文的选题，由于平时对饭店行业非常感兴趣，尤其是经济型饭店的发展，所以他决定选择一家饭店来好好地研究它的财务状况。他从网站上下载了 A 饭店近几年的财务报表，通过自己在课堂上所学的知识计算得出：A 饭店在 2015 年 12 月 31 日的应收账款周转率为 9.35。2016 年第一季度的应收账款周转率为 2.61，第二季度为 5.15，第三季度为 7.63，第四季度为 11.62。2017 年第一季度为 3.24。

通过自己的分析，小王发现，A 饭店的营运情况在第一季度不是很理想，第一季度的应收账款周转速度比较慢，而第三、第四季度的应收账款周转的就比较快，具体是什么原因导致的呢？小王再次开始查找有关应收账款的资料了。

思考： 你知道是什么原因吗？

模块一　饭店信用管理业务流程

任务一　饭店信用工作组织

一、信用工作的组织形式

在我国饭店行业，信用工作的组织形式大致有两种：一种是在财务总监下设立信用经理负责饭店的信用管理工作；另一种是在饭店成立信用委员会，其成员主要有总经理、财务总监、销售总监、信用经理、客房部经理、餐饮部经理等。信用委员会负责制定饭店的信用政策和程序，具体的信用工作由信用经理负责执行，信用经理归财会部门直接指导。

知识拓展

信用委员会的运用

新加坡某五星级饭店成立了由住店经理、财务总监、信用经理、营业部经理、房务总监、宴会经理组成的信用委员会,其职责是根据经济形势和营业状况确定饭店的信用政策和程序,对所有的应收账款进行管理控制和监督。信用委员会每月开一次会,讨论有问题的公司、旅行社账款的处理以及坏账的处理。信用经理在财务总监的直接领导下具体负责对饭店的客人提供短期信用的管理和应收账款的收回,对有关信用工作的职能部门进行控制,确保饭店信用政策的贯彻执行。

第一种模式可以称为财务主导型,其优点一是能够对销售部门起到一个风险制衡作用,更加有利于信用管理职能的真正实现;二是在信用分析和信用管理的专业性方面比较有优势。其缺点一是可能会出现矫枉过正的情况,过于强调风险而影响销售额;二是容易与销售部门等其他部门形成冲突,增加内部管理协调成本;三是难以充分利用销售部门与客户的良好关系服务于信用管理。

第二种模式可以称为委员会制度,其优点一是能够把信用管理提升到饭店战略的层面;二是容易在饭店各个部门之间取得协调一致的意见。其缺点主要是流程复杂,难以监管。

二、适合我国饭店业信用工作的组织形式

从我国饭店业信用管理的实践看,比较普遍的特点是"强销售、弱财务",财务部门通常只是"记账"部门,对饭店经营战略等重大决策的影响力要远远小于销售部门。饭店通常把销售部门看成是企业利润的重要创造者之一,是所谓的"利润中心",而将财务部门看成是"成本中心",饭店的信用管理意识比较薄弱。销售部门将销售量作为它们追求的最主要目标。销售人员本身往往不能对信用管理有清晰的理解和认识,也不能够借用财务部门在信用分析、决策等方面的技能,有的饭店的销售部门还将自己看作饭店最有功劳的部门,常常不能够和其他部门很好的协作,尤其是和财务部门的协作不是很理想,把应收款的回收当做是信用部门的事情。而绝大多数饭店的财务总监或财务经理对销售过程、如何和客户打交道、如何保持和客户较好的关系等了解甚少,甚至有的根本不关心。他们管理视野狭窄,决策往往局限于账目的处理,不能够充分利用销售部门掌握的客户信息、关系等重要资源。这样饭店往往在销售和信用决策上出现冲突。鉴于此种情况,我国的饭店业建议采取"信用委员会"形式较为适宜。

无论饭店采用哪种信用管理组织形式,对销售部门考核时,都应加入销售额的应收款回收指标。

任务二 饭店信用政策的制定和实施

一、信用管理部门的权限与责任

信用管理部门的权限包括:赊销对象的认可、赊销额度、赊销期限、付款条件的确定、客户信用评级的评定、逾期账款催收时对有关销售人员的调派权、在某个限度内与销售部门的意见发生冲突时拥有否决权。

信用管理部门的责任包括:对新客户进行评价、对老客户定期重新评价;对饭店应收账款的规模、逾期状况进行监控;负责应收账款的回收;对坏账进行处理。

知识拓展

信用评级

信用评级(credit rating)：也称为资信评级，由独立的信用评级机构对影响评级对象的诸多信用风险因素进行分析研究，就其偿还债务的能力及其偿债意愿进行综合评价，并且用简单明了的符号表示出来。

信用评级的对象一般可以分为两类，即债券信用评级和主体信用评级。

借款企业信用等级划分为三等九级，符号表示为：AAA、AA、A、BBB、BB、B、CCC、CC、C。AAA 级表示信用等级最高，C 级表示信用等级最低。

二、具体赊销政策规定

赊销政策主要考虑信用标准和信用条件两个方面。

(一)信用标准

信用标准是指饭店同意提供客人赊销所要求的最低标准。如新加坡某饭店的信用标准：持信用卡的住店客人赊销额为 5 000 元新币，赊销期为 30 天。信用标准对饭店产品需求情况及竞争者的影响是明显的。如果饭店采用的信用标准很严格，只愿意提供赊销给信用卓越的客户，该饭店遭受坏账损失的可能性很小，与信用管理相关的许多费用也就不会发生。但这样饭店将丧失一部分客户的销售收入和这部分销售收入的利润。因此，饭店要制定信用标准。

案例分析

假设某饭店每间客房售价为 400.00 元/天，其中变动成本为 100.00 元；另外，再假设该饭店年平均客房出租率为 60.00%，经营能力还未得到充分利用，客房出租率的增加无需增加固定成本。那么，每增售一间客房一天所得的边际收益，将是其售价减去变动成本，即 $400-100=300.00$(元)。

假设该饭店本年度客房赊销额为 2 400 000.00 元，基本销售趋势没有变动。经过饭店信用委员会讨论决定，在下年度降低赊销标准，结果使得平均收账期从 1 个月延长到 2 个月。赊销标准的降低预期将增加赊销额 25.00%，使来年的赊销额增加到 3 000 000.00 元，如果客房销售单价不变，销售额增加 600 000.00 元，这意味着饭店多销售客房 1 500 间。最后，假设饭店增加应收账款的机会成本为应收账款增加额的 20.00%，坏账损失为赊销额的 1.00%，为 $400×1 500×1\%=6 000.00$(元)。收账费用为 10 000.00 元。

现在我们就可以根据上面的信息，将降低赊销标准饭店多售客房所增加的收益与增加应收账款的机会成本进行比较，如表 3-1 所示。

表 3-1　降低赊销标准后客房收益与增加应收账款的机会成本比较表

增加赊销额的收益	300×1 500＝450 000.00(元)
本年度应收账款平均余额	全年赊销额÷应收账款周转率＝2 400 000÷12＝200 000.00(元)
下年度(降低赊销标准后)应收账款	
平均余额	3 000 000÷6＝500 000.00(元)
应收账款增加额	500 000－200 000＝300 000.00(元)

增加应收账款的机会成本	300 000×20％＝60 000.00(元)
坏账损失	400×1 500×1％＝6 000.00(元)
收账费用	10 000.00 元

由于下年度的预计销售额为 3 000 000.00 元(比上年度的销售额增加 25.00％)，预计应收账款周转率为一年 6 次(不是一年 12 次)，下年度的应收账款平均余额将是 500 000.00 元，比本年度增加 300 000.00 元。增加赊销额的收益 450 000.00 元减去坏账损失 6 000.00 元、收账费用 10 000.00 元为 434 000.00 元，超过了增加应收账款投资所需要的收益 60 000.00 元。

思考：饭店降低赊销标准的方案可不可行呢？

(二)信用条件

信用条件是饭店要求客人支付赊销款项的条件，一般包括信用期限和现金折扣这两个方面。信用期限长，说明饭店给客人的信用条件优越，可以吸引老客户、招徕新客户，饭店的销售收入和毛利因而会有所增加。同时，延长信用期限，平均收账期必然增加，这样饭店应收账款占有资金随之增加，坏账损失的可能性也随之增加了。所以，对饭店来说，信用期限的延长既有扩大销售、增加盈利的一面，也有提高费用、减少盈利的一面。

师生互动

老师：我们假设上面那个案例中的饭店不采用降低信用标准的办法，而是把信用期限从 30 天延长到 60 天，预计赊销额增加 25.00％，坏账损失额为赊销额的 1.00％，收账费用仍然是 10 000.00 元。请问同学们，结果是不是和上述案例的结果一样呢？

饭店为了鼓励客人及早支付所欠货款，加速资金周转，减少坏账损失，往往在规定信用期限的同时，规定客户提前偿付货款的折扣率和期限。一般情况下，客户在 10 天内付款，可以享受 2％的折扣，如果超过 10 天在 20 天内付款，则享受 1％的折扣，如果超过 20 天在 30 天内付款则不享受折扣。

同步思考

上面一段话中的现金折扣条件如何用数学语言表述呢？

提示：(2％/10,1％/20,n/30)

饭店是否愿意提供现金折扣，主要看加速收款所得收益能够补偿现金折扣的成本。由于现金折扣的条件比较优厚，一般情况下，客户是不愿意轻易放弃这个机会的，只要有可能，客户宁愿向银行借钱也要保证在饭店提供的折扣期限内还款。

三、信用政策的实施

饭店一旦制定了信用政策，下一个问题是决定向谁提供信用。饭店有必要对申请信用的客户情况进行审核，对客户的信用进行评估，以决定是否对该客户提供信用。信用分析主要是调查客户的四个有关因素，这四个因素通常又称作"信用四要素"，即：

(1)个人品质，是指客户履行偿还其债务的可能性。

(2)付款能力，是指客户在信用期满时的支付能力。

(3)财务状况，是指客户的有形资产和获利可能性。

（4）环境条件，是指作信用决策时的经济和政治条件对本企业的影响或者对客户偿债能力的影响。

对上述几个因素的分析，可以判断信用的风险，以决定饭店是否接受客户的信用申请，确定最高赊销额是多少。

知识拓展

解读饭店餐厅的会员制制度

饭店餐厅是一个相对高级的餐饮场所，适合追求生活品位的年轻人、情侣、商务人士、大学生等。因此，饭店餐厅，会员制度如何呢？

饭店餐厅实行会员制是一种很有效的累积顾客的方式。会员制不宜采用消费累积到一定金额享受折扣优惠，或免费办卡收取工本费，最好是预付款消费，如一次性充值 200 元，享受 9 折优惠；充值 500 元，享受 8 折优惠；充值 800 元，享受 7.5 折优惠。如此一来，不仅可以迅速稳定客户，还可以通过顾客预存的消费卡，缓解经营中时常遇到的资金压力。

浙江 A 餐厅的会员制在同行中算比较成功的。除了在每位会员生日当天赠送贺卡、鲜花外，还会提前一周通知会员来店里领取生日礼物；还建了一个会员 QQ 群，在群空间里公布了餐厅每周的活动内容，并设置会员心情版、会员交友版、会员投诉版、会员建议版等，以确保第一时间了解会员的建议和意见，提升服务品质。

细节为王，具体表现如下：

（1）态度。营业时，服务员应随时保持微笑。

（2）礼仪。包括店主在内，须掌握基本的问候礼节、称呼礼节、仪表礼节和迎送礼节。

（3）强化记忆培训。记住熟客的用餐习惯和常用菜品，使其感觉到至高无上的尊重。

总而言之，只要投资者能把握住各种开店技巧、经营之道以及细节问题，一家有品位、时尚多元的茶餐厅的未来，便能有很多种可能，而唯一不可能的是被市场淘汰。

点评：目前，饭店业在快速地发展，吸引了众多的投资者投身到这个行业中来。对于投资者来说，会员制度很有必要的，至于如何做，看看下面的分析吧！

加入会员制组织的客户称为会员，会员制组织与会员之间的关系通过会员卡来体现，会员卡是会员进行消费时享受优惠政策或特殊待遇的"身份证"。

会员管理系统可以给企业带来很多好处，表现如下：

（1）建立长期稳定的消费市场；

（2）培养大批品牌忠诚者；

（3）加强企业与会员之间互动交流，改进产品；

（4）提高新产品开发能力和服务能力；

（5）市场消费的第一手资料；

（6）维护新客户，留住回头客。

会员管理是会员营销的具体实施过程，具体包括企业会员库建立、会员数据分析及挖掘、分类及实时更新，积分发行及兑换，会员企业间实现会员交换、共享，会员二次营销等服务。

实施会员制营销首先是企业，特别是决策者要有会员制营销的认识，同时要先设计好较完善的会员管理体系，选择最好的会员营销软件，有效地执行。

会员制营销的实施步骤如下：

(1)设计会员体系,选择最好的餐饮会员管理软件;

(2)发卡、记录消费记录;

(3)分析数据,会员分类,开展针对性营销活动;

(4)分析活动投入产出比,提出改进意见。

目前,国内很多会员制在会员服务方面仅是停留在表面,除了一些打折、优惠之外,感情上的互动、针对性的服务项等就很少有,所以国内的会员制常常缺乏对会员需求的实质内容和深度进行挖掘,在维持客户的忠诚度方面效果很不明显。

会员制的精髓在于通过客户忠诚计划将服务、利益、沟通、情感等因素进行整合,为会员客户提供独一无二的具有较高认知价值的利益组合,从而与客户建立起基于感情和信任的长久关系。

知识拓展

客户信用资料的来源

信用资料的来源是多方面的,最为直接可靠的材料是该客户以往的付款情况,如饭店的客户档案、经过注册会计师审查的旅行社会计报表,以及银行及信用中介机构提供的客户信用资料。当然,也可以与饭店驻外办事处、管理公司的成员饭店,以及其他饭店交换有关信用资料。如新加坡香格里拉、希尔顿、马可波罗、文华等14家大饭店,每月召开一次信用经理会议,相互交流信息,提供与各饭店有业务关系的国内外的欠款数额、账款回收等情况。平时这14家饭店的信用经理还通过电话等相互通报信息,如某个客户的信用不好,发生了逃账,该客户的情况就立刻被通报到别的饭店。

通过分析并决定给予某个客人信用后,还应规定一个信用额度。信用额度是指客人可以赊欠的最高额度。如南京某饭店规定:现付的客人信用额度是1200元,持信用卡的客人信用额度为信用卡公司规定的一次最高提款额。只要客人的未付余额继续保持在最高额之下,该账户可由具体经办人按规定办理,如果超过这个额度,就必须经过负责人批准方能办理。在饭店中,夜审人员每晚将住店客人中赊欠超过最高限额的名单通知信用经理,然后由信用经理决定如何催付,是催其全部付清还是部分付清,还是和该客人商定另作信用安排。

师生互动

各类饭店预订APP(如携程、同程等)销售佣金核算问题

学生一:像同程网这样只是在网上预订,并不支付的业务,到饭店或者旅游景点现场付费的,同程网怎么获得真实的消费情况,比如用户在网上订了饭店,但是用户到底有没有去,他怎么知道呢? 而且饭店为了少交佣金,可以隐藏真实数据吧?

老师:有没有同学可以回答呀?

学生二:以现付饭店为例("现付"即消费者仅通过OTA预订,到饭店才付房款),OTA会与饭店就发生的订单进行实际入住间夜的确认(审单),结算时以确认好的间夜量为准。针对双方不一致的订单,那么OTA通常会与客人进行了解进一步确认真实情况(当然还有其他方法)。你可能会问,如果饭店与消费者串通好了呢? OTA怎么知道? 那么,神秘访客机制可以进一步发现此类作弊行为,一旦发现,即可以惩罚。对于像携程这样贡献较大的OTA,饭店作弊的成本会比较高,为了长久合作,一般饭店没必要这么做。

老师：这是中介平台在线下支付端普遍遇到的跑单问题。

POS机是可以忠实记录消费数据的,对POS进行改造,使其能够识别该笔交易是否是会员交易(追踪卡号或者其他),即可实现收佣数据问题。那么现在最主要的问题就成了,消费者为什么要刷卡,商家为什么要给消费者刷卡。

消费者刷卡动力:会享受折扣、积分、电子券、送电子彩票等等。

商家刷卡动力:消费者刷卡动力有了,商家难道还捂着不给刷吗?(当然,仍然不排除有些不诚信的商家通过给更大折扣来诱导消费者不刷卡,这就要看平台方在商家的话语权和制裁措施了。)

任务三 饭店信用业务流程

信用管理人员负责对客户的评价、对饭店应收账款的日常监控、对逾期账款的及时催收。在销售人员以及有关的法律人员的协助下,采取相应的措施,这样才可以将饭店的坏账损失降到最低,将饭店的逾期应收账款的成本降低到最少,从而保障饭店现金流的正常运转。比较成熟、有效的信用业务流程包括以下方面内容:

(一)让客人了解饭店的信用政策

造成客人拖欠账款的原因之一是客人对饭店的信用规定没有充分了解,他们不会按时付款,所以必须让客人确实了解饭店的信用规定。当客人预订或在办理住店手续时,直接向客人说明或在销售部门与客户签订合同时注明。大多数客人通过网络或者电话联系预订,当确认预订时,饭店可以将信用规定很客气地向这些准客人解释清楚,可以将饭店的信用规定随饭店的确认函一并寄出。

(二)建立客人档案管理制度

客户档案的建立范围不仅包括欠款客户,也包括信誉良好甚至是往来已结清的客户。档案内容包括:客户的法定代表人、住址、联系电话等工商登记情况,银行账户情况,交易合同、协议情况,历次付款情况,业务经办人情况,客户信用记录,客户对其债务偿还的承诺情况等。

(三)及时寄送付款通知书和账单

付款通知书及账单的寄送,这是一个常常被忽略的问题,饭店应及时将催款通知书及账单寄出。很多客人以及没有建立应付账款制度的旅行社,要接到付款通知书及账单才会知道付款的日子到了。因此,饭店如果疏忽付款通知书及账单的寄送工作,则无法要求客人按时付款。

(四)定期催款和对账

饭店应该制定收账规定,即向超过信用限额或已过付款期的客户规定明确的收账办法。饭店制定的收账政策必须十分谨慎,既不能过严,也不能过宽。在大多数情况下,一封措词礼貌的"催款信"就可以使一个超过信用限额的客人前来结账付款。

(五)仲裁或诉讼

提请仲裁或诉讼是借用法律手段解决应收账款的最后补救措施。

模块二 应收账款的核算内容

任务一 应收账款的岗位职责和核算业务

一、饭店应收会计岗位职责

饭店应收会计岗位的直接领导是会计主管。该岗位应当按照会计核算原则,做好应收账款核算和管理工作。

具体的岗位职责如下:

(1)负责挂账协议单位的系统维护,如新签协议单位 AR(accounts receivable)账户的建立、扫描签字模式、对已有协议客户资料进行更新。

(2)检查当日客人贵宾签账单总金额与应交是否相符,贵宾签账单手续是否齐全。

(3)将合格的贵宾签账单按单位分别管理。

(4)及时将贵宾签账单移交相关人员,以保证收款的及时性。

(5)做好应收账款账务处理工作,及时入账、对账、销账。

(6)与出纳和专职收款员保持良好的沟通,及时了解各单位回款情况。

(7)每月对发出的贵宾签账单进行盘点对账。

(8)每月对所有单位的应收账款进行账龄、余额分析,对收款工作提出建议,减少坏账损失。

(9)负责审查当月收款开具的发票。

二、应收账款的核算

应收账款是饭店因销售商品、提供劳务等经营活动,应向购货单位或接受劳务单位收取的款项。应收账款通常应按照实际发生额计价入账。计价时还需要考虑商业折扣和现金折扣等因素。商业折扣是饭店根据市场供需情况,或针对不同的客户,在商品标价上给予的扣除,是为了鼓励客户购买饭店的商品而给予客户的价格优惠(例如饭店在每周二将某些房价打八折出售)。在有商业折扣的情况下,应收账款的入账金额按照扣除商业折扣以后的实际售价确认。现金折扣是饭店为了鼓励欠款的客户在规定的期限内付款,而向客户提供的债务扣除。在存在现金折扣的情况下,应收账款应该以未减去现金折扣的金额作为入账价值,然后实际发生现金折扣时,作为一种理财费用,计入当期的损益。

为了反映应收账款的增减变动及其结存情况,饭店应设置"应收账款"科目,不单独设置"预收账款"科目的企业,预收的账款也在"应收账款"科目核算。"应收账款"科目的借方登记应收账款的增加,贷方登记应收账款的收回及确认的坏账损失。特别需要说明的是,饭店代购代单位垫付的包装费、运杂费也应该计入应收账款,通过"应收账款"科目核算。

期末"应收账款"科目的余额一般在借方,反映饭店当时尚未收回的应收账款;如果期末余额在贷方,则反映饭店预收的账款。

师生互动

宾客账与应收账

学生：宾客账跟应收账有什么关系？宾客账是不是饭店在住客人产生的未结账余额？

老师：宾客账也叫客账，是饭店客人在饭店消费需要结清尚未结清的账务，记在"应收账款——客账"，该账户属于资产类暂借账户；应收账也叫应收账款，有的饭店俗称城市挂账，也有的叫欠账，是饭店客人在饭店消费完毕后按照营销协议滞后结账的一种结账方式，应收账款——挂账，属于资产类账户。二者都属于资产类账户，不同点在于客账是客人需要在离店前结清的账务，挂账是客人已经离店，滞后结清的账务，客账在客人离店前可转入挂账，而挂账只能转入应收账款——城市挂账！同学们可以参考宋雪鸣和费志冰主编的《饭店财务管理》教材。

（1）饭店发生的应收账款，在没有商业折扣的情况下，按应收的全部金额入账。

【例3-1】A公司租用B饭店大会议室三天，费用合计58 000.00元，A公司承诺下月月初还款。B饭店的账务处理如下：

（1）财务部收到结算账单时：

借：应收账款——A公司　　　　　　　　　　　　　58 000.00

　　贷：主营业务收入 ——餐饮部——中餐宴会　　　　58 000.00

（2）实际收到货款时：

借：银行存款　　　　　　　　　　　　　　　　　　58 000.00

　　贷：应收账款——A公司　　　　　　　　　　　　58 000.00

（2）饭店发生的应收账款，在有商业折扣的情况下，应按扣除商业折扣后的余额入账。

【例3-2】A公司租用B饭店3个商务套间，按照挂牌价应收12 000.00元，由于A公司为B饭店签约的会员单位，可以享受6折优惠，实际应收7 200.00元，A公司承诺下月月初还款。则B饭店的财务处理如下：

（1）财务部收到结算账单时：

借：应收账款——A公司　　　　　　　　　　　　　7 200.00

　　贷：主营业务收入——客房收入——A楼　　　　　7 200.00

（2）实际收到货款时：

借：银行存款　　　　　　　　　　　　　　　　　　7 200.00

　　贷：应收账款——A公司　　　　　　　　　　　　7 200.00

同步思考

如果【例3-2】中的折扣不是商业折扣而是现金折扣如何进行会计处理呢？A公司依然租用3个商务套房，按照挂牌价应收12 000.00元，A公司可以享受现金折扣条件是(2%/10，1%/20，n/30)，那么请思考A公司分别在不同的期限内还款的会计处理方式。

知识拓展

住店客人自付和非自付房费处理

某些饭店对于住店客人自付房费的情况，财务要审核支付方式与金额是否一致，也就是说现金结算的总出纳与日审的现金总账必须一致。如果是信用卡结算，就是卡单与账单金额是否与银行对账单一致。

至于住店客人预定的非客人自付房费的，这要看结算方式，如月结、预付、临时挂账等，具体方式由销售根据饭店自己的财务制度操作。

住店客人缴纳押金是通过每天的"cash report"表来反映前台的现金收支情况；宴会缴纳押金由日审做客人预付款明细表来反映。月末未退押金用会计科目预收账款——押金（分为客房、婚宴押金）核算。

任务二　应收票据及预付账款的核算业务

一、应收票据的核算

应收票据是指饭店因销售商品、提供劳务等收到的商业汇票，它包括银行承兑汇票和商业承兑汇票。

知识拓展

商业承兑汇票是由收款人签发，经付款人承兑，或由付款人签发并承兑的票据。商业承兑汇票的付款人收到开户银行的付款通知，应在当日通知银行付款。

银行承兑汇票是指由在承兑银行开立存款账户的存款人签发，由承兑银行承兑的票据。银行承兑汇票的出票人应于汇票到期前将票款足额交存其开户银行，承兑银行应在汇票到期日或到期日后的见票当日支付票款。

（一）取得应收票据的会计核算

根据应收票据取得的原因不同，其会计处理也是有区别的。饭店因销售商品、提供劳务等而收到开出、承兑的商业汇票，按商业汇票的票面金额，借记"应收票据"科目，按确认的营业收入，贷记"主营业务收入"等科目。涉及增值税销项税额的，还应该进行相应的处理。

借：应收票据

　贷：主营业务收入等

【例 3-3】A 公司租用 B 饭店举行了一次客户订货会，各种费用共计 117 000.00 元。由于资金紧张，A 公司送来一张期限为 3 个月的商业承兑汇票，面值为 117 000.00 元。

则 B 饭店应进行如下会计处理：

借：应收票据　　　　　　　　　　　　　　　　　117 000.00

　贷：主营业务收入——商务中心　　　　　　　　　117 000.00

同步思考

如果【例 3-3】中的所有费用 117 000.00 元是含增值税的，增值税税率是 17%，那么会计分录如何做？

（二）转让应收票据的会计核算

在会计实务中，饭店可以将自己持有的商业汇票背书转让。背书是指在票据背面或者粘单上记载有关事项并签章的票据行为。背书转让的，背书人应当承担票据责任。饭店将持有的商业汇票背书转让以取得所需物资时，按应计入取得物资成本的金额，借记"材料采购"或者

"原材料"、"库存商品"等科目,按专用发票上注明的可以抵扣的增值税额,借记"应交税费——应交增值税(进项税额)",按商业汇票的票面金额,贷记"应收票据",如有差额,借记或贷记"银行存款"科目。

借:材料采购、原材料、库存商品

　　应交税费——应交增值税(进项税额)

　　银行存款(差额)

　　贷:应收票据

　　　　银行存款(差额)

【例3-4】A饭店于2016年5月10日购买了一批自用的床上用品,由于资金短缺,将5月1日收到的一张期限为3个月、面额为100 000.00元的商业汇票背书转让,购入的物资货款金额为100 000.00元,适用增值税税率为17%。应做如下会计处理:

借:库存商品——客房部　　　　　　　　　　　　　　　　　100 000.00

　　应交税费——应交增值税(进项税额)　　　　　　　　　 17 000.00

　　贷:应收票据　　　　　　　　　　　　　　　　　　　　100 000.00

　　　　银行存款　　　　　　　　　　　　　　　　　　　　 17 000.00

(三)应收票据贴现的会计核算

票据贴现是指饭店以未到期票据向银行融通资金,银行按票据的应收金额扣除一定期间的利息后的余额付给饭店的融资行为。

1.应收票据贴限额的计算

$$贴现利息=票据到期值×贴现率×贴现期$$
$$贴现额=票据到期值-贴现利息$$

公式中,贴现率由银行统一规定。

票据分为带息与不带息的,其到期值的计算及账务处理也有所不同。不带息票据到期值即票据面值,而带息票据到期值等于票面值与票据利息之和,其中票据到期利息计算公式如下:

$$票据到期利息=应收票据面值×票面利率×时间$$

以上公式中,票面利率有年、月、日之分。时间是指从票据生效之日起到票据到期之日止的时间间隔。

2.应收票据贴现的账务处理

饭店持有未到期的商业汇票向银行贴现,应按实际收到的金额(即减去贴现息的净额),借记"银行存款"等科目,按贴现息部分,借记"财务费用"等科目,按商业汇票的票面金额,贷记"应收票据"。

借:银行存款

　　财务费用

　　贷:应收票据

【例3-5】2016年9月20日,A饭店持所收取的出票日期为7月22日、期限为6个月、面值为110 000.00元的不带息商业承兑汇票一张到银行贴现,假设银行同意对该票据进行贴现,银行年利率为12%。请对以上经济业务编制会计分录。

(1)该应收票据到期日为 2017 年 1 月 22 日,贴现日是 2016 年 9 月 20 日至 2017 年 1 月 22 日,其贴现天数为 124 天。

贴现利息＝110 000×12‰×124÷360＝4 546.67 元

贴现净额＝110 000－4 546.67＝105 453.33 元

会计分录如下:

借:银行存款　　　　　　　　　　　　　　　　　　　105 453.33

　　财务费用——客房部　　　　　　　　　　　　　　　4 546.67

　贷:应收票据　　　　　　　　　　　　　　　　　　　110 000.00

(四)收回到期应收票据的会计核算

商业汇票到期后,应及时要求对方付款,应按实际收到的金额,借记"银行存款"科目,按照商业汇票的票面金额,贷记"应收票据"科目。

借:银行存款

　贷:应收票据

【例 3-6】2017 年 4 月 1 日,A 饭店持有的一张期限为 3 个月,票面金额为 117 000.00 元的商业汇票到期,该公司将上述应收票据收回,票面金额 117 000.00 元存入银行。应进行如下会计处理:

借:银行存款　　　　　　　　　　　　　　　　　　　117 000.00

　贷:应收票据　　　　　　　　　　　　　　　　　　　117 000.00

二、预付账款的核算

预付账款是指饭店按照合同规定预付的款项。饭店应当设置"预付账款"科目,核算预付账款的增减变动及其结存情况。预付款项不多的饭店,可以不设置"预付账款"科目,而直接通过"应付账款"科目核算。"预付账款"科目期末如为借方余额,反映饭店预付的款项;期末如为贷方余额,反映饭店尚未补付的款项。

案例分析

某饭店旅游商品部向 A 公司采购工艺品一批,货款总额为 10 万元。按照合同规定,该饭店需要向 A 公司预付货款的 50%,待收到货物并验收后支付其余的货款。对于以上的业务,该饭店的会计人员作出如下的会计分录,请你思考是否正确呢?

(1)预付 50%的货款时:

借:预付账款——A 公司　　　　　　　　　　　　　　50 000.00

　贷:银行存款　　　　　　　　　　　　　　　　　　　50 000.00

(2)收到 A 公司发来的该批工艺品之后,验收无误,增值税专用发票记载的货款是 100 000.00 元,增值税为 17 000.00 元。饭店以银行存款补付所欠余款 67 000.00 元。

借:预付账款——A 公司　　　　　　　　　　　　　　67 000.00

　贷:银行存款　　　　　　　　　　　　　　　　　　　67 000.00

借:库存商品　　　　　　　　　　　　　　　　　　　100 000.00

　　应交税费——应交增值税(进项税额)　　　　　　　17 000.00

　贷:预付账款——A 公司　　　　　　　　　　　　　117 000.00

假设,由于其他原因,A公司只能提供46 800.00元的工艺品,退回了多付的3 200.00元,那么请问该如何做会计分录呢?

任务三 其他应收款的核算业务

一、其他应收款的内容

其他应收款是指饭店除了应收票据、应收账款、预付账款等以外的其他各种应收及暂付款项。

其他应收款主要包括:应收的各种罚款、赔款;应收出租包装物的租金;应向职工收取的各种垫付款项;备用金;存出的保证金;预付账款转入;其他各种应收、暂付款项。

二、其他应收款的会计核算

饭店发生其他各种应收款项时,应按应收金额借记"其他应收款"科目,贷记相关科目。收回各种款项时,借记有关科目,贷记"其他应收款"科目。

饭店发生其他各种应收款项时:

借:其他应收款
　　贷:相关科目
收回各种款项时:
借:相关科目
　　贷:其他应收款

同步思考

饭店拨出用于投资、购买物资的各种款项,是否通过"其他应收款"科目进行核算?

【例3-7】A饭店一批库存的旅游商品发生毁损,这批库存物资已投保了企业财产险,按保险合同规定,应由保险公司赔偿损失110 000.00元,经现场勘查之后,保险公司同意按照合同赔偿,但是赔偿款一周之后才能支付。

该饭店对以上的业务应进行如下的会计处理:

(1)保险公司确定损失时:

借:其他应收款——保险公司　　　　　　　　　　　　110 000.00
　　贷:库存商品　　　　　　　　　　　　　　　　　　　　110 000.00
(2)待收到保险公司的赔款时:
借:银行存款　　　　　　　　　　　　　　　　　　　110 000.00
　　贷:其他应收款——保险公司　　　　　　　　　　　　110 000.00

师生互动

请分小组讨论,进行师生互动,讨论作为比较特殊的其他应收款——备用金包括什么内容?如何进行会计账务处理?

提示:发放备用金时:

借:其他应收款——备用金
　　贷:银行存款(库存现金)
定期报销时:

— 63 —

借：管理费用——客房部等其他部门

　　贷：银行存款（库存现金）

年末收回时，如果备用金尚未用完：

借：银行存款（库存现金）

　　贷：其他应收款——备用金

如果备用金已经用完，尚有费用没有报销时：

借：管理费用——客房部等其他部门

　　贷：库存现金

　　　　其他应收款——备用金

任务四　坏账损失的核算业务

一、应收款项减值损失的确认

饭店应当在资产负债表日对应收款项的账面价值进行检查，有客观证据表明该应收款项发生减值的，应当将该应收款项的账面价值减记至预计未来现金流量的现值，减记的金额确认为减值损失，计提坏账准备。

知识拓展

未来现金流量现值

未来现金流量现值形成公允价值的基础。未来现金流量现值是企业持有资产通过生产经营，或者持有负债在正常的经营状况下可望实现的未来现金流量的折现值。影响这一折现值的最为重要的因素有：未来现金流量的期望值、未来现金流量的期望风险和货币时间价值。

确认为应收款项减值的情形如下：

(1)债务人死亡，以其遗产清偿后仍然无法收回的；

(2)债务人破产，以其破产财产清偿后仍然无法收回的；

(3)债务人较长时间内没有履行其清偿义务，并有足够的证据表明无法收回或收回的可能性极小的。

二、应收款项减值损失的估算

企业进行坏账核算时，首先按期估计坏账损失。估计坏账损失的方法有余额百分比法、账龄分析法和销售百分比法等。

(一)余额百分比法

余额百分比法是根据会计期末应收款项的余额和估计的坏账率，估计坏账损失，计提坏账准备的一种方法。

按此计算的数额为下年度应保留的坏账准备金额，因此，实际提取数不一定等于计算出的应提数，提取时需考虑提取前该账户的金额，但年末提取后该账户余额一定在贷方，等于计算出的应保留坏账准备金额。

【例3-8】A饭店从2014年开始计提坏账准备。

(1)2014年末应收账款余额为1 200 000.00元，该企业坏账准备的提取比率为5‰。则计提的坏账准备为：

坏账准备提取额＝1 200 000×5‰＝6 000.00(元)

借:资产减值损失——计提的坏账准备 6 000.00

  贷:坏账准备 6 000.00

(2)2015年11月,企业发现有1 600.00元的应收账款无法收回,按有关规定确认为坏账损失:

借:坏账准备 1 600.00

  贷:应收账款 1 600.00

(3)2015年12月31日,该企业应收账款余额为14 400 00.00元。按本年年末应收账款余额应保持的坏账准备金额为:1 440 000×5‰＝7 200.00(元)。

年末计提坏账准备前,"坏账准备"科目的贷方余额为6 000－1 600＝4 400.00(元)

本年度应该补提坏账准备金额为7 200－4 400＝2 800.00(元)

有关账务处理如下:

借:资产减值损失——计提的坏账准备 2 800.00

  贷:坏账准备 2 800.00

(4)2016年5月20日,接银行通知,企业上年度以冲销的1 600.00元坏账又收回,款项存入银行。有关账户处理如下:

借:应收账款 1 600.00

  贷:坏账准备 1 600.00

借:银行存款 1 600.00

  贷:应收账款 1 600.00

(5)2016年12月31日,企业应收账款余额为1 000 000.00元。本年末坏账准备余额为1 000 000×5‰＝5 000.00(元)。

至年末,计提坏账准备前的"坏账准备"科目的贷方余额为:7 200＋1 600＝8 800.00(元)

本年度应冲销多计提的坏账准备金额:8 800－5 000＝3 800.00(元)

有关账务处理如下:

借:坏账准备 3 800.00

  贷:资产减值损失——计提的坏账准备 3 800.00

(二)账龄分析法

账龄分析法是根据应收账款账龄的长短来估计坏账的方法。账龄是指客户所欠账款的时间。采用这种方法,饭店利用账龄分析表所提供的信息确定坏账准备金额。

【例3-9】A饭店2016年12月31日应收账款账龄及估计坏账损失如表3-2所示,该企业2016年12月31日估计的坏账损失为2 400.00元,所以,"坏账准备"科目的账面余额为2 400.00元。

(1)假设在估计坏账损失前,"坏账准备"科目有贷方余额1 000.00元,则该企业还应该计提1 400元(2 400－1 000)。有关账务处理如下:

借:资产减值损失——计提的坏账准备 1 400.00

  贷:坏账准备 1 400.00

(2)假设在估计坏账损失前,"坏账准备"科目有贷方余额2 600.00元,则企业应该冲减200.00元(2 600－2 400)。有关账务处理如下:

借:坏账准备　　　　　　　　　　　　　　　　　　　　　　　200.00
　　贷:资产减值损失——计提的坏账准备　　　　　　　　　　　200.00

表 3-2　账龄分析表

应收账款账龄	应收账款金额	估计损失(%)	估计损失金额
未到期	60 000.00	0.5	300.00
过期 1 个月	40 000.00	1	400.00
过期 2 个月	30 000.00	2	600.00
过期 3 个月	20 000.00	3	600.00
过期 3 个月以上	10 000.00	5	500.00
合计	160 000.00		2 400.00

(三)销售百分比法

销售百分比法是以赊销金额的一定百分比作为估计坏账的方法。饭店可以根据过去的经验和有关资料,估计坏账损失和赊销额之间的比率。

实训课业

1.简述商业承兑汇票和银行承兑汇票的区别。

2.简述应收款项减值准备计提的三种方法。

3.某饭店客房部为 A 公司提供客房服务,价款 9 000.00 元,以转账结算。请编制相关会计凭证,并编制收到该企业划来款项时的会计分录。

4.某饭店销售一批商品给 A 公司,货已发出,货款 10 000.00 元,增值税额为 1 700.00元。按照合同规定 3 个月以后付款,A 公司交给某饭店一张不带息的 3 个月到期的商业承兑汇票,面额 11 700.00 元。编制会计分录。

5.某饭店一台机器设备发生非正常报废,根据保险协议,应向保险公司取得 30 000.00 元的赔偿,请作出会计处理。

6.某饭店 2017 年 2 月以现金的形式为员工小李代垫应由个人承担的培训费 300.00 元,打算从其下个月的工资中扣除。对此业务进行会计处理。

7.2016 年 12 月 31 日,某饭店对应收 A 公司的账款进行减值测试。应收账款合计为100 000.00元,该饭店根据该公司的信用情况确定按照 10.00% 计提坏账准备。编制会计分录。

8.根据表 3-3 计提坏账准备:

表 3-3　账龄分析表

应收账款账龄	应收账款金额	估计损失(%)	估计损失金额
未到期	70 000.00	0.8	
过期 1 个月	60 000.00	1	
过期 2 个月	40 000.00	2	
过期 3 个月	20 000.00	3	
过期 3 个月以上	20 000.00	5	
合计			

项目四　饭店成本、费用核算

学习目标

• 职业知识

学习饭店成本费用的构成及成本岗位的设置;掌握饭店餐饮成本的核算和业务流程;掌握饭店部门费用的核算及业务流程;掌握饭店存货的核算。

• 职业能力:

运用本项目专业知识研究相关案例,掌握饭店成本费用管理及存货的管理;通过本项目后的实训课业,培养相关专业技能。

• 职业道德:

结合本项目中的"同步思考"和"师生互动"等教学内容,依照职业道德规范,强化饭店财务会计实务中成本会计人员的职业道德素质。

案例思考

周经理是某五星级饭店刚刚上任的财务总监,上任没有多久,他就发现该饭店虽然表面上运营得风风火火,其实内部存在着不少问题,尤其是存货管理方面的问题。这家五星级饭店的存货主要分为两部分:一是原材料,二是物耗消耗品。原材料采取零库存,饭店需要多少供应商负责供应多少,保证原材料新鲜的同时减少成本;消耗品则由仓库根据日常经营所需,估计数量,以备货,但是仓库管理员很难准确估计数量。周经理在了解了饭店的存货管理制度之后发现:饭店的经营管理层对存货的本质缺乏认识,使得饭店的部分存货大量积压。管理层认为存货必须满足销售的需要,销售人员需要什么就能够提供什么,一切以销售为主,以公司的利益为准,这样的话,管理人员就要准备品种多、数量多的货物,其实很多东西很少用,甚至不用。同时,饭店各个部门之间缺乏有效的沟通导致饭店的库存不能够满足市场需要。此外,饭店的存货采购计划不够明确,不够科学。申购环节不是根据实际需要来申报采购,而是单凭估计觉得库存商品不够就去买一批回来,有时候就会造成某些存货太多,造成积压。

思考:你有什么办法解决周经理的困惑吗?

模块一　饭店成本的核算内容和业务流程

任务一　饭店成本构成及成本岗位职责

一、饭店成本的概念

广义的成本是商品经济的价值范畴,是商品价值的组成部分。人们要进行生产经营活动或达到一定的目的,就必须耗费一定的资源,其所费资源的货币表现及其对象化称之为成本。

会计学中成本的一般定义应该是：成本是特定的会计主体为了达到一定的目的而发生的可以用货币计量的代价。而经济学家对于成本的定义则更为宏观,凡是经济资源的牺牲都是成本。而狭义的饭店成本是指购进商品和采购原材料时发生的支出,体现为取得经营活动所必需的资产的价值,如饭店的餐饮采购成本、餐饮加工成本、餐饮储存成本、酒水成本等。关于成本的概念可谓是五花八门,但可以肯定的一点就是成本概念呈现出扩大化的趋势,即成本绝不仅仅指产品成本,还包括管理费用、销售费用等期间成本,以及诸如采购成本、资产购置成本等生产要素的购置成本。

知识拓展

成本与费用

在实务中,我们还经常遇到"费用"一词。成本和费用是一对既有联系又有区别的概念。费用是指企业为销售商品、提供劳务等日常活动而发生的经济利益的流出;成本则是企业为生产产品、提供劳务所发生的各种耗费。费用是某个时期获取收入时发生的耗费,将商品或劳务耗用之后,成本就转化为费用,费用仅与某个时期或当期的收益有关。虽然成本和费用在概念上有一定的区别,但是在实际工作中,两者常常相互转化。

二、饭店成本的构成

按照不同的标准,饭店成本有不同的分类。

(一)按照经济性质分类

饭店的生产经营过程就是为客人提供产品和服务,包括住宿、餐饮、娱乐、休闲等,整个服务过程同时也是劳动对象、劳动手段和活劳动的消耗过程。因此,饭店成本按其性质可以分为劳动对象的耗费、劳动手段的耗费和活劳动的耗费三大类。劳动对象的耗费包括外购材料、外购燃料和外购动力。劳动手段的耗费是指企业提取的固定资产折旧。活劳动的耗费是指工资和提取的职工福利费。除了以上三种成本之外,还有税金和其他支出。

(二)按经济用途分类

成本按照经济用途分类可以分成生产成本、销售费用、管理费用和财务费用四大类。

生产成本包括饭店餐饮成本、饭店酒水成本、饭店客房成本等。销售费用包括客房部门、餐饮部门、前厅部门等其他部门的营销成本、配送成本和客户服务成本。管理费用包括客房部门、餐饮部门、前厅部门等其他部门的研究与开发成本、设计成本和行政管理成本。财务费用是指饭店在其经营业务过程中为解决资金周转等问题在筹集资金时所发生的费用开支,包括利息(减利息收入)、汇兑损失(减汇兑收益)、金融机构手续费等。

(三)按成本计入成本对象的方式分类

按照这种分类方式,成本可以分为直接成本和间接成本。

直接成本是直接计入各种产品等成本对象的成本。间接成本是指与成本对象相关联的成本中不能用一种经济合理的方式追溯到成本对象的那一部分产品成本,如饭店的折旧。

(四)按照成本是否随产品数量的变化而变化分类

这种分类方法可以将成本分为固定成本和变动成本。

固定成本是指成本不随产品的数量变化而变化的成本,如饭店的建筑物、机器设备等。变动成本是指成本随着产品数量的增加而增加的成本,如宾客耗用品。

知识拓展

销售成本

食品、饮品和其他商品的出售都需要记录销售成本。一般来说,购进的货物用于再销售,这些货物作为库存记账,一旦这些货物销售出去,销售成本便转入销售成本账户。成本可能在销售的同时转入,也可能在会计期末转入销售成本账户。

费用一般按部门记账。与客房部有关的劳务成本计入该部门的费用,而食品部和市场部的劳务成本则计入相应的部门费用账户。劳务成本包括三大类:①薪金和工资;②福利;③个人所得税。

(资料来源:Raymond S. Schmidgall,James W. Damitio. 饭店财务会计[M]. 北京:中国旅游出版社,2002.)

三、饭店成本岗位职责

饭店成本岗位职务由成本会计来担任,其主要工作内容是负责对饭店营业成本核算和费用及固定费用进行控制、监督和分析,同时对成本控制,收货部仓库实施行政和人事的管理。成本会计的工作职责如下:

(一)业务管理、控制职责

(1)根据餐饮部资料,制定出食物和饮品的成本。

(2)根据财务系统和操作程序的要求建立一整套有关账目的控制表,以达到控制的目的。

(3)运用正确的方法计算成本和费用,并要做到账账相符,账表相符。

(4)定期出成本报告,分析总结饭店营运成本费用并提出合理的建议。

(二)仓库管理

(1)建立物资账目系统及控制程序。

(2)制定验收货物的控制程序,严格把好质量关。

(3)进行市场调查,掌握物质价格。

(4)做好信息反馈工作,及时将有关资料信息反馈有关部门。

(5)搞好与各部门的协调工作,协助会计做好对账工作。

(6)做好资料存档。

(三)日常工作程序

(1)审查各部送来的仓库领料单。

(2)核查仓库送来的记账联,在电脑中确认发货数据,记账联存档。

(3)审查收货部送来的收货记录,在电脑中进行数据确认,存档收货记录。

(4)审查相关计算部门间的转货单。

(5)根据餐饮送来的标准菜谱计算出每一道菜及酒水的成本价格,为销售价格的制定提供依据。

(6)月末对各仓库进行对账及盘点,将实际盘点数汇总,打印仓库盘点表。

(7)月末导出仓库差异报告,报批后作调整。

(8)每月底对各厨房及饭店进行月末盘点整理后输入电脑打印一套各厨房、饭店月末盘点表。

(9)月末对商场进行盘点,并计算商场成本,编制有关的记账凭证送交总账会计。

(10)月末编制各部门文具用品、耗用一览表送财务总监查明。

(11)月末计算当月食品、饮品成本及各种费用编制有关的记账凭证送总账会计。

(12)月末编制成本报告,进行成本分析。

(四)对低值易耗品及固定资产的控制

(1)每月摊销固定资产及低值易耗品的费用打印出有关的报表,编制记账凭证交总账会计。

(2)每年年末对饭店所有固定资产及低值易耗品进行一次全面的盘点并编制盘点报告送有关领导审查。

案例分析

烟台某饭店成本控制

利润最大化是企业经营活动的最终目标,对于饭店行业,在客源及出租率一定的情况下,合理地在各个环节降低运营成本,是增加饭店利润收入的关键。烟台某饭店始终将"不断完善成本控制体系,坚持开展全员参与增效节支活动"作为一项长期的重点工作来抓,取得了较为显著的效果。

1.制定成本预算,实施成本考核奖惩,完善成本控制体系

成本预算是成本控制的量化表现。只有对每一项成本项目制定了具体的指标,并且对此进行考核,成本控制才有了现实的目标。

该饭店制定成本预算时,坚持了针对性、合理性与挑战性的原则。针对每个部门的特点,在可控成本的范围内,对经营部门和后勤保障部门分别给出相应的成本指标。

饭店成本考核每月进行一次,对于成本预算指标完成好的部门,给予奖励;对于未完成成本预算指标的,给予相应惩罚。饭店尽最大可能在"保障消费者的利益和以最少的消耗取得最大的经济效益"之间保持一种平衡关系。

2.加强饭店的能源费用控制,逐步完善和加强物业部的职责职能

该饭店和公司其他连锁店相比,因为是与烟台信用社共用一套使用柴油作为燃料的中央空调系统,能源开支费用较高,夏季每月水电及燃料费占到整个费用支出的25%左右。为此,饭店将节能确定为物业部的重要职责,成立了专门的节能小组负责以下工作:

(1)寻求节能的新方法。在采购设备、使用、改造过程中,都要考虑到节能的因素。

(2)制定节能措施。通过对整个饭店水、电、燃料的使用情况进行调查,制定能够节能的具体措施进行实施。例如在用水方面,对马桶水箱的水量进行了最经济的调整,达到了节能实用的目的。

(3)对节能措施的执行情况进行检查。节能小组要对整个饭店的节能措施执行情况进行例行检查和突击检查。

例如该饭店中央空调采用柴油作为动力燃料,柴油价格一路上涨。为降低燃料费用,饭店在空调运行时间上进行科学的动态控制,每日根据天气情况和负荷情况作出详细的空调开启时间安排。

3.开展全员"增效节支"及"节约，从我做起"主题活动

员工处于饭店的最前线,饭店的成本是否控制得好,归根到底取决于全体员工的个体行为。该饭店通过开展全员的"增效节支"及"节约，从我做起"主题活动,建立了良好的节约风气。

活动开展以来,收到合理化建议46项,其中有33项已经开始在实际工作中实施。

例如步行楼梯过道的灯,根据季节,在光线足够的情况下,定时关闭;大堂白天光线足够的情况下,也可以关掉一路灯;饭店外的广告灯箱、霓虹灯根据天气情况、季节变换相应更改开灯时间;将客房用剩的肥皂、清洁液等收集起来给员工洗手间使用。

通过座谈会、班组例会等形式积极向员工宣传"勤俭持家""节约光荣"等观念,持续开展节约宣传活动,在饭店营造了人人讲节约、事事处处讲节约的良好氛围。

思考:组成5~8人小组,分组讨论饭店成本控制应该从哪些方面下工夫?

任务二　饭店食品成本管理

一、食品采购成本管理

饭店食品采购环节成本管理的目标不仅仅是以最低价格采购食品原料,其根本目标其实是从饭店经营管理的总体上以最小的投入获得最大的产出。采购成本管理的方法包括以下四方面。

(一)制定合理的采购程序

饭店通过对采购工作程序的科学设计可以形成一套运转灵活的、程序严密的采购工作流程,这样就能够避免因采购程序不科学而导致的采购工作混乱和资金的漏洞频出,同时又可以防止效率低下和降低采购原料的质量。从而我们可以在保证饭店高效率良性运转的前提下,实现成本最低化。

采购环节工作程序设计是否成功,关键在于信息沟通是否畅通,物品流程是否合理。如果经常出现该买的没有买,库房或各个使用环节却出现大量积压物品或原料,这就说明采购环节工作程序有问题。

(二)制定科学的采购标准

饭店要保证产品质量始终如一,所使用的原料的质量稳定是最基本的条件。饭店采购标准是采购指南,是验收的依据,是生产的基础,是饭店发展壮大成集团化、连锁化的基础。

(三)确定最佳采购批量

饭店采购食品批量的大小,既影响餐饮产品质量又涉及成本和利润。采购数量过多,会占用资金影响资金的周转,增加存储成本,导致原料质量下降、增加损耗;采购数量过少,会增加订货和验收的次数及相关费用,还可能失去大批量采购得到的优惠。

现实中可以按照经济订货量公式来确定订货量:

$$EOQ = F/PC$$

式中:EOQ 为经济订货量;

F 为订货和验收的固定费用;

C 为存储成本占存货价值的百分比,即存储成本率;

P 为单位购价。

【例4-1】某饭店打算购买海米,其中每次订货费用和验收费用为 $F=4.5$,存储成本率 $C=10\%$,单位购价 $P=45$,则经济订货量 EOQ 是多少?

$EOQ=F/PC=4.5/(10\%\times45)=1.00$

【例4-2】这个饭店还打算购买盐,存储成本率为 20.00%,单位购价为2元,那么经济订货量 EOQ 又是多少呢?

$EOQ=F/PC=4.5/(20\%\times2)=11.25$

(四)严格控制验收环节

饭店采购工作与仓库有着密切的联系,其中验收环节是采购循环的最后一个环节。验收环节是对采购工作的检验,为评估采购工作提供依据,也是饭店采购成本管理的重要内容。沈阳有一家企业用10年时间由一个小饭店发展成为沈阳最盈利的豪华大饭店,有人曾采访过这个店的总经理,他告诉别人自己成功的秘密就是严格把住验收这一环节,成本可以降低10.00%左右。

知识拓展

饭店采购工作的类型

计划采购:是饭店根据经营项目和前期经营状况,以及未来营业量预测做出的原料与物品的采购计划。可以分为年计划采购、季计划采购和旬计划采购。

即时采购:是饭店在经营中根据实际情况变化提出的超出计划采购范围的采购申请。

定额采购:是根据计划采购和库存量的变化,由库房定期提出的采购计划,也叫月采购。

二次跟踪采购:是饭店对已经采购的原料再次进行的假采购,目的在于监控采购员的采购工作。

师生互动

食品采购、验收入库及领用的会计核算

老师:有没有同学知道食品采购还未入库时的账务处理?

学生一:我认为应该和制造业差不多吧,应该是:

借:在途物资

　贷:银行存款等

老师:不错。那材料入了库之后呢?

学生二:

借:原材料

　贷:在途物资

老师:很好,那么领用时该如何处理呢?

学生:如果是领用材料进行生产食品的话,应该是:

借:库存商品

　贷:原材料

老师:还有没有其他情况呢?

二、食品存储成本管理

为了保证饭店经营活动持续、稳定地运行,食品原料必须有适量的存储,才能保证即时供应。同时,管理层为了降低采购费用,需要减少采购次数,也需要进行原料存储。有存储活动,必然会发生相应的存储费用,形成存储成本,为了控制饭店的总成本,饭店必须采取相应的措施管理存储成本。

饭店食品存储成本管理的关键点之一是确定储备定额。食品储备定额是指在一定技术条件下,为了完成一定的接待任务,保证经营活动不间断地进行,饭店所必须具备的最经济合理的原料储备数量标准。食品储备定额有以下四种储备:经常储备、保险储备、季节储备以及经济储备定额。

(一)经常储备

经常储备是指在前后两批食品原料进店的间隔期内,为满足业务经营需要而建立的储备。经常储备的数量是周期性变化的,一般是每批原料进店时达到最高峰,第二批原料进店前降到最低点,因而,经常储备又称"周转储备"。

计算经常储备定额公式如下:

$$经常储备定额 = 进货时间间隔天数 \times 平均每天需要量$$

(二)保险储备

保险储备是一种后备性质的储备,是为了防止交货误期、运输受阻等客观因素造成的产供销脱节而设立的一种储备。即:

$$保险储备定额 = 平均每天需要量 \times 保险天数$$

饭店食品原料储备定额一般由经常储备定额和保险储备定额组成,其计算公式为:

$$某种食品原料的储备定额 = 经常储备定额 + 保险储备定额$$
$$= 平均每天需要量 \times (进货间隔天数 + 保险天数)$$

【例4-3】某饭店计划三季度需要海参270.00千克,每一个月进货一次,那么,经常储备定额应是多少? 如果由于厂家较远运输可能受阻,需要有10天保险天数,该原料保险储备是多少? 总储备额又是多少呢?

总储备定额 = 经常储备定额 + 保险储备定额

经济储备定额 = 3×30 = 90.00(千克)

保险储备定额 = 3×10 = 30.00(千克)

总储备定额 = 90.00 + 30.00 = 120.00(千克)

(三)季节储备

季节储备是为了克服某些食品的供应受季节性影响而建立的原料储备。

$$季节储备量 = 平均每天需要量 \times 中断天数$$

【例4-4】如某饭店每天需要对虾5千克,需要在产虾季节储备,中断供应天数为40天,季节储备应为多少?

季节储备 = 平均每天需要量 × 中断天数 = 5×40 = 200.00(千克)

(四)经济储备定额

以上三种方法是饭店中普遍适用的,但较多地考虑了外部供应条件,如交通中断、产供脱节等因素,没有很好地照顾饭店本身的经济利益。饭店从本身经济利益出发进行计算的食品储备定额,又称经济储备定额。经济储备定额是通过合理确定订货批量,从而使饭店的存储总费用最低的物资储备定额。

最优经济批量（economical ordering quantities，EOQ）计算公式如下：

$$EOQ = \sqrt{2FS/C}$$

式中：F——每次订货的费用；

S——该食品日需要率；

C——单位存储成本。

案例分析

加强饭店食品定期盘点

长期以来，厨房食品的正确计量一直制约着饭店食品的管理。其中厨房配菜环节，实际工作中我们无法做到上磅计量而只能靠着经验法来目测，即大致一样即可。主料是这样，辅料、调料计量更做不到计量，特别是调料一直是沿用"少许"来称呼。由此相同的一个菜肴，因时间、地点、人员等不同而用料就不一样，哪怕同一个人，不讲隔天，就是不同锅，口味也会不一样。因此饭店行业长期以来，食品成本核算都是采用"倒轧账"形式。如果饭店比较注重内部管理和控制，损耗、漏洞相对要少很多，反之厨房因管理上的疏失，会导致员工除了贪吃以外，还友情送菜，甚至下班后把贵重物品私自拿走。规定每半个月进行一次厨房盘点，特别是对贵重食品如鱼翅、鲍鱼、干贝、燕窝、参等重点加强盘点。这样既能及时发现厨房存在的问题，杜绝浪费，更能做好成本应有的调节工作，一切按制度去协调，使当期厨房成本计算相对正确、合理些。如表4-1所示为某饭店××月厨房盘点表。

表4-1 某饭店××月厨房食品盘点表

物品编号	物品名称	单位	单价	数量	金额
CE001	风车生粉	千克	9.50	10.00	95.00
CE103	糯米粉	斤/包	1.40	7.00	9.80
CE105	澄面	900克/包	2.90	400.00	1 160.00
OL003	精制油	千克	8.25	60.00	495.00
SS002	鸡精	听	68.00	2.00	136.00
SS070	生抽王	瓶	15.00	1.00	15.00
SS073	白砂糖	千克	4.60	40.00	184.00
FS026	辽参	斤	2 300.0	0.20	460.00
FS040	海虎翅	包	160.00	3.00	480.00
FS002	虾仁	千克	88.00	6.00	528.00
FS006	目鱼5～7	千克	54.00	2.00	108.00
FS042	干贝	500克/包	60.00	2.00	120.00
FS032	瑶柱	千克	560.00	0.20	112.00
FM114	B牛柳	千克	39.00	15.00	585.00
FM002	五花肉	千克	13.60	4.00	54.40

合计盘点金额：4 542.20元

盘点人：_____ 审核人：_____ 监盘人：_____

三、食品生产成本管理

(一)生产加工环节的成本管理

饭店生产加工过程由一系列的环节构成,管理食品生产加工成本,需要在食品生产过程中每个环节进行控制。食品生产加工的环节主要包括原料选择、初步加工、分档取料、切配、干货涨发、初步熟处理、挂糊上浆、烹制和调味、熟食凉菜切配、勾芡、成菜和盛装等。

生产环节和成本管理是将食品生产加工成本管理渗透到加工环节,便于管理人员系统地和有针对性地检查食品生产加工各个环节成本控制的效果。

(二)生产环节各种标准的制定

饭店如果不制定科学的生产加工标准,不对原材料消耗进行严格控制,那么食品生产加工过程对原料的消耗随意性就会比较大,从而可能造成原材料的大量浪费。生产环节的标准主要有生产标准、标准菜谱、每份菜肴的标准量、每份菜肴标准成本、每套食品标准成本五个标准。以下就对每份菜肴的标准量和每份菜肴的标准成本作详细介绍。

每份菜肴的标准量就是标准菜谱生产量除以份数。如果总量为 5000 克,共 10 份,则每份菜肴的标准量为 500 克。如果同一种菜肴的每份分量相同,那么不仅每份菜肴的成本相同,而且可以使顾客得到同样的价值。

每份菜肴的标准成本是指生产每份菜肴所耗费的食品原料成本,通常饭店使用下列公式进行计算:

$$每份标准成本=单位购价÷单位食品原料可以生产的份数$$

知识拓展

有的饭店特别是加盟型饭店主要采购那些已经加工切配好的食品原料,包装里包括主料、辅料、调料,注明装有的份数或重量,如炸薯条、炸鸡翅等,管理人员只需要将单位价格除以份数,即可求出每份菜肴的标准成本。许多方便食品,每包为正好一份食品数量,在这种情况下,单位购价就是每份标准成本。

知识拓展

标准菜谱的介绍

标准菜谱是列明某一菜肴在生产过程中所需的各种原料名称及其数量、操作方法、每份分量和装盘工具、装饰与配菜、剩余原料的使用方法及其他必要的信息。

1.饭店使用标准菜谱的优点

(1)便于科学管理;

(2)保持餐饮产品质量的稳定;

(3)避免浪费和分量不足;

(4)减少监控费用;

(5)降低管理费用;

(6)降低培训费用;

(7)减少销售损失;

(8)保证菜品质量的统一;

(9)便于进行针对性服务。

2.饭店使用标准菜谱的缺点

(1)需要投入一定精力;

(2)增加培训成本;

(3)有可能被厨师抵制。

3.标准菜谱的实施

(1)清除思想障碍;

(2)找到入口点;

(3)建立标准菜谱;

(4)检查监督。

4.标准菜谱实例

为了更好地理解标准菜谱及其作用,下面具体介绍一个冰镇芥蓝的标准菜谱案例(见表4-2),可供参考。

表4-2 标准菜谱

菜品名称:冰镇芥蓝　　　　　　　　份数:1　　　　　　　填表人:

原料	原料名称	数量	加工步骤	
主料	芥蓝	150克	洗干净,斜刀切成片,在水开后倒入锅里烫2~3分钟,用凉水过,再用纯净水(或者凉白开)泡一下;捞出芥蓝片,摆在冰袋上;装入小蝶与盘同上	
辅料	冰袋	1个		
调料	生抽	15克		
	芥末	5克		
装饰物				
工具			剩余原料处理	
盛装器皿				
菜品特点				
质量标准				

(三)食品出成率

如果饭店购入海鲜、家禽或者家畜,经初步加工、出肉、取料、去骨、剥膘之后,各种原料的价值会有很大差别,那么这个时候我们将运用到食品出成率的概念。食品出成率就是加工原料的净重量占购进原料总重量的百分比,是表示全部原材料利用程度的指标。如鸡蛋去掉壳的重量占鸡蛋重量的83%,即鸡蛋的出成率为83%。

食品原料出成率的确定主要是通过摘除、涨发、屠宰测试和烹调损失测试来进行的。

出成率的计算一般采用如下公式:

$$出成率 = (净料数量 \div 毛料数量) \times 100\%$$

(四)食品毛利率

了解餐饮毛利率可以控制食品价格的手段。饭店为了经营上的需要,保持饭店的档次并保证合理的利润,通常是通过制定毛利率来控制食品的价格。不仅如此,餐饮毛利率也是制定食品菜肴价格的依据。各个经营食品菜肴的餐厅,在经营中不仅品种多,而且新的品种还不断增加,再加上市场上食品原料的价格也是经常变化的。尤其是有些季节性原料,价格波动很大。因此餐厅必须经常调整或制定新的销售价格。制定价格的依据,一个是经营食品菜肴的原料消耗,另一个是毛利率,两者缺一不可。餐饮毛利率同时可以反映服务质量的主要指标。毛利与成本之和是收入,毛利率的大小,间接地表示了食品菜肴中原料数量的多少,质量的高低。餐饮毛利率的计算公式如下:

$$毛利率 = (售价 - 成本) \div 售价 \times 100\%$$

例如:已知成本为 2.67 元,售价为 3.93 元,毛利率应为多少?

毛利率 = $(3.93 - 2.67) \div 3.93 \times 100\% = 32.06\%$

再如:已知毛利率为 41%,成本金额为 24.39 元,其售价应为多少?

售价 = $24.39 \div (1 - 41\%) = 41.34$(元)

知识拓展

套餐的标准成本

我国多数大型饭店主要依靠宴会和会议来盈利,宴会是以提供套餐为主,许多会议餐转向了自助餐。饭店根据宴会的类型和客人活动的目的可以设计一系列的主题宴会套餐和自助餐,宴会套餐特别是会议餐人均用餐标准有精确的额度要求,对气氛要求高。因此,餐饮经理在充分考虑突出活动氛围的基础上计算出每套菜肴的成本至关重要。饭店每套食品包括几道甚至几十道菜肴,各道菜肴的成本之和是一套食品的标准成本总额。饭店最好能按客人期望的套餐价格设计菜肴和计算成本。

表 4-3 是一个最简单的套餐成本计算表,根据该表计算出 88 元 2 人虾仁套餐标准成本为 36 元。

表 4-3　每套客饭标准成本计算表

菜肴名称	分量(克)	每份成本(元)	份数	合计成本(元)
蔬菜色拉	150.00	2.00	2.00	4.00
乱炸鸡柳	100.00	3.00	2.00	6.00
炒西兰花	100.00	4.00	2.00	8.00
三鲜汤	200.00	3.00	2.00	6.00
香米饭	100.00		2.00	2.00
清炒虾仁	100.00	5.00	2.00	10.00
合计	750.00	18.00		36.00

计算一个套餐的标准成本时,应注意以下几点:

(1)要确定各菜肴组合的成本,需花费很多时间。常常借用以往菜肴的标准成本提高计算效率。

(2)如果要增加顾客对上述几道菜肴的选择机会,在实际工作中,新增食物的成本应当和销路最广的食物相仿。

（3）如果某种菜肴的原料成本发生了变化,食品会计师应重新计算这道菜肴的标准成本,然后,再根据这道菜肴新的成本数额,求出所有菜肴的成本之和,即新的每套食品的标准成本总额。

以上计算如果采用菜肴系统管理,管理人员只要组合出菜肴,系统就会自动生成套餐标准成本。

任务三　饭店酒水成本管理

酒水成本管理在许多方面与食品成本管理是相同的。饭店管理人员同样应该制定酒水采购、仓储和生产的管理标准和程序。由于食品原料较易变质,而大多数酒水可以长期保存,酒水成本管理和食品成本管理也有些不同之处。在饭店成本中,酒水成本通常占很大比率。

一、酒水采购成本管理

酒水采购管理的主要目的是:保持酒水产品生产所需要的各种配料的适当存货,保证各种配料的质量符合使用要求,以及保证按合理的价格进货。

(一)酒水采购数量的确定

一般来说,酒水采购管理与食品采购管理相比来说比较容易。饭店购入的所有酒水都存在密封的容器中,只要容器保持密封,在适当的温度中贮存,大多数酒水可以保存相当长的一段时间。各种酒水的贮存期不同,小桶啤酒只能贮存相当短的一段时间,有些果酒可以贮存多年,而烈酒可无限期贮藏。一般来说,酒水不必当天进货,而可以在进货之后再在贮藏室里保存至生产需要时为止。日常采购数量的确定可以参看食品的采购数量确定,比较难以把握的是饭店开业前第一批酒水数量的确定。

(二)基本思路

确定本饭店的市场定位和人均消费额区间。一般饭店在开业之前都有自己的市场定位,有的定位在以高档宴请为主,有的定位在以中档宴请和各种聚会为主,有的定位在以家庭消费为主,当然许多定位都是定位在综合各类消费群体上。饭店开业后,顾客会根据自身消费水平和对饭店的形象判断,给饭店一个市场定位。如某政府机关大院外开了一个设备高档、定位为政府重要宴请的饭店,开业一段时间后发现,高档宴请越来越少,中档聚会比例越来越大。原因是,这个饭店菜品和服务既缺乏特色又不够档次。饭店在发现市场定位与实际错位后,没有对酒水和服务及菜品进行相应调整,导致顾客越来越少,最后倒闭。从这个例子可以看出,市场定位是选择酒水类型的前提。实际情况中,饭店一般会根据消费者调查、同行调查、经验调查来确定酒水类型和数量。

1.适合本饭店期望档次的酒水数量

人均消费－人均菜价＝人均消费酒水额

人均消费酒水额/当地人均消费酒水(包装)数量＝每瓶酒水单价

人均消费额、人均菜价、当地人均消费酒水量都可以通过调查和饭店系统中的销售数据分析得到。

【例4－5】已知某饭店期望的人均消费额是66元左右,其中人均菜价35元。

人均消费酒水额＝人均消费－人均菜价＝66－35＝31(元)

经过调查和统计分析得知:当地人均消费啤酒2～3瓶,人均烈酒2～3两,葡萄酒200～

300 毫升。根据公式计算如下：

(1)每瓶啤酒价格＝人均消费酒水额/当地人均消费酒水(包装)数量

＝31÷2(或 3)＝10～15(元)

(2)每瓶烈酒价格＝人均消费酒水额/当地人均消费酒水(包装)数量

＝31÷2(或 3)＝10～15(元/两)

本饭店一斤装的烈酒价格应该在 100～150 元之间。

(3)你会计算葡萄酒的价格吗？交给你！

2.确定本饭店酒水的规格

酒水规格的确定依据是本饭店餐桌和餐位数量,其计算公式为：

酒水规格＝人均消费量×餐位数÷4

餐位数除以 4 的原因是餐桌不一定都坐满,有的客人不饮酒,同桌客人会饮不同的酒水。

【例 4-6】某饭店拥有可容纳 20 人的包房 5 个,可容纳 15 人左右的包房 10 个,可容纳 10 人左右的包房 15 个,可容纳 6 人的包房 20 个,大厅可坐 10 人的餐桌 50 个,可坐 4 人的餐桌 20 个,酒水就应该有多种规格,继续以上例为例来说明。

(1)烈酒规格＝2～3×(4 人、6 人、10 人、15 人、20 人)÷4

＝2～3 两,3～4.5 两,5～7.5 两,7.5～11 两,10～15 两

经过合并同类项,这个饭店烈酒的规格应确定为 3 两装、半斤装、7.5 两装和 1 斤装。

(2)你会计算葡萄酒的规格吗？计算公式一样哦！

3.畅销酒水数量的确定

在确定了本饭店期望档次的酒水价格后,接着就得在这个价位选择在当地比较畅销的酒水。确定畅销酒水初始备货总量的依据是餐位数量和酒水包装规格以及存货天数,为了避免占用库存,饭店可以把存货天数暂定为两天(一般以三餐来表示)。其计算公式为：

初始备货总量＝人均消费量×3 餐(两天的)×餐位总数

烈酒的初始备货量＝烈酒人均消费量×3 餐(两天的)×(10 人桌餐位总数＋15 人桌餐位总数＋20 人餐桌位总数＋4 人桌餐位总数)

(三)酒水采购环节的成本管理

随着饭店的场地成本的增加,现代物流业的发展,鲜榨果汁需求的增多,饭店逐渐减少了一级库房的面积和计划采购的比例,逐渐挖掘二级酒水库房和三级酒水库房的利用率,采用即时采购和鲜活原料采购的方式增多,采购频率也就随着增加。饭店酒水采购和入库就不能忽视工作中的例行手续,以避免采购程序出现漏洞,造成酒水成本的损失。

酒水采购成本会计分录：

借:原材料——××酒

应交税费——应交增值税(进项税额)

贷:银行存款(库存现金)

(1)以正式的书面请购单作为采购的依据。采购工作中的手续如下:负责酒水存货和贮藏室工作的酒水管理员根据库存和经营需要填写请购单(见表 4-4)。采购员应在请购单上的订货人处签字。有的饭店使用的请购单一式两联,第一联送交采购员,第二联由酒水管理员保存。有些饭店要求采购员在订货之前请管理员审批,并在请购单上签名。有的饭店将请购单

和订货单合二为一,把订购单设四联:第一联送交供应单位;第二联送交酒水管理员,证明已经订货;第三联送交验收员,以便核对发来的数量和牌号;第四联则由采购员保管。

表 4-4 酒水请购单

数量	酒水名称	单位容积	供货单位	单位	小计

申请人:　　　　　　审批人:　　　　　　　订货人:

(2)每个饭店都应该保存书面进货记录。最好是用订购单保存书面记录,以便与到货核对。书面记录可防止在订货牌号和数量、报价、交货日期等方面的误解和争论。

(3)每个饭店都应建立请购单和订购单制度,防止或减少差错。

知识拓展

一般饭店的酒水收入可占全部营业额的30%以上,如果饭店还拥有客房,则酒水营业额在总销售额中占的百分比可能还要高。酒水经营在食品经营利润中占有相当可观的比重,其毛利率要比食品毛利率高。另外,多数酒水无需加工,其中含有的加工成本几乎为零。因此目前我国饭店在设计酒水价格、设计搭配的食品方面还有很大潜力可以挖掘,在这两方面进行合理设计还能够提高销售额,提高饭店利润,降低成本比重。

(四)酒水验收环节的成本管理

1.酒水验收的基本内容

(1)到货数量和订购单、发货票上的数量一致。酒水验收员应得到有关进货的详细信息,并用一份订购单向验收员提供进货信息。这通常是最简单、最实用的一种方法。

(2)核对发货票上的价格与订购单上的价格是否一致。

(3)有些酒水需要检查质量。验收员应该通过检查烈酒的度数、陈酿酒酿成的年份、小桶啤酒的颜色等,检查酒水的质量是否符合要求。

(4)验收之后,验收员应在每张发货票上加盖验收章,并签名。然后,立即将酒水送交给贮藏室。

2.填写验收报告

验收之后,验收员还应该根据发货票填写验收日报,然后送财务部,以便在进货日记账中入账。验收日报清楚地列明了饭店收到的各种酒水。

验收日报在成本管理体系中可以发挥以下一些作用:

(1)酒水会计师可将收到的验收日报与订购的酒水进行比较;

(2)酒水会计师和酒水管理员能够很容易地将验收日报上的信息抄到存货记录表上;

(3)销售部门掌握酒水库存信息,便于销售。

酒水验收日报样表如表4-5所示。

表4-5 酒水验收日报

日期：

供应单位	酒水名称	每箱瓶数	每瓶容量	每瓶成本	每箱成本	小计

分类					
果酒	烈酒	淡色啤酒	啤酒	调酒剂	……

酒水管理员：

验收员：

二、酒水仓储成本管理

酒类极易被空气与细菌侵入，导致变质，所以买进的酒水，如放置不妥或保存不当可导致变质。一些酒类价格昂贵，为此要从数量管理上防止损耗，并以合理、正确的方法贮存，才能提高与改善酒本身的价值。因此，应加强饭店酒水仓储管理，保证酒的质量，控制酒水成本。

(一)酒水的贮藏方法

1.使用存料卡

要保证能在某一个地方找到同一种酒水，贮藏室应该使用存料卡(见表4-6)。

表4-6 酒水存料卡

名称：			代号：			
日期	收入	发出	结余	日期	收入	发出	结余

2.存料卡的内容

(1)存料卡上列明酒水的类别、牌号、每瓶容量等信息。

(2)某些酒店还规定了各种酒水的代号,并用字码打印机将代号打印到存料卡上。存料卡一般贴在搁料架上。

3.存料卡的作用

(1)便于掌握存货数量。如果酒水管理员在收入或者发出各种酒水的时候仔细记录了瓶数,就不必清点实际库存瓶数便能够从存料卡上了解各种酒水的现有存货数量。

(2)便于发现缺货数。通过存料卡,酒水管理员还能及时发现缺少的瓶数,及早报告,以便引起管理人员的重视。

(二)酒水存货量的管理控制

酒水存货量的控制主要依据是每次进货或发料的记录表,酒水存货记录一般由酒水会计师保管,而不能由酒水管理员或酒吧付货员保管。酒水会计师应在每次进货或发料时作好记录,反映存货的增减情况。存货量控制的方法主要是采用永续盘存表来进行控制,永续盘存表是酒水存货管理体系中的一个不可缺少的部分。饭店可以使用卡片式永续盘存表,也可以使用装订成册的永续盘存记录簿(见表4-7)。

表4-7 酒水永续盘存表

代号:	每瓶容量:		
酒水名称:	单位成本:		标准存货:
日期	收入	发出	结余

知识拓展

酒水永续盘存表的作用

(1)确保存货安全。酒水会计师保存永续盘存表,就可以通过随时抽查货架上酒水的数量,防止偷盗,了解酒水管理员是否保证了存货的安全。

(2)保证账务一致。本节所介绍的永续盘存表,都记录现有的瓶数。在实际工作中,有些饭店也记录存货的价值。通常,财务部会在另一张永续盘存表上记录存货的价值。

(3)便于发现问题。保存永续盘存表,酒水会计师只需要随时抽查存货数量,就能够发现瓶酒是否有缺。通常,酒水会计师每隔数日抽查一次,如果存货记录数量和实际数量不同,则应立即通过调查查明原因。

1.酒水永续盘存表的内容

表4-6这种永续盘存表适用于只有一个酒吧的饭店,如果有好几个酒吧,则使用表4-8更加合适。

表 4 − 8　酒水永续盘存表

| 代号：　　　　　　　　　每瓶容量： | | | | | | | |
| 酒水名称：　　　　　　　单位成本：　　　　　　标准存货： | | | | | | | |

日期	收入	发出						结余
		酒吧 1	酒吧 2	酒吧 3	酒吧 4	酒吧 5	酒吧 6	

从表 4 − 8 可以看出，酒水永续盘存表有以下内容：

(1)酒水基本信息。这些信息相对稳定，一次填写的内容可以持续使用一段时间。填写内容包括代号、每瓶容量、酒水名称、单位成本、标准存货，其中"标准存货"应该是一个区间数，即最大存货和最小存货量，如"200～300 瓶"。

(2)每天填写的信息。这些信息需要按每天实际发生的数填写，包括日期、收入、发出、结余(酒水的数量一般以瓶或箱为单位)。

(3)发出的对象。如果饭店有多个酒吧，永续盘存表应显示发出的对象，应该使用表 4 − 7 的格式。

大家想一想：表 4 − 8 有一个特点，就是"发出"栏数比"收入"栏数多，这是什么原因呢？

提示：每次收入的酒水数量较多，发出这些收入的酒水需要多次甚至发往不同的酒吧。

2.酒水永续盘存表的使用方法

可按照如下步骤来填写酒水永续盘存表：

(1)存货中的每种酒水都应该有一张永续盘存表。

(2)如果使用代号，永续盘存表应按照代号数字顺序排列。

(3)收入单位数根据验收日报或贴在验收日报上的发货票填写，发出单位数则根据领料单填写。

案例分析

运用酒水永续盘存表发现成本问题

某知名饭店的酒水会计师小李在一次例行的检查中发现，酒水的实地盘存结果与其永续盘存表中的记录不一致，永续盘存表上的结余是 35 瓶，但是实地盘点发现只有 30 瓶。小李发现这个情况后立即展开调查,并报告了管理人员。

如果你是小李,你认为导致这种不一致的原因可能有哪些呢?

三、酒水配置成本的管理

顾客对某种配制酒水的消费,通常在消费之前就已经对其味道有所了解。如果这种配制酒不符合顾客的期望,顾客就会不满、投诉,甚至不再消费。因此,饭店必须承认和接受顾客的某些期望标准和酒水配置标准,并制定程序,保证配制酒水符合标准。管理人员必须控制好酒水配置过程中各种成分用量和比率,并确定每杯酒水的容量标准,使每杯酒水都符合顾客的期望。

制定和执行酒水调配标准,是酒水成本控制的重要方法之一。按配方调配酒水,并按事先确定的每杯容量为顾客供应酒水,酒吧服务员调配的每杯配置酒或果汁成本就应相同,售价不变,每杯配制酒或果汁成本率也应该保持不变。这样,管理人员就能够确定本饭店的标准酒水成本率,以便与实际成本率进行比较,从而加强对酒水成本的控制。

(一)标准容量

标准容量就是管理人员必须控制每杯酒水的容量。在服务时使用标准化酒杯可以简化容量控制工作。管理人员应确定每杯酒水的容量,并为酒吧提供适当的酒杯。

(二)标准配方

建立标准配方的目的是使每一种酒水都有统一的质量,顾客要求酒吧提供的酒水在口味、酒精含量和调制方法上要有一致性。

由于各种成分的用量不同,每杯酒水的成本就有明显差异。假定管理人员规定用8盎司酒杯供应加奎宁水的杜松子酒,但这一容量标准并没有告诉酒吧服务员应该使用多少杜松子酒和奎宁水。每盎司杜松子酒的成本为0.50元,每盎司奎宁水的成本为0.60元,由此可以看出,这两种成分的用量比率不同,这种酒水的每杯成本也就不同。

在上例中,每杯酒水都是8.00盎司,假如两种酒水中的杜松子酒和奎宁水比例分别为1:1和3:1,又假定这种混合酒水的每杯售价为18.00元,在甲、乙两种情况下,酒水成本率也就有很大差别。

知识拓展

标准配方的类型

1. 用纯酒和调酒剂的配方

酒吧付货员按规定的用量标准来称量酒水,然后倒入已放好冰块的酒杯里,再加入调酒剂。实际上,这就是这类混合酒水的标准配方。如加苏打水的苏格兰威士忌就是这种类型。

2. 鸡尾酒配方

以调配曼哈顿鸡尾酒为例。如果甲、乙两种配方,甲配方中威士忌酒与苦艾酒的比率为3:1,而乙配方中的威士忌酒与苦艾酒的比率是2:1。按甲配方调配的鸡尾酒多1/12盎司威士忌酒,威士忌酒成本高于苦艾酒,因此,甲配方的鸡尾酒每杯成本比较高。

(三)每杯酒水的标准成本

确定标准配方和每杯标准容量之后,就可计算任何一杯酒水的标准成本了。计算一杯纯酒的成本一般有两种方法,具体内容如下。

1.用容量确定标准成本法

(1)确定每杯成本。

用瓶酒的容量除以每杯纯酒的标准容量,求出每瓶酒可斟几杯,然后要用每瓶酒的成本除以杯数,求出每杯成本。

(2)确定合理的溢出量。

在任何一个酒吧,酒吧付货员都不可能将酒瓶中的每一滴酒倒尽。在营业过程中,酒水总会发生一些蒸发。此外,酒吧付货员配错酒也会造成一些浪费。因此,酒吧管理人员有时会规定每瓶酒可允许的溢出量。

假定,酒吧管理人员规定每瓶通用牌号苏格兰威士忌酒应斟满 16.50 杯,如果用数学计算,理论上可以斟满 16.90 杯,每瓶酒的购价为 78 元,那么,该酒吧每杯苏格兰威士忌酒的成本是:$78 \div 16.5 = 4.72$(元)。

2.用购价确定标准成本法

(1)确定每杯纯酒的标准成本。

用每瓶酒的进购价格除以每瓶酒的盎司数,求出每盎司成本,然后再乘以每杯纯酒的标准用量,即可求出每杯纯酒的标准成本。如果每升通用牌号杜松子酒的购价为 180.00 元,每升酒有 33.80 盎司,那么,每盎司成本为:$180 \div 33.8 = 5.33$(元)。

每杯杜松子酒的标准用量为 3/2 盎司,因此,每杯通用牌号杜松子酒的标准成本为:$5.33 \times 1.5 = 7.995$(元)。

(2)考虑溢出量。

如果酒吧管理人员允许一定的溢出量,那么在计算每盎司酒的成本时,应从每瓶酒的容量中扣减可允许的溢出量。假定每瓶杜松子酒可允许的溢出量为 1 盎司,那么每盎司杜松子酒的成本就应为:$180 \div (33.8 - 1) = 5.49$(元)。

每杯杜松子酒的标准成本就是:$5.49 \times 1.5 = 8.235$(元)。

任务四 饭店餐饮成本核算及业务流程

一、饭店餐饮成本

餐饮成本是饭店出售餐饮和服务的支出,即餐饮销售额减去利润的所有支出。为了核算餐饮成本就必须了解餐饮成本的概念和构成。广义的餐饮成本一般是指凝结在产品中的物化劳动价值和活劳动价值的货币表现;狭义的餐饮成本一般是指餐饮的食品成本和酒水成本。

二、饭店餐饮成本的构成要素

餐饮成本的构成要素是反映餐饮成本的各个项目。各个国家经济水平和经营观念以及生产效率都影响着餐饮成本的构成要素。随着我国经济的发展,品牌加盟等费用已经成为饭店不可忽视的餐饮成本要素。由于生活水平和消费者对服务要求的提高,工资成本呈上升趋势。明确餐饮成本的构成要素,是饭店餐饮成本核算的前提。具体来说,餐饮成本主要由以下内容构成(这里是指广义的餐饮成本,狭义的餐饮成本是指餐饮的食品成本和酒水成本)。

1.原材料

原材料即制作食品的主料、辅料和调料。原材料成本是餐饮生产经营活动中食品和饮料产品的成本,在饭店行业,原材料成本在餐饮成本中占的比例最高,占餐饮收入的比重最大,是餐饮部门的主要支出。

2. 工资

工资是指饭店的人工成本,也就是在生产经营过程中耗费的活劳动的货币表现形式,包括工资、福利费、劳保、服装费和员工用餐费用等。

3. 商品进价和流通费用

商品进价和流通费用包括饮料、酒水和烟等直接加价出售的产品所生产的费用,也就是商品进货时和售卖时产生的费用。

4. 能源动力

能源动力包括饭店内部燃料、水费、电费、北方的取暖费等。

5. 物料用品

物料用品包括用品台布、口布、餐巾纸、筷子等服务用品。

由于原材料在餐饮成本中的比重最大,所以本任务的业务核算主要针对原材料的核算。

知识拓展

某饭店 2016 年的损益表中显示:食品成本为 300.00 万元,食品销售额为 600.00 万元;酒水饮料成本为 120.00 万元,酒水饮料销售额为 240.00 万元;人工成本为 151.20 万元,营业收入为 840.00 万元。那么这家饭店成本要素的成本率分别是多少呢?

成本率=成本÷销售额×100%

食品成本率=食品成本÷食品销售额×100%

酒水饮料成本率=酒水饮料成本÷酒水饮料销售额×100%

人工成本率=人工成本÷总销售额×100%

在了解公式的基础上,你们会计算吗?

你知道以下主要成本要素的成本率参考值吗?

一般情况下,食品原料的成本率高于酒水饮料原料的成本率,我国当前餐饮原料(食品、酒水饮料)的成本率在 30.00%~38.00%。

人工成本率仅次于食品饮料的成本率,目前在国内餐饮业中人工成本占营业额的20.00%左右。

一般人工成本率超过 30.00% 的饭店是比较难以生存的,只有那些半福利性的饭店还得以生存。

三、饭店餐饮采购成本核算

采购成本的核算包括从仓库领用原材料和直接进厨房两种情况。从仓库领用原材料的根据领料单填写的数据,作如下的会计分录:

借:主营业务成本

　　贷:原材料

直接进入厨房的鲜活食品应该根据填写的鲜活食品验收单的数据,作如下的会计分录:

借:主营业务成本

贷:应付账款——××供应商

四、饭店原材料内部调拨核算

饭店内部不单独核算的单位之间原材料的调拨是原材料的内部移库,在核算上原材料总账的金额不发生增减变动,仅在明细账上反映为此增彼减的会计分录。

【例4-7】北京某餐厅拥有快餐厅仓库和大堂仓库两个库房,2016年6月10日,将大堂餐厅仓库的10袋大米转往快餐厅仓库,账面成本600.00元,供快餐厨房使用,填写了出入库单,并把大米运到快餐厅仓库之后,根据内部调拨单,应该进行如下的账务处理:

借:原材料——快餐厅——大米　　　　　　　　　　　　　　　　600.00

　贷:原材料——大堂餐厅——大米　　　　　　　　　　　　　　600.00

由于餐饮原材料进入厨房之后,很快就能制成产品销售给消费者,因此对于原材料由库房进入厨房之后,就将其确认为成本。对于独立核算成本的内部厨房之间的调拨原材料,因为厨房的原材料已从"原材料"账户转入"主营业务成本"账户,因此对"原材料"账户所属明细账户不作调整,仅仅调整"主营业务成本"账户所属明细账。

【例4-8】2016年6月15日,北京某餐厅由快餐厅厨房操作间拨给大堂餐厅厨房已水发好的海参一批,共计700.00元。根据内部调拨单,应该进行如下的账务处理:

借:主营业务成本——大堂餐厅厨房　　　　　　　　　　　　　　700.00

　贷:主营业务成本——快餐厅厨房　　　　　　　　　　　　　　700.00

五、委托加工材料的核算

在饭店餐饮部门,对于大宗的食品,出于降低成本的需要,常常以提供原材料,并支付加工费的形式,委托专业厂家进行加工。委托加工材料的所有权仍然属于饭店所有,加工时暂时由加工单位负责保管,加工完毕后再运回本饭店验收入库。

委托外单位加工材料时,要由业务部门与加工单位签订合同,填制委托加工发料单。委托加工发料单一式数联,一联交仓库据以发料和登记保管账,其余各联随加工材料送交委托单位签收,签收后退回两联:一联由业务部门留存据以对委托加工材料进行管理;一联交财会部门进行核算。

【例4-9】北京某餐厅由于对宽粉的需求量很大,委托某淀粉制品厂为其加工宽粉,共发出马铃薯1 000.00千克,每千克2.00元,开出委托加工发料单,如表4-9所示,进行账务处理如下。

表4-9 委托加工发料单

发料单位:甲库　　　　　　　　　　　　　　　　　　　发料编号:304

接受加工单位:××淀粉制品厂　2016年6月10日　　　　金额单位:元

材料编号	材料名称及规格	单位	数量	单价	金额	加工后产品		
						名称	单位	数量
	马铃薯	千克	1 000.00	2.00	2 000.00	宽粉	千克	300.00
	合计				2 000.00			300.00

(1)根据委托加工发料单,进行账务处理如下:

借:委托加工物资——宽粉   2 000.00

  贷:原材料——蔬菜类——马铃薯   2 000.00

(2)以现金 100 元支付运费时:

借:委托加工物资——宽粉   100.00

  贷:库存现金   100.00

(3)以转账支票支付宽粉加工费用 600 元:

借:委托加工物资——宽粉   600.00

  贷:银行存款   600.00

委托加工材料收回时,由业务部门填制"委托加工材料入库单"一式两联,一联由仓库验收后留存,一联交由财务部门入账。

(4)宽粉 300.00 千克已加工完成并已验收入库,收到委托加工材料入库单(如表 4-10 所示),宽粉的总成本为 2 700.00 元,进行账务处理如下:

表 4-10   委托加工材料入库单

收料部门:甲库   金额单位:元

收回原材料名称	单位	数量	耗用原材料				加工费用	往返费用	总成本
			名称	单位	数量	金额			
宽粉	千克	300.00	马铃薯	千克	1 000.00	2 000.00	600.00	100.00	2 700.00
合计									2 700.00

借:原材料——干货类——宽粉   2 700.00

  贷:委托加工物资——宽粉   2 700.00

六、饮食制品成本的核算

饮食制品成本的核算方法理论上应是饮食产品制作过程中人力成本、各种原材料以及水、电、燃气费用的总和。但在实务中,饮食制品的种类多,数量零星,生产、销售和服务功能通常融为一体,因此在实务中,很难将所发生的成本费用严格地"对象化",而是将饮食产品加工制作过程中耗费的人工费、固定资产折旧费、企业管理费用等作为期间费用分别计入销售费用或者管理费用中,因而饮食产品的成本仅指饭店一定期间内耗用的原材料、调料和配料的总成本。

由于饮食产品具有种类多和数量零星的特点,因此在实际工作中,如果按每一菜(或主食品)核算其单位成本,成本计算的工作将十分繁重。为了减轻成本计算的工作量,饮食产品的成本通常按照总成本或大类成本计算。其总成本的计算与结转可分别采用"永续盘存法"和"实地盘存法"。

1.永续盘存法

永续盘存法是指按厨房实际领用的原材料数额计算与结转已销餐饮总成本的一种方法。采用这种方法,计算出已销产品成本时编制会计分录:

借:主营业务成本——××部门

  贷:原材料(库存商品)

若当月领用的原材料厨房全部耗用,产品也全部售出,领用原材料的合计金额(即"主营业

务成本"账户的借方发生额)即为本月已销的餐饮成本。若当月领用的原材料在月份内没有用完,已销饮食产品的总成本计算公式为:

总成本＝月初"主营业务成本"＋本月"主营业务成本"账户发生额－月末厨房剩余原材料的盘存额

【例4-10】北京某餐厅厨房6月30日编制的"月末剩余原材料、半成品和代售产成品盘存表"如表4-11所示。

表4-11　月末剩余原材料、半成品和代售产成品盘存表

编制部门:厨房　　　　　　　2016年6月30日　　　　　　　　　单位:元

原材料名称	单位	单价	剩余数量	半成品及未出售的制成品						合计	
				甲半成品			乙半成品				
				数量	单位消耗定额	定额消耗量	数量	单位消耗定额	定额消耗量	材料数量	金额
猪肉	千克	18.00	50.00			0.00			0.00	50.00	900.00
面粉	千克	3.00		32.00	6.00	192.00				192.00	576.00
鸡蛋	千克	5.20				0.00	120.00	3.00	360.00	360.00	1 872.00
合计											3 348.00

下月初根据"月末剩余原材料、半成品和代售产成品盘存表"再填制领料单,进行账务处理如下:

借:主营业务成本——餐饮部——×厨房　　　　　　　3 348.00

　　贷:原材料　　　　　　　　　　　　　　　　　　　3 348.00

2.实地盘存法

实地盘存法是按照实际盘存原材料的数额倒挤本期已销饮食产品所消耗原材料成本的一种方法。这种方法只适用于小型的餐饮企业。

采用实地盘存法的饭店平时领用原材料时,不办理领料的核算手续,也不作领料的账务处理。月终,通过盘点库存原材料和厨房已领未用的原材料,计算出月末原材料的实际结存额,然后"以存计销"。

本期已销餐饮食品的总成本＝期初原材料的结存金额＋本期原材料的购进金额－期末原材料的盘存金额

会计部门根据计算出的本期已销餐饮食品所耗用的原材料成本后,应借记"主营业务成本"账户,贷记"原材料"账户。

【例4-11】北京某餐厅"原材料"账户的月初余额为3 800.00元,本月购进原材料总额为24 000.00元,月末根据盘存表计算仓库和厨房结存总额为4 000.00元。采用实地盘存法计算耗用的原材料成本。

耗用原材料成本＝3 800＋24 000－4 000＝23 800.00(元)

账务处理:

借:主营业务成本——餐饮部　　　　　　　　　　　23 800.00

　　贷:原材料　　　　　　　　　　　　　　　　　　　23 800.00

师生互动

老师：请同学分组讨论永续盘存法和实地盘存法之间的区别，并分析各自的优缺点。

七、主配料的成本计算方法

饭店经常会对一些生鲜食品买回来进行加工，然后再作为多种食品的主配料。所谓主配料，是指在加工完成的食品中所占成本比例较高，一般构成食品的主要成分。

原材料经初加工后，如果只形成一种半成品，如将大蒜挑选、剥皮之后形成蒜米，就属于一料一档；原材料经初加工后，按照品质、用途等产生几种半成品的，即称为一料多档，如一整块猪肉，可以加工成肥、瘦两种肉馅。

1. 一料一档的计算方法

一料一档的下脚料分为两种：一种是不可作价利用的；另一种则是可作价利用的。

(1)下脚料不可作价利用的半成品。下脚料不可作价利用的半成品单位成本等于购进原材料的总成本除以加工后半成品的总质量，其计算公式如下：

单位半成品成本＝购进原材料总成本/加工后半成品总重量

【例4-12】北京某餐厅购进核桃 200.00 千克，每千克 18.00 元，加工成了核桃仁，共得到核桃仁 120.00 千克，核桃壳等下脚料由于没有什么用处，作为垃圾处理。

核桃仁单位成本＝200×18÷120＝30.00（元/千克）

(2)下脚料可作价利用的半成品。若有可作价利用的下脚料，则其半成品的单位成本计算公式如下：

单位半成品成本＝（购进原材料总成本－下脚料金额）/加工后半成品重量

【例4-13】北京某餐厅购进新鲜海虾 60.00 千克，每千克购进价为 20.00 元，总计 1 200.00 元，经加工后得净虾仁 30.00 千克。剥虾仁过程中产生的虾头、虾皮等下脚料出售给虾酱制作厂，得款 150.00 元。求净虾仁的单位成本。

净虾仁单位成本＝（60×20－150）÷30＝35.00（元/千克）

2. 一料多档的计算方法

原材料经过初加工后，产生几种半成品，即称为一料多档，需要分别计算各种半成品的价格。各种半成品价格的总和应等于加工前原材料购进的总价。其中质量好的成本较高，质量较差的成本略低。其计算公式如下：

某未定价半成品单位成本＝[原材料购进总值－其他半成品价值之和（包括下脚料价款）]
/该项半成品重量

【例4-14】火腿一只重 5 千克，每千克 40.00 元，经处理得：脚爪和脚圈 0.80 千克，每千克 8.00 元；下方 1.40 千克，每千克 16.00 元；中方 1.60 千克，每千克 52.00 元，求上方的单位成本。

上方单位成本＝（5×40－0.8×8－1.4×16－1.6×52）÷（5－0.8－1.4－1.6）
＝73.33（元/千克）

八、食品定价方法

对于餐饮部门而言，要推出一道菜品，首先要为其制定合理的价格，常见的定价方法主要有成本毛利率法和销售毛利率法两种。

1.成本毛利率法

成本毛利率法亦称外加毛利率法,这种定价方法首先需要计算这种食品的成本价格,然后按确定的成本毛利率,在成本价的基础上加成计算出销售价格。其计算公式如下:

$$餐饮成本=成本价×(1+成本毛利率)$$

$$成本毛利率=(食品单价-成本价)/成本价×100\%$$

【例 4-15】某餐厅推出一款清蒸鲈鱼的菜品,其成本价为 30.00 元,按照行业经验,需要定价达到 50% 的成本毛利率,请计算清蒸鲈鱼的单价。

每盆清蒸鲈鱼的单价=30×(1+50%)=45.00(元)

2.销售毛利率法

销售毛利率法又称内扣毛利率法。它以零售价为基数,先确定每种饮食制品的毛利率,也就是零售价减去成本之后的毛利润额占零售价的百分比,再用内扣方式确定饮食制品的售价。其计算公式如下:

$$售价=原材料成本/(1-销售毛利率)$$

【例 4-16】某餐厅推出一款清蒸鲈鱼的菜品,其成本价为 30.00 元,按照行业经验,需要定价达到 40% 的销售毛利率,请计算清蒸鲈鱼的单价。

每盆清蒸鲈鱼的单价=30÷(1-40%)=50.00(元)

同步思考

请思考成本毛利率和销售毛利率之间的区别。

任务五 饭店其他成本的核算及业务流程

饭店经营的领域除了餐饮部门之外,还有客房部、商品部、康乐部、洗衣部、商务中心等部门,这些部门都可以给饭店带来收益,同时也会产生相应的成本。其中,客房部门产生的成本一般不通过"主营业成本"这一科目核算,而是通过"销售费用"科目进行核算,因此,关于客房部门的成本我们将放在本项目的模块二来详细阐述。本任务主要讨论其他几个部门的成本核算及业务流程。

一、商品部门成本核算

饭店的商品经营业务一般是指饭店内部开设的购物商场进行的商品买卖活动,属于商业零售性质,直接向旅客提供商品销售服务。

饭店商品部门销售商品会确认收入,同时也会结转成本,财务部门通过设置"主营业务成本"科目来结转成本。

【例 4-17】某饭店的商品部门购进一批工艺品不含税价 10 000.00 元,进项税 1 700.00 元,共计 11 700.00 元。商品验收入库,货款通过银行存款支付。本期取得销售收入 12 000.00 元,销项税额 2 040.00 元。账务处理如下:

(1)购进商品:

借:库存商品——工艺品   10 000.00

    应交税费——应交增值税(进项税额)   1 700.00

    贷:银行存款   11 700.00

（2）销售商品：

借：银行存款   14 040.00

  贷：主营业务收入——商品部门   12 000.00

    应交税费——应交增值税（销项税额）   2 040.00

（3）结转商品成本：

借：主营业务成本——商品部门   10 000.00

  贷：库存商品——工艺品   10 000.00

二、洗染部门成本核算

洗衣部主要是为客人提供洗染服务的部门，虽然不是饭店的主要经营内容，但随着饭店服务的日趋完善，洗衣部的地位也越来越重要，可以体现饭店的服务水平，为客人提供便捷迅速的服务可能会成为客人再次光顾的一个理由。洗衣部核算除与其他部门一样有营业税及附加、管理费用之外，还有洗染收入、主营业务成本的核算。

洗染主营业务成本主要指洗染原材料的消耗，财务部门以"原材料"科目进行核算。

原材料的购进与领用分别填制"收料单"和"领料单"，财务部门据以进行账务处理。

领用原材料时，借记"主营业务成本"账户，贷记"原材料——洗染材料"账户。

加工车间每月终了，对未加工的衣物，因已做"主营业务成本"，应对尚未耗用的原材料进行冲转。应该估算月末未加工衣物本应消耗的原材料成本，从盘存的实际材料中减去该估算部分，其差额作"假退料"处理，或由加工车间出具"领料单"，注明"未加工应领材料"字样。

领用原材料：

借：主营业务成本

  贷：原材料——洗染材料

三、商务中心经营业务成本核算

随着商务客人的增多，商务中心在饭店中的地位越来越重要，它一般提供复印、打字、收发传真、上网、设备出租等业务，它在饭店的整个运营过程中起着重要的作用，也是衡量饭店档次、服务水平的一个标志。商务中心在经营业务中获得收入的同时也会发生相应的成本。

商务中心的主营业务成本主要是一些原材料的耗用，如纸张、网络费用，还包括一部分代收费用，如电话费等，所以核算过程中作如下会计分录：

借：主营业务成本——商务中心

  贷：原材料

模块二 饭店费用的核算内容和业务流程

任务一 饭店费用构成及其岗位职责

一、饭店费用的构成

饭店费用的构成一般包括销售费用、管理费用、财务费用。

1.销售费用

饭店销售费用是指饭店营销过程中发生的费用，主要是指进行广告、促销活动、公关活动、现场服务费用等活动过程中发生的各种费用。销售是饭店生产经营的重要环节,饭店生产的产品只有销售出去,才能够实现饭店经营目标。饭店经营环节的费用核算是饭店成本费用管理的重要组成部分。

饭店营销活动内容广泛,每一项营销活动都要发生一些费用,都是一个可能的成本漏洞,因此,饭店销售费用管理非常重要。根据销售活动的内容,销售费用核算应该抓住以下几个方面。

(1)广告费用。

饭店要让消费者知道这个饭店,就要打各种宣传广告;饭店为了让客人更好地了解其经营的食品,就要制作各种菜单,无论是文字菜单还是图片菜单,也无论是电子菜单还是实物菜单,都会产生或多或少的成本。特别是实物菜单成本较高,它是把食品摆出各种造型供客人点选,连续摆放三天后这些实物样品就会因为不新鲜而变形和失去色泽,就不得不被扔掉。有的饭店仅这个实物菜单每天就要 1 000.00 元的成本,可见广告费用管理之重要。

饭店发生广告费用时编制会计分录:

借:销售费用——餐饮部——广告费

　　贷:银行存款

(2)促销费用。

饭店促销是饭店营销的重要内容,几乎所有的饭店都要定期或者不定期地开展促销活动,而促销活动一般花费的费用也比较多。如饭店在非营业高峰期推出的"买三赠一"的促销活动,大厅消费赠送啤酒,饭店充值卡"充 5 000 赠 1 000"活动,持贵宾卡消费可获得部分食品 8.5 折的优惠等,这些活动都直接产生了食品的成本。

案例分析

销售费用的核算

某知名饭店准备在一个新的城市开一家分店,为了快速占领这个城市的市场,该饭店打算在开业前作足广告宣传,饭店管理层准备用 30.00 万元来作广告宣传。该饭店管理层还打算在开业当天搞一系列的促销活动,开展促销活动肯定要发生促销费用,饭店管理层给出 10.00 万元的促销费用预算。不仅如此,管理层还准备在开业当天开一场新闻发布会,预算 15 万元。在开业当天,该饭店的所有高层都来到了新闻发布会的现场。开业当天晚上,财务部门人员和其他部门人员核算了一下,发现开业当天的酒会上一些餐具受到损坏,损失估计有 1 000.00 元。如果你是该饭店负责销售费用账务的会计人员,你会如何做账呢?

(3)公关活动成本。

饭店为了提高知名度、处理各种关系、做公益事业,就要开展一些公关活动,这些费用多数都是必要的,经济学上称作沉淀成本。如召开一次新闻发布会,就必须租用场地,邀请新闻工作者,准备礼品及就餐等,至少花费几万甚至几十万元。在这个过程中,必然存在许多漏洞,通过加强管理就可以节约开支,增加饭店效益。

(4)现场服务费用。

饭店产品消费不同于一般产品消费,其突出特点是现场生产、现场消费,这样,就必然要产生一些现场服务费用。

2.管理费用

饭店管理费用是指管理部门为组织和管理饭店经营活动而发生的各种费用。管理费用一般包括分摊到各营业部门的行政管理部门人员工资、福利费、工作餐费、服装费、办公费、差旅费、会议费、物料用品消耗、低值易耗品摊销、燃料费、水电费、折旧费、修理费和其他行政活动费(以下统称为"公司经费")以及工会经费、员工教育经费、劳动保险费、待业保险费、外事费、租赁费、咨询费、审计费、诉讼费、排污费、绿化费、土地使用费、土地损失补偿费、技术转让费、研究开发费、聘请注册会计师和律师费、车船使用税、土地使用税、印花税等。

📚 知识拓展

餐具损耗率

餐具属于低值易耗品,餐具在使用的过程中不可避免会有所损耗,对于这些损耗饭店如何处理呢? 每个饭店的做法可能都会有所不同。

例如,某饭店规定餐具损耗率分为自然损耗率和非自然损耗率。自然损耗率为营业收入的千分之二,损耗成本由公司承担,超过千分之二定为非自然损耗率,损耗成本由餐厅部承担。

有的饭店将餐具损耗率定义为:餐具损耗数/餐具的总数;有的饭店却只考虑餐具损耗数/餐饮销售收入,请问你觉得哪种更有说服力呢?

🍀 师生互动

老师:餐具损耗应该如何做会计分录呢?

学生一:餐具可以作为低值易耗品核算,可以采用五五摊销法摊销。

购入时:

借:低值易耗品

　　贷:库存现金

领用时先摊销价值的50%:

借:管理费用(销售费用)

　　贷:低值易耗品

报废时摊销另外50%的价值:

借:管理费用(销售费用)

　　贷:低值易耗品

学生二:

餐具可以作为低值易耗品核算,采用一次性摊销法。

购入时:

借:低值易耗品

　　贷:库存现金/银行存款/应付账款

领用时摊销价值:

借:管理费用(销售费用)

　　贷:低值易耗品

报废时:

只在保管账上减少数量就可以了! 这样简单,老师您觉得呢?

3.财务费用

财务费用一般指饭店为筹集经营所需资金而发生的一般财务费用。财务费用包括利息支出（减利息收入）、汇兑损失（减汇兑收益）、金融机构手续费等。

饭店的经营活动，从价值上看是一种资金运动。资金运动贯穿于饭店经营活动的始终，可以说资金既是饭店经营活动的起点，又是饭店经营活动的终点。因此，饭店开展经营活动，必须先筹措足够的资金，因此会产生财务费用。财务费用具体包括如下内容：

（1）资金使用费。

市场经济条件下的资金是一种可以买卖的特殊商品。资金买卖的实质，是转让资金的使用权。当饭店需要资金时，经过交易，饭店这个资金的使用者为得到资金使用权而付出费用即资金的价值。对于饭店来说，股票的股息和股利、债券的利息以及贷款利息，就是使用资金的费用成本。

（2）筹资过程中发生的费用。

饭店在筹资过程中还有一定的费用发生，如发行股票与债券向金融机构等代理商支付的注册费、代办费等发行费用，向银行借款的手续费等。筹资过程越复杂，筹资中的费用就越高。

知识拓展

资金时间价值

筹资过程中还有一种成本即筹资的机会成本，这种成本是指饭店从内部筹资时资金使用的机会成本，即金融市场的基本利率，也就是说，投资饭店还是投资金融市场，其回报是不一样的。如果投资饭店，机会成本就是放弃投资金融市场所获得的收益；如果投资金融市场，机会成本就是放弃投资饭店所带来的收益。

二、饭店费用岗位职责

饭店费用的核算由财务部门的成本核算会计负责，其职责参见本项目的模块一中的任务一介绍。

知识拓展

三项期间费用核算

饭店费用虽然划分为三个类别，即销售费用、管理费用、财务费用，但核算原则和支付方式是相同的。其核算主要有以下几种方式。

1.直接支付费用的核算

饭店直接支付费用是指饭店以货币资金直接支付本期发生并由本期负责的费用。它包括：销售费用中的广告费等；管理费用中的交际应酬费、咨询费、管理人员工资等；财务费用中的金融机构手续费等。

2.转账摊销费用的核算

转账摊销费用是指饭店不通过货币结算而是采用转账形式摊销应归本期负担的费用。比如，提取固定资产折旧等。

3.预付待摊费用的核算

预付待摊费用是指饭店本期已经支出，但应由以后各期分别负责的，分摊期在一年内的各项费用。比如,低值易耗品。

4.预提应付费用的核算

预提应付费用是指饭店已经预提,但尚未实际支出的,应由本期负责而在以后各期支付的费用。比如预提的租金、借款利息等。

任务二 饭店部门费用的核算及业务流程

一、销售费用的核算

财务部门设置"销售费用"账户来核算销售费用的发生和结转情况。该科目借方登记企业所发生的各种销售费用,贷方登记期末结转入"本年利润"科目的销售费用,结转后,该科目应没有余额。该科目应按照销售费用的费用项目进行明细核算。

【例4-18】某饭店的客房部2016年6月份共发生费用220 000.00元,其中:客房销售人员薪酬100 000.00元,客房部专用办公设备折旧费50 000.00元,业务费70 000.00元(用银行存款支付)。会计分录如下:

借:销售费用——客房部　　　　　　　　　　　　　　　　　220 000.00
　贷:应付职工薪酬　　　　　　　　　　　　　　　　　　　　　100 000.00
　　　累计折旧　　　　　　　　　　　　　　　　　　　　　　　 50 000.00
　　　银行存款　　　　　　　　　　　　　　　　　　　　　　　 70 000.00

饭店的客房成本中,主要有房屋与设施的折旧、装修的摊销、服务人员的薪金支出、床上用品的洗涤与摊销费用和一次性用品支出等。在这些成本费用中,除去一次性用品之外,其他的成本费用支出,均具有固定成本的特点,即这些成本费用的支出,和客房入住是否没有直接的关系,因此客房成本的会计核算一般不通过"主营业务成本"科目核算,而是通过"销售费用"科目进行核算。

客房销售费用中较大的项目有服务人员工资、电费、燃料费、折旧费、物料消耗等。

1.客房折旧费用的核算

饭店固定资产中,房屋建筑、电梯、中央空调、锅炉等大型设施属于多部门公用,一般需要按照实际使用的房屋面积进行划分。而对于客房专用的设施,如客房专用的家具、电器等,则不需要进行分摊。

由于客房所涉及的房屋、设施等,均属于普通的设施,不存在使用加速折旧方法,一般多采用直线摊销法。

每月月末,按照客房部门应实际分摊的折旧金额,借记"销售费用——客房——折旧费"科目,贷记"累计折旧"科目。

【例4-19】2016年11月,某饭店所有的房屋共计提折旧350 000.00元,其中管理部门实际占用10.00%的面积,客房部实际占用80.00%的面积,餐厅实际占用10.00%的面积,相应的账务处理如下:

管理部门应分摊的折旧费＝350 000×10%＝35 000.00(元)

客房部应分摊的折旧费＝350 000×80%＝280 000.00(元)

餐厅应分摊的折旧费＝350 000×10%＝35 000.00(元)

借：管理费用　　　　　　　　　　　　　　　　　　　　　　　　35 000.00

　　销售费用——客房——折旧费　　　　　　　　　　　　　280 000.00

　　销售费用——餐厅——折旧费　　　　　　　　　　　　　　35 000.00

　　　贷：累计折旧　　　　　　　　　　　　　　　　　　　　　350 000.00

2.客房服务人员工资薪金的核算

【例4-20】某饭店本月计提并发放客房部工资总额25 600.00元。

计提工资时：

借：销售费用——客房——工资　　　　　　　　　　　　　　　25 600.00

　　　贷：应付职工薪酬——工资　　　　　　　　　　　　　　　25 600.00

发放工资时：

借：应付职工薪酬　　　　　　　　　　　　　　　　　　　　　25 600.00

　　　贷：银行存款　　　　　　　　　　　　　　　　　　　　　25 600.00

知识拓展

当前,大多数饭店员工的工资薪酬,采用的是工资加奖金的模式,也就是固定工资和依据当月经营情况确定的奖金。一般情况下,只有当月结束时,才能得到当月经营状况的数字,也才能确定当月的员工奖金数额。这就给工资薪酬的会计核算带来一个难题,那就是当月记账,却无法准确地知道当月的工资数额。一般情况下,如果只是要求下月十日前到账,尚有时间按照正确的工资进行会计核算;如果有些饭店当月的工资表在月末尚未编出,可估计预提。下月发放时,估计预提的工资与实发工资会有差异,应进行调整。调整的方法有差额调整法和全额调整法两种。

3.物料用品的核算

物料用品一般包括一次性洗漱用品、常用的文具等,由于这些物品价值较低、使用周期很短,所以实际发放时,一般采用一次性摊销的办法。

客房消耗的物料用品,只需要在月末(价值较大时也可以是每周,或每天)统计本月实际耗用的数量,按照金额,借记"销售费用——客房——物料消耗"科目,贷记"存货——物料用品"科目。

知识拓展

物料用品、低值易耗品、固定资产的区别

一、物料用品

物料用品是指饭店用于业务经营的在库和在途的作原材料、燃料、低值易耗品以外的其他物料用品的总称。其具体包括如下:

(1)日常用品,是指客房、餐厅等营业部门的日常用品,如清洁用品、玻璃器皿等。

(2)办公用品,是指各种纸张、文具等。

(3)包装物品,是指饭店各部门使用的桶、箱、瓶、坛、袋等。

(4)日常维修用的材料、零配件等,是指饭店备用的各种修理材料、修理零件、估价入账的旧材料等。

（5）特定业务用品，是指饭店专用的大宗物料用品，如饮食饭店的餐具、浴池业的蒸馏水瓶等。

（6）特殊物料用品，是指以饭店在经营或销售过程中所使用的各种凭证，如就餐券、饭菜票、筹码牌子、取像和取物发票、理发券、洗澡券等。

（7）其他物料用品，是指饭店所使用的上述种类以外的各种其他物料用品。

二、低值易耗品

低值易耗品是指劳动资料中单位价值在 10.00 元以上、2 000.00 元以下，或者使用年限在一年以内，不能作为固定资产的劳动资料，如工具、管理用具、玻璃器皿、劳动保护用品以及在经营过程中周转使用的容器等。其特点是单位价值较低，使用期限相对于固定资产较短，在使用过程中基本保持其原有实物形态不变。

三、固定资产

固定资产是指是指饭店为生产产品、提供劳务、出租或者经营管理而持有的、使用时间超过 12 个月的非货币性资产，包括房屋、建筑物、机器、机械、运输工具以及其他与生产经营活动有关的设备、器具、工具等。只要是符合饭店为生产产品、提供劳务、出租或者经营管理而持有的、使用时间超过 12 个月的非货币性资产就应确认为固定资产。固定资产是同时具有以下两个特征的有形资产：一是为生产商品、提供劳务、出租或经营管理而持有的；二是使用寿命超过一个会计年度。

【例 4 - 21】 2016 年 12 月 1 日，某饭店客房部门从公司总库领用物料用品一批，共计 3 000.00 元，当月实际发放各种物料用品 2 300.00 元，账务处理如下：

（1）客房批量领出时：

借：存货——物料用品——客房仓库——一次性用品   3 000.00

 贷：存货——物料用品——总库——一次性用品   3 000.00

（2）本月月末实际发放：

借：销售费用——客房——物料消耗   2 300.00

 贷：存货——物料用品——客房仓库——一次性用品 2 300.00

知识拓展

某饭店的低值易耗品管理办法

低值易耗品是指不作为固定资产核算的各种用具、家具，如工具、管理用具、玻璃器皿以及在生产经营过程中周转使用的包装物容器等。

本饭店为加强对低值易耗品的管理与控制，杜绝工作中的随意性，特定本办法。

本饭店规定，单位价值在 50～1 000 元不能作为固定资产处理的用具物品列为低值易耗品。一次性使用的餐巾纸、香皂等在物料用品科目核算，不作为低值易耗品。

一、低值易耗品的核算办法

（1）科目设置：公司设置"在库低值易耗品"和"在用低值易耗品"，各实体资产会计设置"在用低值易耗品"一级科目和"低值易耗品"二级明细科目。

（2）账簿设置：公司财务和各实体财务主管会计分别设置一级明细账，各实体财产会计设置二级明细账和台账，对低值易耗品按类别、品种规格进行数量和金额的明细核算。

（3）分期摊销的低值易耗品，领用时，借记"待摊费用"科目，贷记本科目。分期摊入有关成本费用科目时,借记"销售费用""管理费用"等科目,贷记"待摊费用"。报废时,将低值易耗品的残料价值作为当月低值易耗品摊销额的减少,冲减有关成本费用科目。

(4)低值易耗品摊销期限。

①不锈钢类:2年;

②陶瓷类:1.5年;

③铁制、铝制品:1年;

④维修工具:1.5年;

⑤毛毯:2年;

⑥口布、毛巾类:1.5年;

⑦玻璃制品:0.5年;

⑧其他:1年。

低值易耗品的摊销方法根据其使用期限的长短采用分期摊销法。

二、低值易耗品的购置与入库

低值易耗品由公司采购部负责统一购置,购置前须填写"低值易耗品购置申请单",经总经理审批后,方可办理。

低值易耗品购入后,统一由公司仓库负责验收入库,保管员应认真核对低值易耗品的类别、数量,看是否与购置申请单一致。

保管员核对无误后,填写验收单并签字。验收单一式三联,第一联为存根联,由保管员留存并据以登记台账;第二联为财务联,由保管员转财务部资产会计记账;第三联为结算联,由经办人据以报销。

低值易耗品入库后,保管员应按类别、品种规格合理摆放,禁止乱堆乱放。

三、低值易耗品的领用

(1)各部门需用低值易耗品时,应填制"低值易耗品领用凭单",经使用部门负责人审核、签字后,到仓库领取,保管员要对"值易耗品领用凭单"认真审查,内容不完整,手续不全的应拒绝发货。

(2)"低值易耗品领用凭单"一式四联,采用一物一单制。

第一联:存根;

第二联:实体财务记账凭单;

第三联:公司财务记账凭单;

第四联:使用部门。

(3)使用部门将"低值易耗品领用凭单"分类顺序保管,以单代账,作为进行实物管理的依据,并据以登记本部门物品清单。

四、低值易耗品的转移、退库和经管人变更

(1)各班组、部门间的低值易耗品转出、转入和退库应办理以下手续:

填制"资产调拨单"一式三联,转出部门、转入部门、财务各一联,实体之间调拨填制四联,必须经过各实体主管会计,分清临时借用和长期使用,以便作账。

(2)本使用部门低值易耗品的经管人员变更,应及时填写"财产责任书"上的"经管记录"以分清责任,并由部门经理签字认可。

(3)职工调离公司,必须将自己经管的低值易耗品移交各归口管理部门,由部门经理签署后,方可调出。各实体负责人调动工作或实物负责人调动工作,必须报财务部办理离任审计。

五、低值易耗品的报废

低值易耗品提前或超期报废,都应及时办理如下手续:

(1)使用部门填制"低值易耗品报废凭单",写明报废理由,一式三联送交财务部办理报废事宜。

(2)财务部对申请报废的低值易耗品要查看实物,并会同工程部认真核实,并填写处理意见,经总经理批准后,予以报废处理,对因主观原因导致低值易耗品提前报废的,经总经理批准,对责任人处以罚款。

(3)批准报废的低值易耗品,财务部及工程部技术人员对其实物进行估价,有残余价值的由使用部门填制入库单到仓库办理废料入库手续。

(4)手续完备的"低值易耗品报废凭单"由使用部门和公司财务部各存一份,作为账务处理的依据,原"低值易耗品领用凭单"应与"报废凭单"附在一起,作为低值易耗品减少的依据。

六、低值易耗品的盘点制度

(1)各实体资产会计每月必须对低值易耗品盘点一次,并每月完善"财产管理责任书"的签字手续,并将盘点表上交财务存档。

(2)各实体资产会计每周负责统计本部门的陶瓷报损额,并对报废的物品要填制报损单。

七、低值易耗品核算管理的规章制度

《小企业会计准则》《企业会计制度》规定,低值易耗品不管是一次全部摊销进费用,还是分次摊销进费用,必须列入低值易耗品科目核算,以便规范管理企业所有资产,避免出现账外资产。

低值易耗品账面价值摊销完后,一些贵重的物品也要建立登记簿,详细登记在用的低值易耗品数量,以防丢失和浪费。

案例分析

餐饮前厅与厨房的餐具破损率

餐具的破损分两种:一种是自然破损,一种是意外破损。

自然破损是餐具使用年限过多,质量寿命到期引起的裂隙和破损。自然损耗的会计处理一般是计入管理费用等费用。意外破损就要采取赔偿制,谁打破、损坏由谁照价赔偿。前厅由领班负责监督,厨房由当班厨师长负责。准备一个餐具破损记录本,有损坏餐具需登记,无论是自然还是意外破损。最后由值班经理签字。需赔偿的费用从员工当月工资中扣除。意外破损的会计处理按照责任人的赔偿金额计入其他应收款中。

有些饭店采用五五摊销法来核算餐具。

购入时:

借:低值易耗品
　　贷:库存现金

领用时先摊销价值的50%:

借:营业费用
　　贷:低值易耗品

报废时摊销另外50%的价值:

借:营业费用
　　贷:低值易耗品

　　餐具管理通常是餐饮管理中的薄弱环节,也是困扰店餐饮管理人员的难点问题,许多饭店为餐具的高额破损率头痛不已——餐具破损后往往找不到责任人,不知道是厨师装盘时碰坏了,还是服务员收餐时磕破了,或是管事员清洗时摔碎了……一个盘子每使用一次,从清洗到上菜到撤回,都要经过管事、厨房、传菜、厅面等多个环节。环节复杂、经手人员多使得餐具破损控制成了餐饮管理中的"短板",因为餐具破损不仅降低了菜肴的品质,增加了饭店低值易耗品的费用,更重要的是影响了饭店的形象。如何让餐具的破损率降到最低程度,甚至达到零破损?永康某大饭店餐饮部通过积极探索餐具管理与控制的措施、方法,取得了一定成果,现将相关经验总结如下:

一、职责分明最关键、制度完善是前提

　　"职责分明、杜绝扯皮"——明确部门内部各岗位在餐具管理中的职责,是做好餐具管理与控制工作的关键。

　　首先,饭店财务部参考同行在餐具损耗管理上的平均水平,确定餐具自然损耗率为千分之三,即餐饮部当月营业收入的千分之三,例如,该月份营业收入为 100.00 万元,则餐具自然损耗费用为 3 000.00 元。餐具损耗控制在此范围以内的,由饭店承担;如有超出部分则由厅面(含传菜)、厨房、管事三大区域按 5∶3∶2 的比例(考虑人数多少)承担,从而杜绝了扯皮现象的发生。

　　上述自然损耗不包括客赔和员工赔偿金额,为杜绝损坏餐具隐瞒不报的情况发生,坚持"谁打破谁负责,无人负责再公摊"的原则。如有客人损坏餐具应在第一时间上报当班领班,如当班领班不在,应上报当班主管,由其处理是否要客人来负责赔偿,并在事后主动到负责当班的主管处登记报损表;如员工在工作当中不小心损坏了餐具,应先将破损餐具清理并立即通知当班的领班过目,事后主动登记报损表,责任人当天就要按盘子的成本价把钱上交到财务,而这个盘子的记录也就从盘存数量中销掉,财务部在月底盘存时将予以剔除,不再计入自然损耗中。

　　"提高水平、制度先行"——规范、完善、细化餐具管理制度,是做好餐具管理与控制工作的前提。

　　为此,我们制定了餐饮部各区域的餐具管理细则:

　　•管事组:

　　(1)在清洗过程中,餐具必须分类,按规格摆放,按秩序清洗;

　　(2)清洗好的餐具必须按规格大小分类,整齐叠放;

　　(3)使用筐装餐具时,不能超过容量的三分之二;

　　(4)管事组领班监督洗碗工按规定清洗,发现破损,立即开出报损单;

　　(5)餐具清洗后,由领班负责用推车经电梯运送至厨房存入保洁柜,运送过程中,小件餐具不能堆放太高,以防倒塌损坏。

　　•传菜组:

　　(1)营业时间传菜组必须协助服务员将用过的餐具传回洗碗间;

　　(2)传菜部在传餐具过程中要小心谨慎,防止滑倒损坏餐具,操作时做到轻拿轻放,具体由传菜领班监督。

　　•厅面服务员:

　　服务员在服务和收拾餐具时,认真做到轻拿轻放,杜绝鲁莽操作,并严格做到大、小餐具分

类摆放,由各区域领班负责监督,发现损坏,追究责任,并开出破损单;

• 每月月底25日进行餐具盘点,汇总一个月破损的餐具,在公告栏向所有员工进行展示;

• 在餐具的使用过程中,各部门员工要加强责任心,如发现有不合格的餐具要及时更换,避免将破损餐具上台面而影响饭店服务品质;

• 各部门发现的破损餐具,在每天营业结束后由专人统一交洗碗间,由管事组作记录,便于财务收集数据;

• 客损的餐具按成本价的两倍赔偿,员工损坏的按成本价进行赔偿;

• 凡是损坏的餐具都必须作好记录,由领班开单到财务,再由财务开单到库房,由领班领取补齐。

二、环环相扣很重要、互相监督有必要

"环环相扣、疏而不漏"——为严格杜绝破损的餐具上台面,各个岗位都要达成共识:厨房出品不用破损的餐具→传菜员不传有破损的餐具→服务员发现破损的餐具不上桌→管事组不清洗有破损的餐具,发现破损需上报领班追查原因后,再清洗入柜,不向厨房提供有破损的餐具。在哪个环节发现破损的餐具,各级领导追究责任到底,找出原因和责任人,具体由前面及管事的主管负责实施。

"互相监督、相互制约"——为确保上述措施得到落实,各个环节之间要形成相互监督的机制:菜肴从厨房出品后会先经过传菜间,在传菜间,跑菜的服务员如果发现盘碗有破损,原菜退回厨房换餐具,此破损餐具由指定人员登记(一般是当日厨房间的领班),其破损就归厨房。如果在传菜间跑菜的服务员因为太忙没发现,传到了厅面,而上菜的服务员在菜肴端上桌之前发现了,也可做同样处理。而只要菜一上桌,破损责任就由厅面承担(服务该桌的服务员)。

客人吃完饭,服务员收台后将碗盘送到管事组,管事组在清洗过程中发现破损餐具后,先挑出来放一边不洗,只洗完整的。等到开餐结束后,厅面派一个主管做好登记,把放在一边没洗的盘子数清楚记上,这部分破损归厅面。而只要进了洗碗池的盘子,哪怕是洗了一半又发现有破损的,也要归清洗组。管事组清洗后的餐具进入消毒间,每天晚餐结束后,厨房的安全检查组负责清点洗好的餐具,如有破损,要归管事组。这种相互制约、头尾衔接紧密的制度,效果非常明显。

三、软硬兼施才可行、坚持不懈出成效

"软硬兼施、坚持不懈"——在软件(制度措施)完善的同时,也需要饭店在硬件上予以支持,以减少餐具破损。

其中,洗涤正规化、合理化是减少洗涤中餐具破损的第一环节。对于洗涤的硬件给予完善,比如洗碗间应按照洗涤步骤的要求,即一刮、二洗、三清、四消毒的要求合理布局,待洗涤餐具的工作台、分类设备、冲洗、烘干设备等一系列设备对保持餐具的完好无损十分重要。

另外,在餐具的选择时,除考虑餐具与菜肴的搭配、美观等因素,还应考虑洗涤的便利性,尽量避免选用异型盘,确实必须使用异型盘或玻璃盘的,必须单独洗涤,以减少损耗;大型宴会尽量使用规格相同的餐具,如冷菜盘统一规格、热菜盘使用3~4种规格(羹盆、圆盆、腰盆和鱼盆),以便于收台时按规格分类叠放。

最后,需要强调的是,有了以上制度措施,餐具破损率的降低并不一定能一蹴而就,特别是在尝试餐具管理变革的初期,甚至还会有员工因为承担了赔偿而产生抵触情绪,因此,需要管理人员加强餐具管理必要性的宣贯,使员工认识到餐具破损对饭店品质的影响,让员工认识到

餐具管理的重要性,从而将这项工作坚持下去——"餐具管理出成效、坚持不懈最重要"!

4.修理费用的核算

饭店的修理费有小修理和大修理之分。日常小修理费用发生时,直接列入相关费用核算。发生大修理时,则需要按照适当的方式进行摊销。

【例4-22】某饭店发生客房电视机修理费200.00元,总经理办公室电脑修理费300.00元,以现金支付。

借:销售费用——客房——修理费　　　　　　　　　　　　200.00
　　管理费用——修理费　　　　　　　　　　　　　　　　300.00
　贷:库存现金　　　　　　　　　　　　　　　　　　　　500.00

饭店的大修理费,主要是进行规模较大的装修费用。现代饭店是以设施的完善、安全、舒适、美观作为竞争条件招徕宾客。所以,每隔3~5年便要推陈出新进行一次全面装修,费用巨大。对这种大额装修费用,需要在装修的实际使用期间进行合理的分摊。

【例4-23】某饭店的客房进行全面装修,工程费用总额120 000.00元。施工过程已陆续预付工程款110 000.00元,现以银行存款10 000.00元支付余款。按照行业中饭店装修的使用周期,经研究决定按四年分月摊销。

(1)施工过程陆续支付工程款:
借:预付账款　　　　　　　　　　　　　　　　　　　110 000.00
　贷:银行存款　　　　　　　　　　　　　　　　　　110 000.00

(2)按结算单结算时:
借:长期待摊费用　　　　　　　　　　　　　　　　　120 000.00
　贷:预付账款　　　　　　　　　　　　　　　　　　110 000.00
　　银行存款　　　　　　　　　　　　　　　　　　　10 000.00

(3)分月摊销:
借:销售费用——客房——修理费　　　　2 500.00[120 000÷(4×12)]
　贷:长期待摊费用　　　　　　　　　　　　　　　　　2 500.00

5.能源消耗的核算

客房能源消耗主要是电力和燃油。其中,中央空调、热水、洗衣房的能源消耗最大。能源费用发生时:

借:销售费用——客房部——电费或燃料费
　贷:银行存款

同步思考

由于公用能源部门的收费时间和饭店的结算时间往往不一致,如何核算能源费用呢? 饭店核算一般是月底25日左右,但公用部门来抄表的时间往往不是这个时间,如何处理?

知识拓展

承载力成本费用的介绍

承载力成本费用是由于物质设施的使用而产生的费用,如租金、资产税、保险、折旧和利益等都是与财产和设备等饭店设施相关的费用。

二、管理费用的核算

饭店财务部门设置"管理费用"科目来核算管理费用的发生和结转情况。该科目借方登记企业发生的各项管理费用,贷方登记期末转入"本年利润"科目的管理费用,结转后该科目一般没有余额。该科目应按管理费用的费用项目进行明细核算。

【例 4-24】 某饭店 1 月客房部发生办公费、差旅费等开办费 25 000.00 元,均用银行存款支付。会计分录如下:

```
借:管理费用——客房部            25 000.00
  贷:银行存款                   25 000.00
```

【例 4-25】 某饭店行政部 7 月份共发生费用 224 000.00 元,其中:行政人员薪酬 150 000.00 元,行政部专用办公设备折旧费 45 000.00 元,报销行政人员差旅费 21 000.00 元(假定报销人均未预借差旅费),其他办公、水电费 8 000.00 元(均用银行存款支付)。会计分录如下:

```
借:管理费用——行政部           224 000.00
  贷:应付职工薪酬               150 000.00
     累计折旧                    45 000.00
     库存现金                    21 000.00
     银行存款                     8 000.00
```

案例分析

某饭店客房部员工小李因公出差,预借差旅费 3 000.00 元,作为财务部门的你,这个时候你会如何作账呢?小李出差结束后手头还剩下 500.00 元,出差归来的小李又找到财务部门的你,你又该如何作账呢?

提示:

预支差旅费时:

```
借:其他应收款——小李            3 000.00
  贷:库存现金                    3 000.00
```

回来报销时:

```
借:管理费用——客房部——差旅费    2 500.00
   库存现金                        500.00
  贷:其他应收款——小李            3 000.00
```

如果出差时 3 000 元全部用完,会计分录又该怎么做呢?

知识拓展

某饭店餐饮部关于低值易耗品的报损、赔偿管理制度

根据餐饮部工作的特殊性和饭店对低值易耗品报损赔偿的惯例,根据实际情况,特制定本管理制度,部门各管理人员应严格执行本制度规定条例,以延长物品的使用年限,降低损耗。

(1)部门低值易耗品的正常损耗应控制在月收入的 3‰~5‰ 以内,超过比例应如实赔偿。

(2)员工违反操作程序所损坏的物品,应按原价进行赔偿。

(3)对野蛮操作,有意损坏物品者,按该物品原价的 3 倍进行赔偿,并上报饭店,进行处理。

(4)客人无意损坏,应根据实际情况决定其赔偿金额或免予赔偿,10～50元以内的物品,主管有权进行处理;50～100元以内,请示部门经理;100元以上请示分管总经理决定。

(5)部门全体员工应正确掌握和使用物品,如有损坏又不能查明原因的,由使用班组所有员工平摊赔偿。

(6)对正常损耗物品的报损程序:

①各班组对工作中正常损耗由该班组领班和主管填写报损单一式三联,经请示部门领导,由管事部核查后,进行备案,月终报财务部,并对本部门物品进行冲减。

②员工违反操作规程所损坏的物品由领班和主管填写罚分单据一式三联,注明所损坏的物品名称、数量、价格以及赔偿金额,经损坏者和班组负责人签字后,报部门管事部主管备案,赔偿金三天以内交至核算员,月终上交财务部,同时由管事部填写报损单,对部门财产总额和数量进行冲减。

③客人损坏物品,由该班组管理人员填写报损单,写明物品名称、数量、价格和折扣及赔偿金额,交收银台处理后,返回一联给管事部主管进行备案和对物品总数、金额进行冲减。

(7)各班组主管、领班是物品的保管者和使用者,对本班组物品的遗失、损坏、减少负全部责任。

(8)各点管理人员和员工应支持管事部的财产管理工作,如实反映损耗情况,协助管事部对物品进行清理和盘存。

(9)部门主要负责人应财产管理的工作进行指导、培训、监督、抽查,掌握本部门物品报损和损耗情况,加强管理,降低物耗,延长物品使用期限。

三、财务费用的核算

饭店的财务费用内容主要包括饭店的借款利息、信用卡佣金、刷卡手续费、汇兑损失及相关手续费等。核算财务费用的发生和结转情况应该设置"财务费用"科目。该科目借方登记饭店发生的各种财务费用,贷方登记收到利息等冲减的财务费用以及期末转入"本年利润"科目的财务费用。结转后该科目应无余额。该科目应按照财务费用的费用项目进行明细核算。

【例4-26】某饭店餐饮部因为装修改造于2016年3月1日向银行借入生产经营用短期借款360 000.00元,期限6个月,年利率5%,该借款本金到期后一次归还,利息分月预提,按季支付。假定3月份其中120 000.00元暂时作为闲置资金存入银行,并获得利息收入400.00元。假定所有利息均不符合利息资本化条件。3月份相关利息的会计处理如下:

(1)3月末,预提当月份应计利息:

应付利息=360 000×5%÷12=1 500.00(元)

借:财务费用——餐饮部   1 500.00

  贷:应付利息   1 500.00

(2)同时,当月取得的利息收入400元应作冲减财务费用处理:

借:银行存款   400.00

  贷:财务费用——餐饮部   400.00

知识拓展

饭店不同筹资渠道的会计核算

按照筹资使用时间划分,筹资渠道可以划分为短期资金筹集渠道和长期资金筹集渠道。

1. 短期负债融资渠道

饭店短期负债融资通常是指资金使用期限为一年或者一年以内的筹资。这种筹资方式主要是为了满足饭店生产经营活动中的季节性资金需要,或流动资产的资金需要。常见的饭店短期筹资来源主要有商业信用、商业银行短期贷款以及饭店内部筹资等。

饭店借入短期借款时会计分录:

借:银行存款
　　贷:短期借款——××借款

计提短期借款利息:

借:财务费用
　　贷:应付利息

归还利息:

借:应付利息
　　贷:银行存款

归还短期借款:

借:短期借款——××借款
　　贷:银行存款

2. 长期负债融资渠道

一般将饭店一年以上资金的筹措称为长期筹资。在饭店经营活动中,长期资金常用于饭店的改扩建以及购买设备之类的固定资产,以实现饭店生产经营规模的需要。

长期借款的账务处理比较复杂。例如饭店借入长期借款是为了建造饭店大楼,在饭店大楼的建造期间,长期借款的利息将计入"在建工程",而当大楼竣工之后发生的借款利息将计入"财务费用"。过程如下:

借入时:

借:银行存款
　　贷:长期借款

每年计算利息费用时:

借:在建工程、财务费用或制造费用
　　贷:应付利息

长期借款归还借款时:

借:长期借款
　　在建工程、财务费用或制造费用
　　贷:银行存款

模块三　饭店存货的核算

任务一　存货的确认与初始计量

一、存货的概念

存货,是指饭店在日常活动中持有以备出售的产成品或商品、处在生产过程中的在产品、在生产过程或提供劳务过程中耗用的材料和物料等。存货通常包括以下内容:

(1)原材料,是指饭店在生产过程中经加工改变其形态或性质并构成产品主要实体的各种原料及主要材料、辅助材料、外购半成品、修理用备件、包装材料、燃料等。为建造固定资产等各项工程而储备的各种材料,虽然同属于材料,但是由于用于建造固定资产等各项工程不符合存货的定义,因此不能作为饭店存货。饭店的原材料一般指制作食品的主料、辅料和调料等。

(2)在产品,是指饭店正在生产但尚未完工的产品,例如正在厨房里加工但尚未完成的甜点。

(3)半成品,是指经过一定生产过程并验收合格,但尚未完工成为产成品,仍需进一步加工。

(4)商品,是指饭店外购的或者委托加工完成验收入库用于销售的各种商品。

(5)周转材料,是指饭店可以多次使用,但不符合固定资产定义的材料,如为了包装本饭店商品而储备的各种包装物、各种工具、管理用具、玻璃器皿、劳动保护用品。

同步思考

饭店的存货与饭店的固定资产有什么本质的区别?

提示:饭店拥有存货的最终目的是为了出售。

二、存货的确认条件

存货同时满足下列条件的,才能予以确认:

1.与该存货有关的经济利益很可能流入企业

企业在确认存货时,需要判断与该项存货相关的经济利益是否能可能流入企业。在实务中,主要通过判断与该项存货所有权相关的风险和报酬是否转移到了企业来确定。其中,与存货所有权相关的风险,是指由于经营情况发生变化造成的相关收益的变动,以及由于存货滞销、毁损等原因造成的损失;与存货所有权相关的报酬,是指在出售该项存货或其经过进一步加工取得的其他存货时获得的收入,以及处置该存货实现的利得等。

同步思考

1.根据销售合同已经售出(取得现金或收取现金的权利)的存货,但此时,该存货尚未运出本企业。请问是否能够确认为本企业的存货?

2.委托代销商品是否属于委托方的存货?

2.该存货的成本能够可靠地计量

作为企业资产的组成部分,要确认存货,企业必须能够对其成本进行可靠的计量。存货的成本能够可靠地计量必须以取得确凿、可靠的证据为依据,并且具有可验证性。如果存货成本不能够可靠地计量,则不能确认为一项存货。例如,企业承诺的订货合同,由于并未实际发生,不能可靠确定其成本,因此就不能确认为购买企业的存货。又如,企业预计发生的制造费用,由于并未实际发生,不能可靠地确认其成本,因此不能计入产品成本。

三、存货的初始计量

存货应当按照成本进行初始计量。存货成本包括采购成本、加工成本和其他成本。

不同存货的成本构成内容不同。原材料、商品、低值易耗品等通过购买而取得的存货的初始成本由采购成本构成;产成品、在产品、半成品、委托加工物资等通过进一步加工而取得的存货的初始成本由采购成本、加工成本以及使存货达到目前场所和状态所发生的其他成本构成。

任务二 存货增加的核算

一、外购存货的核算

原材料、商品、低值易耗品等通过购买而取得的存货的初始成本由采购成本构成。存货的采购成本包括购买价款、相关税费、运输费、装卸费、保险费以及其他归属于存货采购成本的费用。

(1)购买价款,是指企业购入材料或商品的发票账单上列明的价款,但不包括按规定可以抵扣的增值税进项税额。

(2)相关税费,是指企业购买、自制或委托加工存货所发生的消费税、资源税和不能够从增值税销项税额中抵扣的进项税额等。

(3)其他可归属于存货采购成本的费用,即采购成本中除上述各项以外的可归属于存货采购成本的费用,如在存货采购过程中发生的仓储费、包装费、运输途中的合理损耗、入库前的挑选整理费用等。这些费用能够分清负担对象的,应直接计入存货的采购成本;不能够分清负担对象的,应选择合理的分配方法,分配计入有关存货的采购成本。分配方法通常包括按所购存货的重量或采购价格的比例进行分配。

知识拓展

对于采购过程中发生的物资毁损、短缺等,除合理的损耗应作为存货的"其他可归属于存货采购成本的费用"计入采购成本外,应区别不同情况进行会计处理:①应从供货单位、外部运输机构等收回的物资短缺或其他赔款,冲减物资的采购成本;②因遭受意外灾害发生的损失和尚待查明原因的途中损耗,不得增加物资的采购成本,应暂作为待处理财产损溢进行核算,在查明原因后再作处理。

企业外购的原材料,由于结算方式和采购地点的不同,材料入库和货款的支付在时间上不一定完全同步,相应的账务处理也有所不同。

本模块以下例题如没有特别说明,均假定饭店采用实际成本法对存货进行日常核算。

饭店购进食品原材料通常有两种情况:一种是根据厨房提出的"原材料请购单",采购员采购进后将原材料直接交厨房,由其验收签字后,交采购员转财会部门入账;另一种是由仓库保管员按照定额管理要求,提出"原材料请购单",采购员采购后交仓库验收,填写"入库单"后交财会部门入账。

饭店购入食品原材料并验收入库的,借记"原材料"科目,购入原材料直接交由厨房耗用的,则不通过"原材料"账户核算,可以直接借记"主营业务成本"科目。

【例4-27】某饭店于2016年5月2日购进白酒,金额为3 000.00元,货款已支付,白酒已验收入库,另外以现金支付运费100.00元,编制会计分录如下:

借:原材料——食品原材料——酒水类　　　　　　　　　　　　　　3 100.00
　　贷:银行存款　　　　　　　　　　　　　　　　　　　　　　　　　　3 000.00
　　　　库存现金　　　　　　　　　　　　　　　　　　　　　　　　　　　100.00

【例4-28】某饭店于2016年6月4日购进螃蟹20.00千克,单价50.00元,金额1 000.00元,以现金支付,螃蟹由厨房直接验收领用,编制会计分录如下:

借:主营业务成本——餐饮部——×厨房　　　　　　　　　　　　　1 000.00
　　贷:现金　　　　　　　　　　　　　　　　　　　　　　　　　　　　1 000.00

二、通过进一步加工取得的存货核算

通过进一步加工而取得的存货的成本由采购成本、加工成本以及为使存货达到目前场所和状态所发生的其他成本构成。

1.委托外单位加工的存货

委托外单位加工完成的存货,以实际耗用的原材料或者半成品、加工费、运输费、装卸费等费用以及按规定应计入成本的税金,作为实际成本。其在会计处理上主要包括拨付加工物资、支付加工费用和税金、收回加工物资和剩余物资等几个环节。

【例4-29】某饭店于2016年5月委托A面包厂加工面包一批。原材料成本为20 000.00元,支付的加工费为7 000.00元(不含增值税),材料加工完成并验收入库,加工费用等已经支付。双方适用的增值税率均为17%。

该饭店按实际成本核算原材料,有关账务处理如下:

(1)发出委托加工材料:

借:委托加工物资——A面包厂　　　　　　　　　　　　　　　　　20 000.00
　　贷:原材料——餐饮部——×厨房　　　　　　　　　　　　　　　20 000.00

(2)支付加工费和税金:

应交增值税税额＝7 000×17%＝1 190.00(元)

该饭店收回加工后的材料直接用于销售:

借:委托加工物资——A面包厂　　　　　　　　　　　　　　　　　　7 000.00
　　应交税费——应交增值税(进项税额)　　　　　　　　　　　　　1 190.00
　　贷:银行存款　　　　　　　　　　　　　　　　　　　　　　　　　8 190.00

(3)加工完成,收回委托加工材料:

借:库存商品——餐饮部——×厨房　　　　　　　　　　　　　　　27 000.00
　　贷:委托加工物资——A面包厂　　　　　　　　　　　　　　　　27 000.00

2.自行生产的存货

自行生产的存货的初始成本包括投入的原材料或半成品、直接人工和按照一定方法分配的间接费用。间接费用分配的方法通常有人工工时比例法、人工工资比例法等。

任务三 发出存货的核算

在实际工作中,饭店存货进出量很大,存货的品种繁多,单位成本多变,期末存货和发出存货之间分配成本,可以采用不同的方法核算。按照国际惯例,结合我国的实际情况,通常存货计价方法有个别计价法、先进先出法、加权平均法、移动平均法、后进先出法。

1.个别计价法

采用这种方法,按照各种存货逐一辨认各批发出存货和期末存货所属的购进批别,分别按其购入时所确定的单位成本作为计算各批发出存货和期末存货成本的方法。

采用这种方法,计算发出存货的成本和期末存货的成本比较合理、准确,但是实务操作的工作量大,仅适用于单位价值高、收发次数较少的原材料。

2.先进先出法

先进先出法是假定先购入的存货在后购入的存货成本之前转出,据此确定发出存货和期末存货的成本的方法。

例如,某饭店 2016 年 3 月份甲商品存货明细账(采用先进先出法)如表 4-12 所示。

表 4-12 原材料明细账

原材料名称:甲商品　　　　　　　　　　　　　　计量单位:千克

2016年		凭证号数	摘要	购入			发出			结存		
月	日			数量	单价	金额	数量	单价	金额	数量	单价	金额
3	1									300	50	15 000
	10	1	购入	900	60	54 000				300	50	15 000
										900	60	54 000
	11	2	发出				300	50	15 000	400	60	24 000
							500	60	30 000			
	18	3	购入	600	70	42 000				400	60	24 000
										600	70	42 000
	20	4	发出				400	60	24 000	200	70	14 000
							400	70	28 000			

采用先进先出法,期末存货成本比较接近现时的市场价值,缺点是会计核算工作量比较大。而且当物价上涨时,会高估饭店当期利润和库存存货价值;反之,会低估饭店存货价值和当期利润。

3.加权平均法

加权平均法又称全月一次加权平均法,以本月全部收货数量加月初存货数量作为权数,去除本月全部收货成本加上月初存货成本,计算出存货的加权平均单位成本,从而确定存货的发出和库存成本。计算公式如下:

存货单位成本=(月初结存金额+本月各批购进金额)/(月初结存数量+本月各批收货数量)

本月发出成本=本月发出数量×存货单位成本

本月库存成本＝本月库存数量×存货单位成本

仍然以上述甲商品存货明细账为例,采用加权平均法计算其存货成本如下:

甲商品存货单位成本＝(15 000＋54 000＋42 000)/(300＋900＋600)≈61.67(元/千克)

根据上述材料编表,如表4-13所示。

表4-13　原材料明细账

原材料名称:甲商品　　　　　　　　　　　　　　　　　　　　计量单位:千克

2016年		凭证号数	摘要	购入			发出			结存		
月	日			数量	单价	金额	数量	单价	金额	数量	单价	金额
3	1									300	50	15 000
	10	1	购入	900	60	54 000				1 200		
	11	2	发出				800			400		
	18	3	购入	600	70	42 000				1 000		
	20	4	发出				800			200	61.67	12 334

采用加权平均法,只在月末一次计算加权平均单价,比较简单,有利于手工记账,但是这种方法平时无法从账上提供发出和结存存货的单价及金额,不利于加强存货的管理。

4.移动平均法

移动平均法又称移动加权平均法,指本次采购的成本加原有库存成本,除以本次收货数量加原采购数量,据以计算加权单价,并对发出存货进行计价的一种方法。

仍以上述甲商品明细账为例,采用移动加权法计算存货成本如表4-14所示。

表4-14　原材料明细账

原材料名称:甲商品　　　　　　　　　　　　　　　　　　　　计量单位:千克

2016年		凭证号数	摘要	购入			发出			结存		
月	日			数量	单价	金额	数量	单价	金额	数量	单价	金额
3	1									300	50	15 000
	10	1	购入	900	60	54 000				1 200	57.50	69 000
	11	2	发出				800	57.50	46 000	400	57.50	23 000
	18	3	购入	600	70	42 000				1 000	65	65 000
	20	4	发出				800	65	52 000	200	65	13 000

移动加权平均法的优点在于能够使管理者及时了解存货的结存情况,但采用这种方法,每次收货都要计算一次平均单价,计算工作量比较大,适合电算化会计操作。

表4-13中第一批收货后的平均单位成本和第一批发货的存货成本及当时结存的存货成本计算如下:

第一批收货后的平均单位成本＝(15 000＋54 000)/(300＋900)＝57.5(元/千克)

第一批发货的存货成本＝800×57.50＝46 000.00(元)

当时结存的存货成本＝400×57.50＝23 000.00(元)

以后每批的计算以此类推。

5.后进先出法

后进先出法与先进先出法相反,此法是对发出的存货按最近收进的单价进行计价的一种方法。采用这种方法的优点是在物价持续上涨的时期,本期发出存货按照最近收货的单位成本计算,从而使当期成本升高,利润降低,可以减少通货膨胀对饭店带来的不利影响。但会计准则规定一般企业不得使用后进先出法。

知识拓展

不同情况下发出存货会计账务处理

情况一:某饭店从仓库领用猪肉 10.00 斤,共 100.00 元,为晚上的宴会准备菜肴。该经济业务的会计账务处理如下:

借:主营业务成本——餐饮部	100.00
贷:原材料——猪肉	100.00

情况二:该饭店一次性购入布草 10 000.00 元时账务处理如下:

借:物料用品——布草	10 000.00
贷:银行存款	10 000.00

领用 5 000 元布草时:

借:销售费用——物料消耗	5 000.00
贷:物料用品——布草	5 000.00

任务四 存货的期末计量

一、存货期末计量原则

资产负债表日,存货应当按照成本与可变现净值孰低计量。即资产负债表日,当存货成本低于可变现净值时,存货按照其成本计量;当存货成本高于其可变现净值时,应当计提存货跌价准备,计入当期损益。其中可变现净值,是指在日常活动中,存货的估计售价减去至完工时估计将要发生的成本、估计的销售费用以及相关税费后的金额;存货成本,是指期末存货的实际成本。如果饭店在存货成本的日常核算中采用计划成本法、售价金额核算法等简化核算方法,则成本应为调整后的实际成本。

知识拓展

饭店预计的销售存货现金流量,并不完全等于存货的可变现净值。存货在销售过程中可能发生的销售费用和相关税费,以及为达到预定可销售状态还可能发生的加工成本等相关支出,构成现金流入的抵减项目。饭店预计的销售存货现金流量,扣除这些抵减项目后,才能确定存货的可变现净值。饭店应以确凿证据为基础计算确定存货的可变现净值。

二、存货期末计量方法

1.存货减值迹象的判断

(1)存货存在下列情况之一的,通常表明存货的可变现净值低于成本:

①该存货的市场价格持续下跌,并且在可预见的未来无回升的希望。

②饭店使用该项原材料生产的产品成本大于产品的销售价格。

③饭店因产品更新换代,原有库存原材料已不适应新产品的需要,而该原材料的市场价格又低于其账面成本。

④因饭店所提供的商品或劳务过时或消费者偏好改变而使市场的需求发生变化,导致市场价格逐渐下跌。

⑤其他足以证明该项存货实质上已经发生减值的情形。

(2)存货存在下列情形之一的,通常表明存货的可变现净值为零:

①已霉烂变质的存货。

②已过期且无转让价值的存货。

③生产中已不再需要,并且已无使用价值和转让价值的存货。

④其他足以证明已无使用价值和转让价值的存货。

2.可变现净值的确定

饭店确定存货的可变现净值时应当考虑的因素有以下几点:

(1)存货可变现净值的确凿证据。存货可变现净值的确凿证据,是指对确定存货的可变现净值有直接影响的客观证明。存货的采购成本、加工成本和其他成本以及以其他方式取得的存货的成本,应当以取得外来原始凭证、生产成本资料、生产成本账簿记录等作为确凿证据;产成品或商品的市场销售价格、与产成品或商品相同或类似商品的市场销售价格、销售方提供的有关资料等。

(2)持有存货的目的。由于饭店持有存货的目的的不同,确定存货可变现净值的计算方法也不同。如用于出售的存货和用于继续加工的存货,其可变现净值的计算就不相同。因此,饭店在确定存货的可变现净值时,应考虑持有存货的目的。一般地,饭店持有存货的目的:一是持有以备出售,如商品、产成品,其中又分为有合同约定的存货和没有合同约定的存货;二是将在生产过程或提供劳务过程中耗用,如材料等。

(3)资产负债表日后事项等的影响。在确定资产负债表日存货的可变现净值时,不仅要考虑资产负债表日与该存货相关的价格与成本波动,而且还应该考虑未来的相关事项。

3.存货成本与可变现净值孰低法的账务处理

如果期末存货成本低于可变现净值,则不需要作账务处理,资产负债表中的存货仍按期末账面价值表示。

如果期末存货的可变现净值低于成本,饭店应当计提存货跌价准备。饭店通常应当按照单个存货项目计提存货跌价准备。即资产负债表日,饭店将每个存货项目的成本与其可变现净值逐一比较,按较低者计量存货。其中可变现净值低于成本的,两者的差额即为计提的存货跌价准备。饭店计提的存货跌价准备应当计入当期损益。

【例4-30】某饭店2016年末,A存货的账面成本为100 000.00元,由于本年以来A存货的市场价格持续下跌,根据资产负债表日状况确定的A存货的可变现净值为95 000.00元,"存货跌价准备"期初余额为零,应计提的存货跌价准备为5 000.00元(100 000-95 000)。相关账务处理如下:

借:资产减值损失——A存货　　　　　　　　　　　　　　　　　　5 000.00
　　贷:存货跌价准备——A存货　　　　　　　　　　　　　　　　　　5 000.00

同步思考

沿用【例4-30】,假设2016年末,某饭店存货的种类和数量、账面成本和已计提的存货跌价准备均未发生变化,但是2016年以来A存货市场价格持续上升,市场前景明显转好,至2016年末根据当时状态确定的A存货的可变现净值为110 000.00元。请思考如何进行相关账务处理?(考点:存货跌价准备的转回)

任务五　存货清查的核算

存货清查是通过对存货的实物查对并与账面资料比较,确定各项存货的实存数与账存数是否相符的一种专门方法。饭店进行存货清查盘点,应当编制"存货盘存报告单",并将其作为存货清查的原始凭证。

经过存货盘存记录的实存数和账面记录核对,若账面存货小于实际存货,为存货的盘盈;反之,为存货的盘亏。对于盘盈盘亏的存货要记入"待处理财产损溢"科目,借方表示资产的盘亏数和结转已批准处理的盘盈数,贷方表示资产的盘盈数和转销已批准处理的盘亏数。借方余额表示尚待批准处理的盘亏净额,贷方余额表示尚待批准处理的盘盈净额。本科目设置"待处理固定资产损溢"和"待处理流动资产损溢"两个明细科目。

一、存货的盘盈

饭店在财产清查中盘盈的存货,根据"存货盘存报告单"所列的金额,编制会计分录如下:

借:原材料(低值易耗品、库存商品)——×部门
　　贷:待处理财产损溢——待处理流动资产损溢

盘盈的存货,通常是由饭店日常收发计量上的差错造成,其盘盈的存货按规定手续报经批准后,可以冲减管理费用,编制会计分录如下:

借:待处理财产损溢——待处理流动资产损溢
　　贷:管理费用——×部门

二、存货的盘亏

饭店对于盘亏的账务处理:

批准处理之前:

借:待处理财产损溢——待处理流动资产损溢
　　贷:原材料(低值易耗品、库存商品)——×部门

批准处理以后:

借:其他应收款(过失人赔偿)
　　原材料(残料入库)——×部门
　　管理费用(一般经营损失)
　　营业外支出(非常损失)——×部门
　　贷:待处理财产损溢——待处理流动资产损溢

师生互动

老师:分组讨论,上述会计分录括号中具体的情形是怎样的。请同学们总结出存货盘亏处

理的几种典型的情况。

实训课业

1. 饭店成本和费用分别包括哪些内容?

2. 简述饭店成本和费用的本质区别。

3. 简述饭店存货发出的几种典型方法。

4. 存货的盘盈和盘亏分别如何作账务处理。

5. 某餐厅拥有快餐厅仓库和大堂仓库两个库房。2016 年 6 月 10 日,将大堂餐厅仓库的 40 袋大米转往快餐厅仓库,账面成本 3 600.00 元,供快餐厨房使用,填写了出入库单,并把大米运到快餐厅仓库之后,根据内部调拨单,进行账务处理。

6. 某餐厅由于对宽粉的需求量很大,委托某淀粉制品厂为其加工宽粉,共发出马铃薯 1 000.00 千克,每千克 2.00 元,开出委托加工发料单,如表 4 - 15 所示,进行账务处理如下。

表 4 - 15 委托加工发料单

发料单位:甲库
接受加工单位:淀粉制品厂 2016 年 6 月 10 日

发料编号:304
金额单位:元

材料编号	材料名称及规格	单位	数量	单价	金额	加工后产品		
						名称	单位	数量
	马铃薯	千克	1 000.00	2.00	2 000.00	宽粉	千克	300.00
	合计				2 000.00			300.00

(1)根据委托加工发料单,进行账务处理;

(2)该餐厅同时用银行存款支付 8 000.00 元加工费和 2 000.00 元的运费,请进行账务处理;

(3)2 个月后,收回委托加工产品。

7. 某餐厅推出一款清蒸鲈鱼的菜品,其成本价为 60.00 元,按照行业经验,需要定价达到 60% 的销售毛利率,请计算清蒸鲈鱼的单价。

8. 某饭店的商品部门购进一批工艺品不含税价 20 000.00 元,进项税 3 400.00 元,共计 23 400.00 元。商品验收入库,货款通过银行存款支付。本期取得销售收入 24 000.00 元,销项税额 4 080.00 元。请进行账务处理。

9. 某饭店的销售部 2016 年 9 月份共发生费用 500 000.00 元,其中:销售人员薪酬 200 000.00 元,销售部专用办公设备折旧费 160 000.00 元,业务费 140 000.00 元(用银行存款支付)。请编制会计分录。

10. 某饭店行政部 7 月份共发生费用 448 000.00 元,其中:行政人员薪酬 300 000.00 元,行政部专用办公设备折旧费 90 000.00 元,报销行政人员差旅费 42 000.00 元(假定报销人均未预借差旅费),其他办公、水电费 16 000.00 元(均用银行存款支付)。请编制会计分录。

11. 某饭店于 2016 年 6 月 1 日向银行借入生产经营用短期借款 240 000.00 元,期限 6 个月,年利率 7%,该借款本金到期后一次归还,利息分月预提,按季支付。假定 6 月份其中 120 000.00 元暂时作为闲置资金存入银行,并获得利息收入 700.00 元。假定所有利息均不符合利息资本化条件。进行 6 月份相关利息的会计处理。

12.某饭店于2016年12月委托A面包厂加工面包一批。原材料成本为40 000.00元,支付的加工费为9 000.00元(不含增值税),材料加工完成并验收入库,加工费用等已经支付。双方适用的增值税率均为17%。请编制会计分录。

13.2016年末,某饭店进行盘点存货,发现原材料盘亏10.00斤,每斤5.00元,经过调查,其中3.00斤属于定额内消耗,其余7.00斤属于仓库保管人员失职造成的,经过批准之后决定由保管人员赔偿。请编制会计分录。

项目五　饭店资产的核算

案例思考

某饭店有一台锅炉,已破旧不堪,如现在加以翻新,需立即支付翻新成本 200 000.00 元,并预计在第五年末还需大修一次,预计大修成本 80 000.00 元。如按时大修,该锅炉还可使用 10 年,10 年后预计该锅炉有残值 50 000.00 元。该锅炉每年的营运成本估计为 160 000.00 元。

同时,该饭店还有一个方案,即将旧锅炉出售,可得价款 70 000.00 元,另行购置新锅炉,需要支付购入成本 400 000.00 元,新锅炉使用寿命为 10 年。预计新锅炉在第五年末需大修一次,预计大修成本 25 000.00 元。10 年期满新锅炉残值亦为 50 000.00 元,新锅炉每年的营运成本为 120 000.00 元。又假定该饭店的资金成本为 18%。

思考:学习完本项目,你会决定到底是翻新旧资产还是购置新资产吗?

模块一　饭店固定资产的核算

任务一　饭店固定资产概述

饭店是一个综合性的服务企业,其最主要的经营业务是为客人提供住宿场所和设备。这种住宿设备,带有很浓厚的商品色彩。与一般的商品不同,它既是固定资产,又是出租商品。饭店的固定资产一般占全部资产的 70%～80%,近年来,饭店业趋向于追求豪华舒适,固定资产投资越来越大。饭店的资金周转率一般都低于别的企业,它的巨额投资要经过长期的经营活动才能逐渐收回。因此,管好、用好固定资产对于饭店业具有重要的意义。

一、饭店固定资产的概念

(一)固定资产的概念

饭店为了进行生产经营,必须具备劳动力和生产资料,生产资料可以区分为劳动资料和劳动对象。这种区分并不取决于它们的物质属性,而是取决于它们在生产经营过程中所起的作用。劳动资料是在生产经营过程中人们用来影响或改变劳动对象的物质资料和物质条件。有些劳动资料直接参加生产过程,把生产的劳动传导到劳动对象上去,引起劳动对象发生变化,如厨房设备、洗衣设备、各种工具用具等。有些劳动资料并不直接参加生产过程,而是为了生产过程提供必要条件,如房屋、建筑物、管理用具等。各种劳动资料都是在生产经营过程中起媒介作用,使生产者的劳动和劳动对象结合起来。固定资产是饭店所必须拥有的主要劳动资料。按现行规定,固定资产是指使用年限在一年以上的房屋、建筑物、机械、运输工具和其他与生产经营有关的设备、器具、工具等,不属于生产经营主要设备的物品,单位价值在 2 000 元以上,并且使用期限超过两年的,也应当视为固定资产。

(二)固定资产资金的特点

从财务管理的角度讲,固定资产管理的重点主要是对固定资产所占有的资金的管理。由于固定资产能长期使用,在整个使用期间不改变其实物形态,因而固定资产资金的周转和垫支与劳动对象上的流动资金的周转,有着不同的特点。

(1)固定资产资金的周转,要经过相当长的时间才能完成一次循环。第一次循环所需的时间,并不取决于产品生产周期的长短,而是取决于劳动资料和非生产用房屋设备等使用年限的长短。饭店在购置、建筑固定资产时,固定资产资金表现为固定资产的实物形态。从物质形态上看,固定资产在一个较长的时期内全部地反复参加生产经营过程,并保持其实物形态,不以物资形态加入产品中;从价值形态上看,其价值随着使用过程中的不断磨损,而被逐步地转到经营成本中去,这部分价值在提供产品和服务后逐步收回。在整个使用期内,余下的未转移的价值,仍然固定在劳动资料中,这就是固定资产资金独特的价值周转方式。固定资产的有效使用过程也是其价值不断转移、补偿的过程,直到固定资产报废,原来垫支于固定资产上的资金,也完成了它的价值转移和补偿。

(2)固定资产资金的周转包括两个过程:一是长期使用,发挥其职能,它的价值逐渐转化为货币准备金过程;二是重置更新将货币准备金还原为实物形式的过程。固定资产价值的转化是随着它的磨损程度,逐渐地、一部分一部分地进行的,而还原为实物形态则是与固定资产报废一样,是一次完成的。在固定资金的循环周转过程中,一部分价值仍继续存在于实物形态上,另一部分则脱离实物形态转化为货币。它们之间此增彼减的过程既相互联系又相互制约,以实物形态存在的那部分价值不断减少,而转化为货币形式的那部分价值则不断增加,一直到它的经济寿命完结,它的全部价值和它的实物形式脱离,转化为货币为止。由于饭店资金是统一调度使用,所以,财会部门应有效地调度资金,以确保更新改造的资金来源。

(3)固定资产资金的投资在时间上相对比较集中,完成较快;而固定资产资金的回收却是逐步的,需经历一个很长的过程。

知识拓展

饭店固定资产的特殊之处

饭店固定资产资金除了具有上述几个特点外,还有着与其他企业不同的特点。如前所述,饭店的大部分设备设施既是固定资产,又是出租的商品,这些设备设施是直接为客人服务的,如饭店向客人出售客房,是同一种产品的反复经销,客人只是得到某一阶段、某一时间的住宿权利,并不发生实物转让。从理论上说,客人支付一天的房租,就得到一天的客房使用权,这间客房应是一件崭新的商品。

客人购买了一天客房这个商品，不同于买一辆自行车，如果自行车质量不合格就可以退货，因为工厂或商品对产品的保证期是有约束力的。而饭店业则不同，其销售的"商品"是凭借一定的设备设施来提供服务的，一旦客人使用以后，再发现有问题就难以挽救了，例如当客人住进客房后，发现抽水马桶漏水、墙布是坏的，客人就会说买到的是一件次品。再加上客人不断变动、市场不断变化等因素，形成了饭店业自身的特点。这种特点决定了饭店的设备无形损耗大，更新周期短，维修费用大，客房、餐厅、家具用具必须做好日常维修工作，保持全新状态，或经过一定时期进行更新改造。再就是饭店的大部分设备设施是直接为客人服务的，它们和一般工业企业的情况不同，工业企业的设备设施主要是用来生产物质商品的，适用范围仅限于企业职工。而饭店的设备设施则大部分采用出租形式，供客人消费。客人来自世界上不同国家，他们有不同的民族和生活习惯，因而其使用者具有社会性。这种职工负责维修管理、客人享受使用价值的情况形成饭店固定资产资金管理的复杂性。

饭店应根据固定资产资金的性质与特点，做好固定资产资金的管理工作，一方面要根据生产经营任务，合理确定固定资产资金占全部资金的比重，合理配置各项固定资产；另一方面各种实物形态的固定资产要管好、用好、维修好，提高各项固定资产的使用效能，合理、节约地使用固定资产资金。

二、固定资产的计价

为了正确反映和监督固定资产的增减变动情况和实际成本，正确地计算固定资产折旧，必须按一定的标准对固定资产进行计价，这是做好固定资产综合核算的必要条件。在固定资产核算中，采用以下三种计价标准：

（一）原始价值

固定资产原始价值，亦称"固定资产原价""固定资产原值"，是指在购置、建造某项固定资产时支付的货币总额。由于固定资产的来源不同，其原始价值的确定方法也有所不同。饭店按照下列规定，确定固定资产的原始价值。

（1）投资者投入的固定资产，按评估确认的价值或合同、协议决定的价格计价。

（2）自行建造的固定资产，按在建造过程中实际发生的全部支出计价。

（3）新购置的固定资产，以购入价或售出单位的账面原价加运费、途中保险费、包装费、安装费为原价。进口设备的原价，应包括进口税金。

（4）在原有固定资产上改建、扩建或技术改造完工的固定资产，按原有固定资产原值减去改建、扩建中发生的变价收入，加改建、扩建或技术改造所发生的全部支出计价入账。

（5）盘盈的固定资产按照同类固定资产的重置完全价值计价。

（6）接受捐赠的固定资产，按受赠固定资产的市场价格计价，或根据捐赠者提供的有关凭证和企业负担的运输费、保险费、安装调试等计价。

（7）融资租入的固定资产，按租赁协议或合同确定的价款，加上发生的运输费、途中保险费、安装调试费等计价。

（8）饭店构建固定资产交纳的固定资产投资方向调节税、耕地占用税计入固定资产价值。

（二）重置完全价值

固定资产重置完全价值，亦称重置价值，是估计在某一日期重新建造或购置安装同样的全新固定资产所需的全部支出。当饭店取得无法确定原价的固定资产或发放账外固定资产时，可按照重置价值计价入账。

(三)固定资产净值

固定资产净值,亦称固定资产折余价值,是固定资产原值或者重置完全价值减去累计折旧后的净值,反映固定资产的现有价值。

以上三种计价标准,对固定资产的管理和核算有着不同的作用。采用原始价值和重置价值计算,可以使固定资产在同一计价的基础上,如实反映饭店固定资产的原始投资并可用来计算折旧;采用折余价值,可以反映饭店当前实际占用在固定资产上的资金。通过折余价值和原始价值的对比,还可以一般地了解固定资产的新旧程度。

固定资产的价值一经确认登记入账后,除因登记错误需要改正以及因企业改组、解散等情况外,一般不应重新调整原价。

师生互动

老师:学习到这里,同学们能不能举例说明饭店的哪些固定资产可以按照原始价值计量,哪些应该用重置价值计量,哪些又应该使用固定资产净值计量?

任务二 饭店固定资产的核算

一、饭店固定资产的初始计量

固定资产应当按照成本进行初始计量。固定资产的成本是指饭店构建某项固定资产达到预定可使用状态前所发生的一切合理、必要的支出。这些支出包括直接发生的价款、相关税费、运杂费、包装费和安装成本等,也包括间接发生的,如应承担的借款利息、外币借款折算差额以及应分摊的其他间接费用。

饭店取得固定资产的方式一般包括购买、自行建造、融资租入等。取得方式不同,初始计量的方法也各不相同。

(一)外购固定资产

外购固定资产的成本包括购买价款、相关税费、使固定资产达到预定可使用状态前发生的可归属于该固定资产的运输费、装卸费、安装费和专业人员服务费等。

【例 5-1】某饭店 2016 年 4 月 21 日向嘉盛家具厂购入 100 张大床,该批家具共支付价款50 000.00 元,增值税进项税额 8 500.00 元,保险费 1 000.00 元,装卸费 2 000.00 元,全部以银行转账支付。假定该批家具符合固定资产的确认条件,则该饭店的相关账务处理如下:

借:固定财产——大床——客房部　　　　　　　　53 000.00(50 000+1 000+2 000)
　　应交税费——应交增值税(进项税额)　　　　　8 500.00
　　贷:银行存款　　　　　　　　　　　　　　　　61 500.00

知识拓展

外购固定资产中的增值税处理方法

2009 年 1 月 1 日,增值税转型改革后,企业构建(包括购进、接受捐赠、实物投资、自制、改扩建和安装)生产用固定资产发生的增值税进项税额可以从销项税额中抵扣。

【例5-2】朵雅饭店客房部2016年4月21日向嘉盛家具厂购入需要安装的家具一件,买价30 000.00元,增值税5 100.00元,包装费150.00元,运杂费200.00元,已经通过银行付款,则该饭店的相关账务该如何处理呢?安装之前的家具登记哪个科目呢?

安装前:

借:在建工程——家具——客房部   30 350.00

  应交税费——应交增值税(进项税额)   5 100.00

 贷:银行存款   35 450.00

发生安装调试费180.00元。

借:在建工程   180.00

 贷:银行存款   180.00

家具安装完毕,交付使用。

借:固定资产——家具——客房部   30 530.00

 贷:在建工程   30 530.00

(二)自行建造固定资产

饭店在具备一定条件下,根据需要可以自行组织建造固定资产。自建的固定资产成本,包括直接费用(直接材料、直接人工)和间接费用。自建固定资产通过"在建工程"账户核算。

【例5-3】某饭店准备自行建造一个厨房,领用原材料125 000.00元,辅助材料31 000.00元,发生人工费用42 000.00元。则该饭店的相关账务处理如下:

借:在建工程——厨房   198 000.00

 贷:工程物资——原材料   125 000.00

    ——辅助材料   31 000.00

  应付职工薪酬——工资   42 000.00

其他支出1 500.00元,通过银行存款支付。

借:在建工程——厨房   1 500.00

 贷:银行存款   1 500.00

自建厨房完工,验收交付使用。

借:固定资产——厨房   199 500.00

 贷:在建工程——厨房   199 500.00

(三)融资租入固定资产

融资租入固定资产是指按协议分期支付租金,租赁到期固定资产产权归承租方的行为。协议要载明租入固定资产的价款、运输保险费和租金等。

【例5-4】某饭店客房部2016年融资租入甲公司一台设备(不需要安装),协议标明价款150 000.00元,运输保险费4 500.00元,每月租金3 450.00元。则该饭店的相关账务处理如下:

借:固定财产——融资租入固定资产——客房部   154 500.00

 贷:长期应付款——甲公司   154 500.00

按月支付租金,通过银行付款。

借:长期应付款——甲公司   3 450.00

 贷:银行存款   3 450.00

租赁到期,产权转移到承租方。

借:固定资产——生产经营用固定资产　　　　　　　154 500.00

　　贷:固定资产——融资租入固定资产　　　　　　　　154 500.00

(四)接受捐赠固定资产

饭店接受捐赠固定资产,要确认原值、折旧,估计净值,并登记入账。

【例5-5】某饭店餐饮部接受某单位捐赠设备一台(不需安装),确认原值15 000.00元,估计净值12 000.00元。则该饭店的相关账务处理如下:

借:固定财产——餐饮部　　　　　　　　　　　　　12 000.00

　　贷:营业外收入——捐赠利得　　　　　　　　　　　12 000.00

二、饭店固定资产的后续计量

(一)固定资产折旧的概念

固定资产在使用过程中会发生损耗。损耗的因素有两类:①有形损耗。它是由两种情况引起的:一种情况是固定资产在使用过程中发生的物质磨损,如机器因磨损逐渐丧失其使用价值。这种磨损取决于固定资产的质量、用途和使用条件,如工作班数多少、负荷程度、维护保养修理状况等。另一种情况是由于自然力的作用而引起的磨损,如机器氧化生锈、房屋建筑物因风吹雨打的侵蚀而逐渐破旧等,这种损耗的大小取决于固定资产本身的结构、抗蚀性和维护修理状况。②无形损耗。它也是由两种情况引起的:一是由于生产工艺不断改进,劳动生产率不断提高,生产同样的机器设备所需的社会必要劳动时间相应缩短,从而价值降低了,使原有的机器设备发生贬值。如某项机器原来是1万元,现在贬值为0.8万元,这0.2万元(1万元-0.8万元)的贬值损失就是无形损失。但该项机器除了账面价值降低外,它的生产能力不受任何影响,可以继续使用,照提折旧,对生产企业和整个社会都不会造成任何损失。当原有机器更新时,企业还可以用较低的费用,购置效能相同的机器,保持原有机器的生产能力。二是由于技术的进步,发明了新的、效率更高的机器,使原有机器贬值了。如果再继续使用旧的机器设备,很不经济,只好将旧的机器设备提前报废。

固定资产发生损耗后,它的价值逐渐转移到经营成本中去,随着营业收入的实现相应地收回这部分货币资金。固定资产因损耗而转移到经营成本中去的那部分价值,叫固定资产折旧。固定资产折旧是依据有形损耗和无形损耗两个基本因素结合的结果,计提固定资产折旧,其主要依据有:固定资产的使用年限、原价、净残值,应以固定资产的利用状况、科学技术进步和劳动效率提高程度等实际情况,全面考虑固定资产的有形损耗和无形损耗,尽可能使固定资产的折旧与磨损程度一致起来,这就是固定资产折旧的原则。

按现行制度的规定,从我国企业管理的实际出发,饭店业固定资产计提折旧的范围如下:①在用的固定资产,包括营业用固定资产、非营业用固定资产和租出固定资产。饭店淡季停用、大修理停用的固定资产和部门内替换使用的机器设备,都应作为在用的固定资产照提折旧;融资租入的设备和以经营租赁方式租出的固定资产也应按规定计提折旧。②房屋及建筑物,除交付建设单位进行改建、扩建的以外,不论是否使用,都应计提折旧。③未使用和不需用的固定资产不提折旧。④土地不提折旧。

由于折旧按月计提,为了一致期间起见,对本月内增加使用的固定资产,自下月开始计提折旧;对本月内退出使用的固定资产,自下月开始停止计提折旧。

已提足折旧还可继续使用的固定资产,不再提取折旧;提前报废的固定资产,不再补提折旧。

(二)固定资产折旧的核算

固定资产折旧,一般是根据固定资产的原始价值和使用年限平均计算的。采用使用年限法计提折旧时,正确确定使用年限,是决定这种方法能否切合实际的关键。因此,在预计固定资产的使用年限时,应从固定资产的利用状况、科学技术进步和劳动效率提高程度等实际情况出发,不仅要考虑固定资产物理性能上的耐用年限,而且要考虑到经济上的可用年限,使固定资产的折旧与磨损程度尽可能一致起来。

计算固定资产折旧额,除了考虑固定资产的原始价值和使用年限这两个主要因素以外,还需要考虑在报废清理时可能发生的残余价值和清理费用。其计算公式如下:

固定资产的年折旧额＝[固定资产原始价值－(预计残值－预计清理费用)]/预计使用年限

为了简化计算,实际工作中通常采用折旧率来计算固定资产折旧额。折旧率,是指固定资产折旧额占固定资产原始价值的比率,它反映固定资产的损耗程度和固定资产周转期。折旧率的公式如下:

固定资产的年折旧率＝年折旧额/原始价值×100%

或:

固定资产的年折旧率＝[固定资产原始价值－(预计残值－预计清理费用)/(固定资产原始价值×预计使用年限)×100%

月折旧额＝[原始价值－(残余价值－清理费用)]/(使用年限×12)

或:

月折旧额＝年折旧额/12

固定资产折旧率,有个别折旧率、类别折旧率和综合折旧率三种。个别折旧率,是按每项固定资产分别计算的;类别折旧率,是将性质、结构相似和使用年限大体相同的固定资产归并为不同类别计算的;综合折旧率则是就整个企业的全部固定资产综合计算的。

计提折旧的账务处理如下:

借:相关成本费用(如制造费用、管理费用、销售费用等)——餐饮部(客房部、前厅部)

贷:累计折旧

知识拓展

饭店固定资产其他计提折旧方法介绍

1. 工作量法

工作量法是根据实际工作量计算每期应计提折旧额的一种方法。计算公式如下:

单位工作量折旧额＝固定资产原价×(1－预计净残值率)÷预计总工作量

某项固定资产月折旧额＝该项固定资产当月工作量×单位工作量折旧额

2. 双倍余额递减法

双倍余额递减法是指在不考虑固定资产预计净残值的情况下,根据每期期初固定资产原价减去累计折旧后的金额和双倍的直线法折旧率计算固定资产折旧的一种方法。应用这种方法计算折旧额时,由于每年年初固定资产净值没有扣除预计净残值,所以在计算固定资产折旧额时,应在其折旧年限到期前两年内,将固定资产净值扣除预计净残值后的余额平均摊销。计算公式如下：

$$年折旧率＝2÷预计使用年限×100\%$$
$$月折旧率＝年折旧率÷12$$
$$月折旧额＝（固定资产原价－累计折旧）×月折旧率$$

3.年数总和法

年数总和法，又称年限合计法，是指将固定资产的原价减去预计净残值后的余额，乘以一个固定资产尚可使用寿命为分子、以预计使用寿命逐年数字之和为分母的逐年递减的分数计算每年的折旧额。计算公式如下：

$$年折旧率＝尚可使用年限÷预计使用寿命的年数总和×100\%$$
$$月折旧率＝年折旧率÷12$$
$$月折旧额＝（固定资产原价－预计净残值）×月折旧率$$

(三)固定资产的减少

1.固定资产的出售、报废和毁损

固定资产出售是指饭店将不需用的固定资产，有偿转让给其他单位。固定资产因长期使用、自然灾害或者科技发展而使其没有使用价值等原因不能继续使用，需要办理报废或毁损手续。固定资产的出售、报废和毁损，使饭店固定资产的数量减少，需要通过"固定资产清理"账户进行核算。固定资产清理后发生的净收益或净损失，要转入"营业外收入"或"营业外支出"。

(1)固定资产的出售、报废和毁损转入固定资产清理时。

借：固定资产清理(固定资产净值)
　　累计折旧
　　贷：固定资产(原价)

(2)固定资产清理发生清理费用。

借：固定资产清理
　　贷：银行存款(库存现金等)

(3)收入出售固定资产价款，发生残料价值和变价收入。

借：银行存款
　　原材料
　　贷：固定资产清理

(4)收到保险公司或确定过失人赔偿的损失。

借：银行存款
　　其他应收款
　　贷：固定资产清理

(5)固定资产清理结束，如为净收益。

借：固定资产清理
　　贷：营业外收入

(6)如果是净损失。

借：营业外支出
　　贷：固定资产清理

2.盘亏固定资产

饭店财产清查时,盘亏固定资产,要转销其原值、累计折旧,其净值为待处理固定资产损溢。

【例5-6】某饭店餐饮部在财产清查时,盘亏设备一台,原值36 000.00元,累计折旧25 200.00元。则该饭店的相关账务处理如下:

借:待处理财产损溢——待处理固定资产损溢   10 800.00
　　累计折旧   25 200.00
　贷:固定资产   36 000.00

经批准转销时:

借:营业外支出——固定资产盘亏   10 800.00
　贷:待处理财产损溢——待处理固定资产损溢   10 800.00

任务三　饭店固定资产更新改造决策分析

近年来,我国兴建了许多现代化饭店,其工程设备系统都是比较先进的。空调系统、消防系统、电梯系统、给排水系统、计算机、通信、音响、电视等设备无所不有,这些工程设备既是保证饭店良好服务不可缺少的硬件,也是现代化饭店等级高级的一个标志。饭店的资产设备与一般企业的资产设备不同,它既是固定资产,又是出租的商品。由于饭店的资产设备具有商品的特征,资产设备新颖与否,对饭店经营业务关系很大。因此,为适应业务发展变化,对各种资产设备需要经常进行装修、改造和更新。

固定资产更新决策,在饭店资本支出决策中占有重要的地位。饭店经营管理者经常需要对陈旧或损坏的机器设备,作出是大修理还是重置新资产设备的决策。当然作出这个决策要考虑许多因素,但其中经济上是否可行的可行性研究是必须要作的,这就是说,决策的结果要符合经济原则,要有经济效益。

固定资产更新决策的评价,应把现有固定资产同可能取代它的新固定资产放在同等地位,有关数据要用同样的方法进行处理。也就是,无论现有固定资产还是可能取代它的新固定资产,都要考察其未来的有关数据;过去发生的"沉没成本"可不予考虑,即原设备的原值和它的账面价值完全不必考虑。设备更新或不更新,它的账面价值都要冲销,但二者仅有的区别是,前者是立即冲销,而后者是在一定的期限内作为折旧而陆续摊销。因此,在固定资产更新决策的评价中,现有固定资产的"价值"应以其"现时价值"而不是按"原始成本"进行计量。

一、是否重置决策

假设某饭店原有一套4年前购入的面包生产机,原购置成本为200 000元,估计还可使用6年,假定期末无残值,已提折旧为80 000元(按直线法计提),账面资产净值为120 000元。使用该机器每年可获销售收入298 000元,每年支付的直接原材料和人工费用为226 000元。

该饭店为提高面包的产量和质量,以适应客人的需要,准备另行购置一种新式的面包生产机,约需价款300 000.00元,估计可使用6年,期满后有残值15 000.00元,购入新机时旧机可作价70 000.00元。使用新机后,每年可增加销售收入50 000.00元,还可节约直接原材料和人工费用20 000.00元。

若该饭店的资金成本为12%,用净现值法和内含报酬率法对该饭店的设备更新方案进行决策分析。

(一)采用净现值法进行分析

把上述有关资料进行综合并列表,如表 5-1 所示。

表 5-1 新旧面包机对比表

项目	旧机	新机
购入成本(元)	200 000.00	300 000.00
使用年限(年)	10	6
已使用年限(年)	4	0
期满残值(元)	0.00	15 000.00
年折旧额(元)	20 000.00	47 500.00
账面价值(元)	120 000.00	300 000.00
可作价(元)	70 000.00	—
年销售收入(元)	298 000.00	348 000.00
年变动成本(元)	226 000.00	206 000.00
资金成本(元)	12%	

根据上述资料分别计算两机的每年现金净流量,并编制比较分析表(见表 5-2)。

表 5-2 新旧面包机每年现金净流量计算表   单位:元

项目	新机	旧机	差额
现金流入量			
销售收入	348 000.00	298 000.00	+50 000.00
现金流出量			
变动成本	206 000.00	226 000.00	-20 000.00
每年现金净流量	142 000.00	72 000.00	70 000.00

购置新面包生产机增加的现金净流量的现值总额＝［每年增加的现金净流量×年金现值系数(6 年,12%)］＋［第六年的残值×复利现值系数(第六年,12%)］＝(70 000×4.111)＋(15 000×0.507)＝295 357.00(元)。

购置新面包生产机增加的净现值＝购置新面包生产机增加的现金净流量的现值总额－购置新面包生产机拟投资的金额＝295 375－(300 000－70 000)＝65 375.00(元)。

这就是说购置新面包生产机可增加净现值 65 375.00 元,所以该饭店的面包生产机更新方案是可行的。

（二）采用编制差量分析表进行分析（见表5-3）

表5-3　差量分析表

项目	差量（元）	现值系数	现值
购置新机代替旧机的差量收入（现值）			
购置新机每一年增加销售收入	50 000.00	6年,12%,F=4.11	205 550.00
购置新机每年节约变动成本	20 000.00	6年,12%,F=4.11	82 220.00
购置新机的期末残值	15 000.00	第六年,12%,F=0.51	7 605.00
购置新机旧机可立即出售得款	70 000.00	现在,F=1	70 000.00
差量收入合计（现值）			365 375.00
购置新机代替旧机的差量成本（现值）			
购置新机需支付价款	300 000.00		300 000.00
购置新机代替旧机的差量利润（净现值）			65 375.00

（三）采用内含报酬率法进行分析

面包生产机更新方案的年金现值系数＝准备投资金额/平均每年增加的现金净流量

$$=(300\,000-70\,000)/(70\,000+15\,000/6)=3.17$$

在一元的年金现值表中,6期至3.17年金现值系数相邻近的折现率在20%～24%,应用插入法求得该设备更新方案的内含报酬率为22.01%,由于该方案的内含报酬率为22.01%,高于资金成本,证明进行设备更新的方案是可以采用的。

二、大修理或更新的决策

饭店有些固定资产有时可以通过大修而延长其使用寿命,但这样是否合算,还需要对大修与更新进行具体的对比分析,才能作出正确的判断与选择。

例如:某饭店有一台锅炉,已破旧不堪,如现在加以翻新,需立即支付翻新成本200 000.00元,并预计在第五年末还需大修一次,预计大修成本80 000.00元。如按时大修,该锅炉还可使用10年,10年后预计该锅炉有残值50 000.00元。该锅炉每年的营运成本估计为160 000.00元。

同时,该饭店还有一个方案,即将旧锅炉出售,可得价款70 000.00元,另行购置新锅炉,需要支付购入成本400 000.00元,新锅炉使用寿命为10年。预计新锅炉在第五年末需大修一次,预计大修成本25 000.00元。10年期满新锅炉残值亦为50 000.00元,新锅炉每年的营运成本为120 000.00元。又假定该饭店的资金成本为18.00%。

（一）采用净现值法分析

根据上述资料计算购新售旧方案比翻新旧锅炉方案每年增加的现金净流量,如表5-4所示。

表5-4　锅炉购新售旧方案对比表　　　　　单位:元

项目	购置新锅炉	翻新旧锅炉	差　额
现金流入量: 节约劳动成本	120 000.00	160 000.00	40 000.00
每年增加的现金净流量			40 000.00

购入新锅炉增加的现金净流量总额的现值＝（每年增加的现金净流量×年金现值系数10年,18%）+（大修理成本节约额×复利现值系数第五年,18%）=（40 000×4.494）+（80 000-25 000）×0.437=203 795.00（元）。

购入新锅炉增加的净现值＝购入新锅炉增加的现金流量总额的现值-购新锅炉需增加的投资=203 795-（400 000-200 000-70 000）=73 795.00（元）。

可见购置新锅炉可增加的净现值为73 795.00元,所以该饭店的锅炉更新方案是可行的。

（二）采用差量分析表分析（见表5-5）

表5-5 差量分析表

项目	差量（元）	现值系数	现值
购置新锅炉代替翻修旧锅炉的差量收入（现值）			
节约大修成本	55 000.00	第五年,18%,$F=0.437$	24 035.00
节约营运成本	40 000.00	10年,18%,$F=4.494$	179 760.00
出售旧锅炉得价款	70 000.00	现在,$F=1$	70 000.00
差量收入小计（现值）			273 795.00
购置新锅炉代替翻修旧锅炉的差量成本（现值）			
购置新锅炉比翻修旧锅炉多付价款	200 000.00	现在,$F=1$	200 000.00
购置新锅炉代替翻修旧锅炉的差量利润（净现值）			73 795.00

（三）采用内含报酬率法进行分析

购置新锅炉的年金现值指数＝准备增加的投资金额÷平均每年增加的现金流入量

$$=（400\ 000-200\ 000-70\ 000）÷[40\ 000+（80\ 000-25\ 000）÷10]$$

$$=2.86$$

查1元年金现金表,在10期行与2.857年金现值系数相邻近的折现率在32%~36%,应用插入法求得购置新锅炉的内含报酬率为33.40%。

综合以上计算分析的结果,可见购置新锅炉方案比翻修旧锅炉能增加净现值73 795.00元,其内含报酬率为33.40%,远远超过资金成本,所以采用购置新锅炉方案较翻新旧锅炉可获得较大的经济效益。

任务四 饭店固定资产更新改造工程的管理

饭店更新与建设新饭店相比,既有优越性,又有复杂性。优越性主要表现在以下几点:一是饭店更新比建设新饭店有许多可以利用的条件,如一般不必征用土地,有方便的施工用水、电、气,一般不必搞施工临时设施,不必支出很多管理费用等;二是饭店在更新时已经积累了相当的经验,投资机会往往看得更为准确可靠;三是由于饭店的酝酿谋划时间一般较长,更新所用设备、建筑材料、施工力量、原料、能源供应等较容易落实;四是饭店更新比新建饭店建设工期短,工程造价低。因而总的来说,饭店更新比新建饭店投资效果好,饭店可以"少花钱,办大事",是扩大再生产的好途径。

饭店更新比建设新饭店的复杂性表现在:除了需要考虑拆除旧资产设备、购置新资产设备、改建扩建客房、餐厅与其他设施等的建设时间与费用,制订周密的饭店更新方案以外,由于受到现有生产技术经济条件的限制,还需要考虑现行营业与更新的关系、停业损失等。如果考虑不周,只顾更新,忽略了现有营业,就会给饭店造成不应有的损失。因此,饭店更新方案的构思、设计,要比新建设饭店复杂些,需要兼顾的方面多,必须谨慎行事、周密安排。具体来讲,对饭店更新改造工程的管理需要认真做好以下五个方面的工作。

一、选择适宜的更新时机

由于饭店固定资产发挥效能的时间是有限度的,如果达到一定限度以后继续修理使用,主观上旨在节约一点投资,但却常常事与愿违,经济效益很差。那么,饭店固定资产更新究竟选择在什么时机上进行,才有利于取得最佳效益呢? 这取决于对固定资产寿命的正确测算和评价。

在以物理寿命为标准的条件下,固定资产更新改造仅仅取决于它的物理磨损程度,根本不考虑无形损耗的因素,这就必然会造成过剩修理,妨碍先进技术的采用,不能促进经济效益的提高。在以技术寿命为标准的前提下,无形损耗是决定更新时机的主要的,甚至是唯一的因素。先进的劳动手段出现以后,原有的劳动手段即使物理形态还比较完好,但也不可避免地被取代,这就会导致原有固定资产的大规模报废,要过多承担这种提前报废所带来的经济损失。

以经济寿命确定更新时机,就是要将所有影响固定资产使用经济效益的因素统统考虑在内,全面权衡利弊得失,以便避免上述两种标准的短处,获得最佳经济效益。一方面经济寿命的确定要考虑有形损耗作用的大小,计算固定资产使用过程中应分摊的一次构建费用、所发生的维修保养和能源消耗等费用;另一方面,还要分析无形损耗作用的大小,测算使用中的固定资产与市场上的新型固定资产在生产效率、性能、质量、成本、收益等方面的相对差距。这就是说,经济寿命既考虑了采用物理寿命会造成生产效率太低、经营使用费用太高的问题,又考虑了采用技术寿命会造成更新周期太短、投资大、成本高的因素。它就是在这两个方面综合平衡、趋利避害的基础上,找到总消耗最小、总效益最大的那个使用时点,由此确定固定资产的更新时机。

在实际经营过程中,固定资产年平均使用成本是影响其经济寿命的重要因素。所谓年平均使用成本,是指平均每年应分摊的固定资产最初一次构建费和使用期内发生的维持修理费。前一种费用与固定资产使用年限成反比,即固定资产年限越长,分摊到每年的构建费就越少。后一种费用往往与固定资产使用年限成正比,即随着固定资产使用年限的延长,每年平均分摊的维修费往往会逐年增大。

同时,由于固定资产无形损耗的作用,还会引起饭店经营过程中遭到一种间接的损失。随着科学技术不断进步,固定资产会逐步发生变革,由小改小革发展成大改大革,继续使用同类旧固定资产所遭受的间接损失也会逐渐增大,从而引起新旧固定资产在经营使用费和经济效益方面的差异。所以确定固定资产经济寿命期,就是找到一个适当的年限,使固定资产使用到这一年,平均每年分摊的一次构建费、维持修理费、间接损失费三者之和最少,从而使生产成本达到最小,这时进行更新才有利于取得最佳经济效益。

假设某项固定资产最初构建费为 S,使用一年后的残值为 E,以后按原值的 $h\%$ 逐年递减;投入使用后第一年的维持修理费为 P,以后每年按 P 的 $m\%$ 递增,平均每年分摊的间接损失以等值 H 递增;清理费用为 R,则固定资产经济寿命期或者最佳更新期 T 为:

$$T=\sqrt{\frac{2(S-E-S\cdot h\%+R)}{P\cdot m\%+2H}}$$

例如:某饭店购进一台设备,原值 S 为 10 000.00 元。经有关部门鉴定,预计该设备使用一年后的残值 E 为 4000.00 元,以后按原值 S 的 4% 逐年递减;投入使用后第一年维持修理费 P 为 200.00 元,以后每年按 P 的 50% 递增;该设备平均每年分摊的间接损失,随着使用年限的延长以等值 H 为 80.00 元递增;清理费用 R 为 500.00 元。

$$T=\sqrt{\frac{2\times(10\ 000-4\ 000-10\ 000\times4\%+500)}{200\times50\%+2\times80}}=6.85\approx7$$

因而,该设备的经济寿命为 7 年,这时进行更新的经济效益最好。

二、编制好更新工程项目策划

更新项目工程预算,包括初步设计概算和施工图预算。初步设计概算,是确定全部投资总额、签订工程合同、考核全部工程成本的依据。施工图预算,是在批准的概算范围内,根据施工图设计和预算定额、费用标准编制的,是确定建筑、安装、装潢工程成本的依据,具体规定各项工程项目的造价。各项目造价预算的总额,不能突破批准的总预算。

财务部门应严格审查工程预算,应主要从以下几方面进行审查:

(一)审查建筑安装工程预算

1.审查工程数量

工程数量是构成预算的基础,直接关系到工程造价的高低。可以分两步进行审查:第一,审查工程量计算表对各个工程项目的设计,与设计图的图例、说明是否相符,有无比例计算错误、图例量错的现象。第二,审查工程量计算方法及演算是否正确。采用的计算公式和数据,与工程量计算规程和预算定额的规定是否相符。如果发现不符规定或计算有重算、漏算、错算等情况应予以纠正。

2.审查直接费用

决定直接费用的主要因素,是各种分项工程结构配件的工程量和预算单价。在审查工程数量之后,主要审查预算书中单价套用及其换算是否正确。防止出现就高不就低、任意套用、宽打窄用的现象。

3.审查施工管理费

主要审查施工管理费计算基数是否符合规定,计算套用的定额是否恰当。

(二)审查设备、用品购置费

审查配置的设备、用具的种类、数量、质量是否符合批准的要求,所列单价、运杂费标准是否符合规定。

(三)审查综合预算

综合预算是各项目工程预算汇总的预算书,在分项审查后,按综合预算汇总的口径汇总,然后与概算数核对,如有不符应进行调整。

三、制订更新方案

饭店更新之前,必须制订一个周密的实施方案。饭店更新方案必须满足下列三项要求:第一,

130

全面准确地反映饭店更新的依据和更新后的经济效益;第二,尽可能使原有的经营活动正常运转或停业损失最小;第三,保证饭店更新项目准确、迅速实施。饭店更新方案包括以下内容:

(一)选择更新时机的依据

饭店自产设备的更新,都要有选择更新时机的计算依据,具体如下:

(1)旧资产设备的基础资料;

(2)新设备的技术经济指标;

(3)原有资产设备的经济使用年限。

(二)更新工程项目所需投资

更新工程项目所需的投资,是指为完成更新项目直接或间接付出的各种成本。它是核算饭店更新后经济效益指标的必要依据,也是饭店在决策更新时的主要参考依据之一。

计算饭店更新投资要注意以下几点:

(1)要全面计算新资产设备购置费,其中包括购置新资产设备所需的原价和运杂费,同时应当冲减淘汰清理资产设备的变价收入。

(2)要全面计算更新工程的建筑安装费,不仅要正确估算新资产设备的基础、支柱等砌筑工程及安装工程等所需要的费用,还要充分估算原来资产设备拆除及基础清理的工程量。

(三)更新期停业损失

更新期停业损失=(停业部分日销售额-日经营成本及费用)×停业日数

如果有停业日数不相同的几个停业部分,可以分别计算它们的停业损失后再相加。为了使停业损失便于在更新方案的经济效益评价中得到反映,可以将其视为一种特殊的更新支出,加到更新投资额中,构成完整的更新成本。也就是说,更新的成本除了购进的新资产设备投资、建筑安装工程费用等之外,还应当计入更新期的停业损失。只有这样,才能全面地考察饭店更新的投资效益。停业损失很难完全避免,但在可能的条件下要尽量减少损失,降低它在更新成本中的比例,以提高饭店更新的经济效益。

(四)饭店更新经济效益评价

进行饭店更新经济效益的评价,主要是对比更新之前与更新之后的经济效益,一般可列表进行比较,如表5-6所示。

表5-6 饭店更新方案经济效益评价

经济指标		更新前	更新后	增(+)减(一)
总收入项目	销售收入			
成本项目	原材料消耗			
	能源费消耗			
	人工费(包括奖金)			
	折旧与大修理费			
	其他费用			
	成本小计			
纯收入项目	税利额			
	税后利润额			

续表 5 - 6

经济指标		更新前	更新后	增(+)减(-)
更新损失分摊	提前报废固定资产的未提折旧的摊销额			
	更新期间停业损失摊销额			
	更新投资投产经营期间利息摊销额			
	更新损失分摊额			
	小计			
更新净收益	税利额			
	税后利润额			

采用该表,可以综合地、概括地、简单明了地反映饭店更新前后的经济效益。通过各个单项经济指标的对比,有的增加,有的减少,综合起来看最后的更新净收益栏目中税利额和税后利润额是增加了还是减少了,增加得多还是少。这样不仅可以确定有无更新的必要,而且还可以用于比较几种更新方案的优劣。

(五)饭店更新实施计划

饭店更新实施计划包括两个方面:一是现有经营的停业安排,一是更新工程的施工组织计划安排,二者要互相衔接。对于不影响饭店连续经营的单占设备,其更新可以安排在方便的时间进行;如果是影响饭店连续经营的设备,一般不要单独停业进行更新,而可以结合设备的大修同时进行,以避免重复停业,造成两次损失。

为了尽量减少停业损失,饭店更新工程项目的施工一般应该是"突击式的",并应尽量选择在营业淡季进行。要求做到:一旦停工,立即施工,时间短,速度快,质量高,恢复营业快,停业损失少。为此,在停业施工之前,必须把各项准备工作做好,防止仓促停业施工,要尽量缩短营业时间。

四、更新工程的招标发包

饭店更新方案的实施,也可以采用建设项目的招标发包形式。

更新招标发包,就是饭店把更新工程项目的供货或者施工向社会上的供应商或施工单位招标发包。但是要注意确定好发包范围,对不适合本饭店的供应商、施工队伍,不予发包。中标的供应商、建设单位,不仅要有一定的专业技艺,而且要对所承包的饭店的经营有所了解。这是因为,饭店更新工程项目的施工,要与饭店现有的经营相衔接,要受停业时间等因素所制约,既要顺利完成更新项目的施工任务,又要尽量减少停业损失,最大限度地保证正常经营。为此,要尽可能选择技术力量强的供应商,机械化水平高、速度快的施工单位,在标底中突出工期短、质量高的要求。

由于各行各业的竞争激烈,供应商、施工单位都能提供更好的服务,下面是杭州某文化园为采购洗衣设备将其所属饭店的基本资料(见表 5 - 7)提供给招标单位江苏来机械集团,该集团立即提供了为该文化园量身订做的洗衣设备清单,并一举中标。

表 5-7　某文化园基本资料

房间数	300 间标准房
餐位	850 人
员工人数	1000 人
洗衣房工作制	一班制,每天工作 8 小时
住房率	70%

杭州某文化园洗衣房配置方案(洗衣量计算):

1. 客房

每间客房每天需要更换及清洗之布草重量如下:

大浴巾	2 条	0.55×2=1.10(千克)
洗面巾	2 条	0.20×2=0.40(千克)
地脚巾	1 条	0.30×1=0.30(千克)
床单	4 条	0.65×4=2.60(千克)
枕头套	4 条	0.15×4=0.60(千克)

每间客房布草合计重量:5 千克

则每天客房湿洗量:5×300×70%=1050(千克)

2. 台布

850 餐位按每桌 10 人计算,餐厅台布洗涤量按 70% 计算:

类别	重量(千克)	数量(件)×换量(次)	总重量(千克)
大台布	2 千克(10 人台)	85×2	340
餐巾	0.06 千克	850×3	153

合计：493×70%=345.10(千克)

3. 员工制服

共有员工 1000 人,轮班制,约 80% 当班,员工制服平均 5 天更换一次,员工制服每套重 1 千克。而需要干洗制服的员工约为 10%,平均每星期更换一次,制服每套重量 1.5 千克。

制服湿洗量:1×1000×1/5×90%×80%=144.00(千克)

制服干洗量:1.5×1000×1/7×10%×80%=17.14(千克)

4. 客衣

300 间客房平均每天按入住率的 30% 计算,客房清洗服务平均每天湿洗 1 千克,干洗 0.5 千克。

客衣湿洗量:1×1×300×30%×70%=63.00(千克)

客衣干洗量:0.5×1×300×30%×70%=31.50(千克)

5. 每小时湿洗量

按每一天一班工作(8 小时)计算,则每小时湿洗量(千克/小时)为:

(1 050+345.1+144+63)/8=200.26(千克)

洗衣房选用设备如表 5-8 所示。

表 5-8 报价单

型号	规格(海狮牌)	数量	单价(元)	总价(元)
XGQ-25F	全自动洗涤脱水机	1台	75 000.00	75 000.00
XGQ-80F	全自动洗涤脱水机	1台	132 000.00	132 000.00
XGQ-100F	全自动洗涤脱水机	1台	139 500.00	139 500.00
GZZ-50	自动干衣机	2台	32 000.00	64 000.00
YZII-2800	自动熨平机	1台	108 000.00	108 000.00
GXZQ-10	全自动干洗机	1台	118 000.00	118 000.00
RZ-II	人像精整机	1台	11 500.00	11 500.00
JZQ-1250	夹烫机	1台	34 000.00	34 000.00
CS-460	抽湿机	1台	5 000.00	5 000.00
YTT-B2	真空熨烫台	2台	3 500.00	7 000.00
合计:				694 000.00
合计人民币:陆拾玖万肆仟元整				

条款:1.上述价格为本公司出厂价。

2.本公司可代办运输。如需包装,包装费另计。

3.本公司免费洗涤技术培训,免费调试,指导安装。

4.本公司现推出 CXZQ-15S 全自动石油环保溶济干洗机,可供选择。

江苏××机械集团有限公司

五、加强施工过程中的管理,做好验收和工程决策工作

施工过程,是决定工程质量的关键过程,也是决定资金是否有效、合理使用的关键过程。饭店的基建或工程经办单位,应组织力量加强施工速度、质量的系统管理。财会管理部门应该严格按照合同规定的施工进度审批拨款。为此,财会人员应经常深入施工现场,了解工程进度、工程质量,通过审批拨款,进行财务监督。

饭店内部施工的过程,应组织专人、专责进行管理,加强施工过程的控制,防止丢失材料设备,杜绝铺张浪费,保证遵守预算,按质、按量、按进度完成修理任务。

专项工程竣工,要经过严格的验收才能交付使用。验收要由上级单位派人参加,要请有专门技术的人员和有关单位参加,对工程的数量、质量、使用性能、运转情况等进行技术鉴定,对营业场所特别注意安全性,只有经过鉴定验收,确定达到设计要求,并经验收人员签章,才能投入使用。同时,要认真办理竣工决算,并编制竣工决算报告和竣工情况说明书,向上级和有关部门报告专项工程预算执行结果。上报前,财会部门应进行以下方面的全面审查:

(1)决算交付使用的财产、要求核销的专项资金,与批准的核算是否相符,节约或超支的原因。

(2)审查竣工工程概况和交付使用财产明细表,核对竣工项目是否与设计和预算相符。工程内容如有变动,要查看承建单位的签证手续,属于设计变更的,要有设计部门变更设计的证明。

(3)根据财务制度规定,核实和考查各项费用支出是否符合规定,有无乱提成本、扩大开支

范围、提高开支标准的情况。

（4）核实并考查列入决算的各项损失是否属实，是否按审批程序经过批准。

（5）根据竣工验收文件确定的质量，核对是否达到设计要求，如不符合质量标准，属于自营的要追查责任；属于包工的，应向承包单位提出经济赔偿要求。

（6）审查工程结束工作是否按规定办清，应收、应付款是否结清，剩余的专用材料是否妥善保管，是否按资金渠道正确确定固定资产资金。

任务五　饭店固定资产的日常管理

一、对饭店固定资产进行合理分类

为了便于管理，考察固定资产的配置、利用是否合理，必须对固定资产进行合理分类。饭店的固定资产，可按照经济用途和使用情况进行分类：

（一）按经济用途分类

（1）营业用固定资产。营业用固定资产指直接参加经营过程或服务于饭店经营过程的固定资产，包括房屋及建筑物、机器设备、交通运输工具等。

（2）非营业用固定资产。非营业用固定资产指不直接服务于饭店经营的固定资产，如职工宿舍、食堂、托儿所等所使用的房屋设备及固定资产。

按经济用途进行分类，可以归类反映和监督不同经济用途的固定资产之间的组成和变化情况，以便考核和分析饭店固定资产的利用情况，促使饭店合理地配置固定资产。

（二）按使用情况分类

（1）使用中的固定资产。使用中的固定资产指正在使用中的营业用的和非营业用的各项固定资产。

（2）未使用的固定资产。未使用的固定资产指新构建而尚未使用的固定资产，调入尚待安装固定资产，进行改建、扩建的固定资产和经批准停止使用的固定资产。

（3）不需用的固定资产。不需用的固定资产指饭店不需用并已报上级批准等待处理的固定资产，尚未报请上级调配、处理的，不应列作不需用的固定资产。

按照固定资产使用情况进行分类，可以归类反映和监督饭店全部固定资产的使用情况，促使饭店合理地使用固定资产，提高固定资产的利用效益。同时，这一分类也便于计提固定资产折旧。根据规定，未使用和不需用的固定资产不计提折旧。

在实际工作中，为管理和核算的需要，饭店的固定资产采用经济用途和使用情况相结合形式化分为下列 7 类：①房屋及建筑物；②机器设备；③交通运输工具；④家具设备；⑤电器及影视设备；⑥文体娱乐设备；⑦其他设备。

二、建立固定资产目录与固定资产卡片

饭店使用的固定资产种类繁多、数量很大，在固定资产核算和管理中，应明确固定资产、低值易耗品的界限。因为有些劳动资料，虽然价值不够固定资产的限额标准，但在饭店财产中所占比重却较大，使用期限较长，也应划为固定资产；有些劳动资料，虽然限额已经达到固定资产的限额标准，但使用期限不稳定，而且更换频繁，也可列入低值易耗品。因此，财会部门要会同财产管理部门，结合生产经营的特点和管理的特点及要求，把饭店所有的固定资产按类编制"固定资产目录"。在目录中，一要统一固定资产和低值易耗品的划分标准，属于固定资产的机

器设备分不同的型号规格,逐一列入目录,使每项固定资产都有自己的固定号码;而要统一规定每项固定资产的使用年限,为计算折旧提供统一的依据。对固定资产目录,是按每个独立的固定资产项目(包括连同其不可分割的附属设备)进行编制的。

饭店还要以每项固定资产为对象设立"固定资产卡片",登记固定资产的编号、名称、型号规格、技术特征、使用单位、所在地点、建造年份、开始使用日期、原始价值、预计使用年限、折旧率、大修理次数和日期、转移调拨、报废清理记录等。

"固定资产卡片"应一式三份,由财会部门、财产管理部门和使用部门分别保管。财会部门保管的固定资产卡片除按固定资产类别分类外,还应该按使用部门分组存放,如有变动,应随时登记在相关的卡片上,并相应转移它的存放位置,及时了解固定资产的存放和变动情况、财会部门应加强与固定资产管理部门、使用部门的联系,协助他们做好卡片和实物的管理工作,切实保证卡、物相符。

三、建立使用保管责任制,实行分口分级管理

要管好用好固定资产,不能仅靠个别职能部门,必须建立和健全固定资产管理制度,把固定资产日常管理的权限和责任落实到有关部门和使用单位。

饭店要实行固定资产的分工负责制,实行分口分级管理,建立以总工程师为首的设备管理体系,以总会计师为首的固定资产核算体系,协助饭店总经理管理好固定资产。同时,必须正确处理好各方面的权责关系,调动部门、班组及职工管好、用好固定资产的积极性和主动性。

饭店的各项固定资产,首先要按照类别实行分口管理。如将机器设备、生产用具等交由设备部门管理,管理用具等交由行政部门或总务部门管理等。各部门负责对各类固定资产进行调配、管理、维修、清理,定期对使用保管情况进行检查。

实际上,各项固定资产大都由饭店所属部门、班组掌握使用,因此,在实行分口管理的同时,必须建立起使用部门的保管使用责任制,严格操作规程,加强日常维修保养,确保固定资产完整无缺。使用部门还要将设备保管责任具体落实到使用人,做到谁用谁管,谁负责谁维修保养。各使用部门还应有专人负责固定资产管理工作,切实做到层层负责,物物有人管,这样也有利于加强职工对设备保管的责任心,促使职工加强对设备的维修保养,将固定资产的使用和管理结合起来,提高设备的完好率和利用率。

饭店财会部门是综合管理部门,对管好用好固定资产起着关键性的作用,对固定资产管理负总的责任。它的主要责任是:做好固定资产投资的可行性研究工作,参与决策;配合有关部门建立和执行固定资产的管理制度;全面掌握固定资产的增减变化情况,保证固定资产的安全完整,协助有关部门建立做好固定资产管理的各项基础工作;定期组织财产清理和正确核定固定资产需用量;合理调度资产以保证更新改造的需要,积极支持技术革新,提高固定资产的利用率,推动饭店做好固定资产的保管和维修工作;组织饭店固定资产的核算和分析工作。

四、建立固定资产管理制度,做好固定资产的实物管理

饭店财会部门对固定资产管理负总的责任,必须对固定资产的存在、使用情况进行全面的核算和考核。财会部门要加强与财产管理部门的横向联系,建立和健全饭店固定资产管理制度和各项财务管理办法,对财产的增减变动、内部转移和维护修理规定统一而严密的管理手续。根据固定资产核算资料,掌握固定资产的增减变动和分布情况,定期或不定期检查使用部门对各项财产的使用保管情况,促使各部门管好用好固定资产。

在固定资产调入或纪检完工交接时,财会部门要严格把好验收关,协同财产管理人员深入现场,根据固定资产的交接凭证,清点数量,检查质量,核实造价,做好验收、交接工作。在调出固定资产时,财会人员要协同财产管理人员到现场参加办理移交、核实调拨手续,查对实物,做好财产的移交工作。在固定资产报废时,财会人员要协同财产管理人员、工程技术人员到现场参加鉴定,查明报废原因,对残值进行估价并将残料及时交库,做好清理工作。

饭店还应定期对固定资产进行清查盘点(至少每年一次)。财会人员应深入现场查物点数,核对账目,发现问题及时处理,做到账实相符。通过清查,检查固定资产的保管、使用和维护情况,发现问题,提出意见,采取措施及时解决,改进固定资产的管理工作。

模块二　饭店无形资产的核算

任务一　饭店无形资产概述

一、饭店无形资产的概念

无形资产,是指饭店拥有或控制的没有实物形态可辨认的非货币性资产。无形资产的可辨认性需按规定的条件进行判断,满足下列条件之一的,符合无形资产定义中的可辨认标准:

(1)能够从饭店中分离或划分出来,并能单独或者与相关合同、资产或负债一起,用于出售、转移、授予许可、租赁或者交换。

(2)源自合同性权利或其他法定权利,无论这些权利是否可以从饭店或其他权利和义务中转移或者分离。

知识拓展

小议无形资产

某些无形资产的存在有赖于实体载物。确定一项包含无形和有形要素的资产是属于固定资产还是无形资产时,需要通过判断来加以确定,通常以哪个要素更为重要作为判断的依据。例如,当计算机控制的机械工具没有特定计算机软件就不能运行时,则说明该软件是构成相关硬件必不可少的部分,该软件应作为固定资产处理;如果计算机软件不是相关硬件不可缺少的组成部分,则该软件应作为无形资产核算。

二、饭店无形资产的特点

(一)非实物形态

无形资产,是企业的非实物性资源,即没有实物形态。但是,并非所有不具备实物形态的资产都可以定义为无形资产,如在会计上,无实物形态的资产包括所有能为饭店带来经济效益的不具有实物形态的项目,如短期投资、应收账款等,它们都不列作无形资产。无形资产不像固定资产、流动资产那样看得见、摸得着,而是以一种抽象的形态存在于饭店之中。不具有物质形态是无形资产区别于其他资产的特征之一。

(二)独占性即垄断性

无形资产仅与特定的主体有关,在法律、契约、制度等保护下,禁止其他人无偿使用。然而,无形资产作为商品,有其本身价值。饭店要取得无形资产,必须通过有偿使用原则来实现。

取得无形资产的途径一般有以下三条,即购入、自创和其他单位投资转入。由于无形资产的价值具有不确定性,根据财务管理上的稳健原则,为了慎重起见只有能够确指为取得无形资产而发生的支出,才能作为无形资产的成本入账,否则,即使饭店确实拥有某项无形资产也不能将其本金化,作为无形资产入账。

(三)长期的经济效益

无形资产是饭店的长期资产,它可以在许多会计期间为饭店提供经济效益。一般来讲,它能为饭店提供超过同行业水平的收益能力,从而获得现在及未来的超额利润。大多数无形资产(如商标权等)经久耐用,甚至用得越长,知名度越高,价值越大。其自身的价值转移很缓慢,我们很难预计其使用寿命或收益期间。所以,一经有偿取得并列作无形资产后,要用某种办法在一定的会计期间进行摊销。

(四)未来效益的不确定性

由于无形资产的使用价值是间接的,必须依赖于一定的物质条件,因此无形资产能否给饭店带来经济效益,不仅取决于无形资产的质量,而且要与饭店的各种物质条件、人力资源、经营环境市场需求、技术进步等因素紧密相连。正因如此,无形资产所能提供的未来经济效益具有很大的不确定性和不稳定性,其潜在的经济效益可能分布在零至极大值之间。

三、饭店无形资产的使用寿命

无形资产经济寿命与有形资产的经济寿命相比具有特殊性,具体表现如下:

(一)无形资产经济寿命取决于无形损耗

无形资产经济寿命的因素有两种,即有形损耗和无形损耗。前者是指资产在使用过程中逐渐磨损而产生的价值损耗,既影响资产使用价值,又影响资产价值;后者是指资产在其有效期内,由于技术进步等原因而引起的贬值,包括由于生产工艺管理方法的改进而降低资产成本和由于出现更先进的产品而使原有价值降低,无形损耗主要影响资产价值。一般来说,技术密集程度低的资产,其经济寿命主要取决于有形损耗;技术密集程度高的资产,其经济寿命主要取决于无形损耗。由于无形资产不具备"有形"特征,主要是由技术、著作权等技术密集程度高的知识产权性无形资产和使用权、商誉等资源性无形资产组成,因此其经济寿命主要取决于无形损耗。

(二)无形资产的经济寿命在不断缩短

随着社会的不断前进,无形资产的经济寿命在不断缩短,尤其是知识性无形资产更新更快,经济寿命更短。其主要原因如下:

(1)科技发展速度加快,知识更新越来越快。如电子计算机其基本原理没有很大变化,但技术参数发展很快,第一代电子计算机技术过12年被第二代所取代,再过5年又被第三代所取代。技术专家估计,今后每隔五年左右,计算机技术就会有很大改进,如运算速度将大大提高。

(2)由于交通运输、通信手段的现代化,缩短了技术转移的速度,加快了技术转移的进程,从而不断缩短无形资产的经济寿命。现代社会,一些新的技术发明创造能在几个月甚至更短的时间内完成世界范围内的转移,既促进全社会的技术进步和社会产品的更新换代,同时也大大缩短了无形资产的经济寿命。

(三)无形资产的经济寿命与法律寿命和合同寿命不同

无形资产的寿命除经济寿命外,还有法律寿命和合同寿命。

无形资产的法律寿命是为了保护无形资产所有者的利益,以鼓励发明创造,同时又为维护社会整体利益,防止个人无限期地垄断技术而规定的保护期限。如专利法规定发明专利权的保护期限为 20 年,自申请之日算起。无形资产的法律寿命同时也可认为是法律强制的、最长的经济寿命,即使某项无形资产没有来得及全面普及,其实际使用寿命还未终结,只要法律保护期限一到,法律寿命结束,其经济寿命也就因法律强制结束而结束。实际工作中。法律寿命往往比经济寿命要长,这是由于无形资产的更新换代在不断加快,如专利权的保护期限为 20 年,而某些专利权的保持期限即经济寿命仅为 9 年。

四、饭店无形资产的分类

无形资产可以从不同的角度进行分类。

1. 按无形资产的内容分类

根据《企业会计准则》对无形资产的定义,无形资产可以分为以下几类:

(1)知识产权。知识产权主要包括专利权、商标权和著作权等。在国际上,专利权和商标权又统称为工业产权。

(2)技术知识。技术知识主要包括非专利技术、计算机软件等。

(3)特许权利。特许权利主要包括聘请国际饭店集团管理的特许权、土地使用权、专利权等。

(4)商誉。商誉是指饭店在其有形资产上,能获得高于正常投资报酬率所形成的价值。

2. 按无形资产所有权可否转让分类

无形资产按其所有权是否可转让分为以下几类:

(1)可转让无形资产。可转让无形资产可根据法律程序,办理转让或出售,如著作权、专利权等。

(2)不可转让无形资产。不可转化无形资产需附属于某特定的饭店,不能脱离饭店而单独存在,如土地使用权。

3. 按无形资产能否确指分类

无形资产,按其能否确指可分为可辨认的无形资产和不可辨认的无形资产。

(1)可辨认的无形资产。可辨认的无形资产主要有知识产权,如专利权、著作权、商标权等;实物产权,如土地使用权等;以及专有技术。

(2)不可辨认的无形资产。不可辨认的无形资产主要是指企业在合并过程中所产生的商誉。

4. 按无形资产有无期限分类

(1)有期限的无形资产。有期限的无形资产是指由于法律、合同或其特定因素所决定,其有效期具有限度的无形资产,包括专利权、商标权、著作权、土地使用权等。如专利获国家保护的有效期为 5~15 年。

(2)无期限的无形资产。无期限的无形资产是指取得时未受法律、合同或其特定因素所决定,其有效期没有限度的无形资产。如商誉和自行开发的非专利技术。

任务二　无形资产核算的确认

一、无形资产的确认

饭店无形资产确认必须同时满足下列条件才能予以确认：

(1)与该资产相关的预计未来经济利益很有可能流入饭店。饭店应对无形资产在预计使用年限内可能存在的各种经济因素作出合理估计，并且应当有明确证据支持。在进行这种判断时，需要考虑相关因素。比如，饭店是否有足够人力资源、高素质的管理队伍、相关硬件设备来配合无形资产为饭店创造经济利益。最为重要的应关注外界因素的影响，比如是否存在相关技术的冲击。

(2)该资产的成本能够可靠计量。成本能够可靠计量这一条件对于无形资产而言显得十分重要。比如，一些高端人才，假定其与饭店签订了服务合同，且合同规定其在一定期限内不能为其他饭店或企业工作，在这种情况下，虽然高端人才能够为饭店创造一定的经济利益，但由于高端人才的知识难以准确或合理辨认，加之未形成这些知识所发生的支出难以计量，从而不能作为饭店的无形资产加以确认。

二、饭店无形资产核算的账户设置

为了核算和监督无形资产的取得和摊销等业务，饭店应设置"无形资产""累计摊销"等账户。其中：

(1)"无形资产"账户。该账户属于资产类，核算饭店持有的无形资产成本，包括专利权、非专利技术、商标权等。借方登记饭店购入的、投资者投入的或者接受捐赠的各种无形资产，贷方登记饭店向外单位投资转出、出售无形资产以及分期摊销无形资产的价值。期末借方余额反映饭店已入账但尚未摊销的无性资产的价值。该账户可按无形资产项目进行明细核算。

(2)"累计摊销"账户。该账户属于资产类，是"无形资产"账户的备抵账户，核算饭店对使用寿命有限的无形资产计提的累计摊销。借方登记处置无形资产转出的累计摊销，贷方登记饭店按月计提的无形资产的摊销额，期末贷方余额反映饭店无形资产的累计摊销额。该账户可按无形资产项目进行明细核算。

此外，饭店无形资产发生减值的，还应当设置"无形资产减值准备"账户进行核算。

任务三　无形资产核算的会计处理

一、无形资产的取得

饭店无形资产的初始计量，是在饭店取得无形资产时入账价值的确定。饭店无形资产一般应按取得的实际成本计量。饭店取得无形资产的渠道有很多，不同方式下取得无形资产也不尽相同。

饭店从外部取得的无形资产若属于增值税应税服务项目的，无论通过何种途径，只要取得符合抵扣条件的发票，都可以进行抵扣，否则购进时支付的增值税额计入无形资产成本。

知识拓展

无形资产的初始计量

　　引进新产品进行宣传发生的广告费、管理费及其他期间费用以及已经达到无形资产预定用途后发生的费用不包含在无形资产初始成本中。这些费用应该计量在当期损益里,作为费用的支出,参与利润核算。

　　采用公允价值相对比例确定与其他资产一同购入的无形资产的成本,其前提为该无形资产的相对价值较大。如果相对价值较小,则无须作为无形资产核算,而计入其他资产的成本中;如果相对价值较大,则必须作为无形资产核算。

　　饭店购入的无形资产属于增值税应税项目时,应根据购入中发生的全部支出,借记"无形资产"账户,借记"应交税费——应交增值税(进项税额)"账户,贷记"银行存款"等。

　　借:无形资产
　　　　应交税费——应交增值税(进项税额)
　　贷:银行存款等

　　【例 5-7】 2016 年 5 月 8 日,甲饭店购入一项专利技术,增值税发票上注明的价款为300 000.00元,增值税税款 18 000.00 元,总价款 318 000.00 元。

　　甲饭店作如下账务处理:

借:无形资产——专利权	300 000.00
应交税费——应交增值税(进项税额)	18 000.00
贷:银行存款	318 000.00

二、无形资产的摊销

　　(1)无形资产使用寿命的确定与复核。饭店应当于取得无形资产时分析判断其使用寿命。无形资产的使用寿命为有限的或确定的,应当估计该使用寿命的年限或者构成使用寿命的产量类似计量单位数量;无法预见无形资产为饭店带来经济利益期限的,应当视为使用寿命不确定的无形资产。

　　饭店至少应当于每年终了,对无形资产的使用寿命进行复核。无形资产使用寿命与以前估计不同的,应当改变摊销期限,并会计估计变更进行处理。对于使用寿命不确定的无形资产,如果有证据表明无形资产使用寿命是有限的,应当估计其使用寿命,视为会计估计变更,并按使用寿命有限的无形资产的有关规定处理。

　　(2)使用寿命有限的无形资产摊销。

　　①摊销期限。摊销期限为自无形资产可供使用时起,至不再作为无形资产确认时止。即当月增加的无形资产,当月开始摊销;当月减少的无形资产,当月不再摊销。

知识拓展

无形资产的摊销

　　受让或投资的无形资产,法律或者饭店申请书分别规定有效期限和受益期限的,按法定有效期限与合同或企业申请书中规定的收益年限孰短原则摊销;法律没有规定使用年限的,按照合同或者企业申请书的受益年限摊销。法律和合同或者企业申请书没有规定使用年限的,或者自行开发的无形资产,摊销期限不少于 10 年。

②摊销方法。饭店选择无形资产的摊销方法,应当反映饭店预期消耗该无形资产的未来经济利益的方式,包括直接法等。无法可靠确定预期实现方式的,应当采用直线法摊销。

③残值。使用寿命有限的无形资产,其残值应当视为零。

④摊销金额。无形资产的摊销金额一般计入当期损益。其应摊销金额为其入账价值扣除残值后的金额,已经计提无形资产减值准备的,还应扣除已经提取的减值准备。

(3)账务处理。饭店进行无形资产摊销时,对自用无形资产,摊销价值时应借记"管理费用"账户;对于经营租赁出租的无形资产,相关摊销金额价值应借记"其他业务成本",贷记"累计摊销"账户。

自用无形资产:

借:管理费用

　　贷:累计摊销

经营租赁出租的无形资产:

借:其他业务成本

　　贷:累计摊销

【例5-8】2016年1月1日,甲饭店购入一块土地使用权,以银行存款转账支付100 000 000.00元。假定土地使用权的使用年限为50年。采用直线法摊销,甲饭店作如下处理:

(1)购入土地使用权时:

借:无形资产——土地使用权　　　　　　　　　　　　100 000 000.00

　　贷:银行存款　　　　　　　　　　　　　　　　　　　100 000 000.00

(2)每年分期摊销土地使用权:

借:管理费用　　　　　　　　　　　　　　　　　　　2 000 000.00

　　贷:累计摊销　　　　　　　　　　　　　　　　　　　2 000 000.00

三、无形资产的后续计量与减值

1. 无形资产的后续支出

无形资产的后续支出,是指无形资产入账后,为确保无形资产能够给饭店带来预定的经济利益而发生的支出,如饭店进行相关的宣传活动的支出,又如饭店取得专利权之后,每年支付的年费和维护专利权发生的诉讼费等,这些应该直接计入当期管理费用。由于无形资产的后续支出仅仅是为了确保已确认的无形资产能够为饭店带来预定的经济利益,所以不能资本化。

2. 无形资产的减值

饭店应当根据《企业会计准则——资产减值》的规定在资产负债表日判断使用寿命有限和使用寿命不确定的无形资产是否存可能发生减值的迹象,当饭店无形资产的可回收金额低于其账面价值时,即表明无形资产发生了减值,企业应当将该无形资产的账面价值减计至可回收金额,减计的金额确认为资产减值损失,计入当期损益,同时计提相应的减值准备。

为了核算和监督无形资产减值准备的计提和转销等业务,饭店应设置"无形资产减值准备"账户,账户属于资产类,是"无形资产"账户的备抵账户,期末贷方余额反映饭店已计提的无形资产减值准备。

【例5-9】2014年12月31日,甲饭店取得一项专利权无形资产,该资产在取得时的账面价值为 360 000.00 元,并规定该项无形资产使用直线法计提摊销。可使用年限为 20 年。2016 年 12 月 31 日发现其预计可回收金额为 280 000.00,则甲饭店的账务处理如下:

专利权账面价值＝360 000－18 000×2＝324 000.00(元)

专利权减值＝324 000－280 000＝44 000.00(元)

借:资产减值损失——计提无形资产减值准备　　　　　44 000.00

　　贷:无形资产减值准备　　　　　　　　　　　　　　　　44 000.00

四、无形资产的处置

无形资产的处置,主要是指无形资产出售、对外出租、对外捐赠、或者是无法为企业带来经济利益时,应予终止确认并转销。

(1)无形资产的出售。饭店将无形资产出售,表明企业放弃无形资产所有权。由于出售无形资产所得不符合《企业会计准则——收入》中收入的定义,因此,根据《企业会计准则——无形资产》规定,饭店将无形资产出售应将出售无形资产所得以净额反映。即将所得价款与该无形资产的账面价值之间的差额计入当期损益。

饭店在出售无形资产时,应按实际收到的金额,借记"银行存款"账户,按已计提的累计摊销,借记"累计摊销"账户,原已计提减值准备的,借记"无形资产减值准备"账户,按应支付的相关税费,贷记"应交税费"等账户,按其账面余额,贷记"无形资产"账户,按其差额,贷记"营业外收入——处置非流动资产利得"账户或借记"营业外支出——处置非流动资产损失"账户。

饭店在出售无形资产时,应按实际收到的金额:

借:银行存款

　　累计摊销

　　无形资产减值准备

　　营业外支出——处置非流动资产损失

　　贷:无形资产

　　　　应交税费

　　　　营业外收入——处置非流动资产利得

【例 5－10】2016 年 6 月 7 日,甲饭店将自己拥有的一项商标权出售,开出的增值税专用发票上注明价款为 225 000.00 元,税款为 13 500.00 元,款项已收存银行。该商标权的账面余额为 250 000.00 元,累计摊销为 80 000.00 元,假定不考虑与该销售相关的城建税、教育费附加等。甲饭店的账务处理如下:

借:银行存款　　　　　　　　　　　　　　　　　　　238 500.00

　　累计摊销　　　　　　　　　　　　　　　　　　　　80 000.00

　　贷:无形资产　　　　　　　　　　　　　　　　　　250 000.00

　　　　应交税费——应交增值税(销项税额)　　　　　　13 500.00

　　　　营业外收入——出售无形资产收益　　　　　　　　55 000.00

(2)无形资产出租。无形资产出租是指饭店将所拥有的无形资产使用权让渡给他人并收取租金。根据《企业会计准则——收入》规定,这类交易属于企业让渡资产使用权而相关所得应作为收入核算。

让渡资产使用权取得的租金收入,借记"银行存款"账户,贷记"其他业务收入";摊销出租无形资产的成本并发生与出租有关的各种费用支出,借记"其他业务成本"账户,贷记"无形资产"账户。

让渡资产使用权取得的租金收入：

借：银行存款

　　贷：其他业务收入

摊销出租无形资产的成本并发生与出租有关的各种费用支出：

借：其他业务成本

　　贷：无形资产

【例5-11】2016年1月1日，甲饭店将商标权出租给乙饭店使用，租期为4年，每年初收取租金，本年的租金及增值税合计159 000.00元。该商标权系甲饭店2015年1月1日购入，初始入账价值为1 800 000.00元，预计使用年限为15年，采用直线法摊销。甲饭店应作如下账务处理：

(1)每年取得租金时：

借：银行存款　　　　　　　　　　　　　　　　　159 000.00

　　贷：其他业务收入——出租商标权　　　　　　　150 000.00

　　　　应交税费——应交增值税(销项税额)　　　　9 000.00

(2)每年计提摊销时：

借：其他业务成本——商标权摊销　　　　　　　　120 000.00

　　贷：累计摊销　　　　　　　　　　　　　　　　120 000.00

(3)无形资产的报废。如果无形资产不能为饭店继续带来经济利益，应将其报废并予以转销，其账面价值转作当期损益。

转销时，应按已计提的累计摊销，借记"累计摊销"账户；按其账面余额(原值)，贷记"无形资产"账户，按其差额，借记"营业外支出"账户。已计提减值准备的，还应同时结转减值准备。

转销时，应按已计提的累计摊销：

借：累计摊销

　　无形资产减值准备(已计提的)

　　营业外支出(差额)

　　贷：无形资产

【例5-12】2016年3月31日，甲饭店某项商标权账面余额为6 000 000.00元。该专利的摊销期为10年，采用直线法摊销，已摊销5年，净残值为零。已累计计提减值准备2 000 000.00元。假定该商标权已无可能为饭店继续带来经济利益，甲饭店准备将此商标权予以报废。则账务处理如下：

借：累计摊销　　　　　　　　　　　　　　　　　3 000 000.00

　　无形资产减值准备　　　　　　　　　　　　　2 000 000.00

　　营业外支出——处置非流动资产损失　　　　　1 000 000.00

　　贷：无形资产——商标权　　　　　　　　　　6 000 000.00

实训课业

1.饭店固定资产的特点是什么？

2.什么是折旧？为什么要折旧？

3.如何进行固定资产的日常清理？

4.为什么要用净现值法来进行固定资产投资决策？

5.为何运用内含报酬率法来进行更新改造的决策分析？

6.更新改造工程管理的要点是什么？

7.无形资产包含哪些内容？

8.无形资产摊销与固定资产折旧有何区别？如何进行使用寿命有限的无形资产摊销的会计处理？

项目六 饭店负债的核算

学习目标

- **职业知识**

掌握流动负债的概念和特征、应交税费的含义;明确应付款项、应付职工薪酬、应交税费的核算内容;了解应付职工薪酬的计算方法;掌握非流动负债的概念和分类;明确长期借款和应付债券的会计处理;了解长期借款的计算内容。

- **职业能力**

运用本项目专业知识研究相关案例,掌握饭店的流动负债以及非流动负债计量的特点;通过本项目后的实训课业,培养相关专业技能。

- **职业道德**

结合本项目中的"同步思考"和"师生互动"等教学内容,依照职业道德规范,强化饭店财务会计实务中如何对负债入账价值的判断。

案例思考

1997年9月18日,日本零售企业巨头八佰伴日本公司向公司所在地的日本静冈县地方法院提出公司更生法的申请,这一行动,实际上等于向社会宣布了该公司的破产。八佰伴日本公司主管八佰伴集团的日本国内事业以及欧美、东南亚等地区的海外投资,拥有26家店铺,由八佰伴集团董事长、八佰伴国际流通集团总裁和田一夫的第四个儿子和田米正担任总裁,八佰伴日本公司宣布破产前的负债额为1 613亿日元。

有人认为负债会导致企业经营不正常乃至破产,尤其是需要大量现金流的饭店行业,负债更是宜少不宜多。

思考:负债到底会给饭店带来什么?作为饭店会计,如何对负债进行核算,这是学习完本项目需要掌握的内容。

模块一 饭店流动负债的核算

任务一 饭店流动负债概述

一、流动负债的概念及性质

(一)流动负债的概念

负债是指企业过去的交易或者事项形成的、预期会导致经济利益流出企业的现时义务。企业所承担的这一现时义务,能以货币计量,需以资产或劳务偿付。一个企业的自有资金是有限的,负债是企业一项重要的资金来源。对于饭店来说也是一样,适度的负债经营,是所有饭店的经营策略和方式。同时,由于饭店的生产活动,也会自然产生一些暂收和应付款项,形成饭店的负债。饭店的负债按其流动性可分为流动负债和非流动负债两大类。

流动负债(又称短期负债)是指将在 1 年内(含 1 年)或超过 1 年但在一个营业周期内偿还的债务。流动负债主要包括短期借款、应付票据、应付账款、预收账款、应付职工薪酬(含工资、福利费)、应付股利、应交税费、应付利息、其他暂收应付款项和 1 年内到期的非流动负债等。

(二)流动负债的性质

流动负债除具有负债的一般特征外,还具有以下特点:

(1)从偿还期限来看,期限短是流动负债的最大特点。流动负债的债权人提出要求时即偿付,或 1 年内或超过 1 年的一个经营周期内必须偿付。

(2)从负债数额上看,饭店流动负债构成中的各项目与非流动负债比较,数额通常较小。

(3)从负债目的来看,饭店举借流动负债的目的一般是为了满足生产经营资金周转的需要。

(4)从负债偿还来看,到期负债一般用饭店的资产、提供的劳务或举新债偿还。

二、饭店流动负债分类

(一)按偿付手段分类

流动负债按照偿付手段,可分为货币性流动负债和非货币性流动负债两类。

(1)货币性流动负债。这是指负债到期时需要以现金、银行存款或其他货币性资产偿付的负债,如短期借款、应付票据、应付账款、应付职工薪酬、应交税费、应付股利等。

(2)非货币性流动负债。这是指负债到期时需要用商品或劳务等非货币性资产抵偿的,如预收账款等。

(二)按形成方式分类

流动负债按照形成方式可以分为以下三类:

(1)生产经营活动中形成的流动负债。这是指饭店在开展正常生产经营活动中形成的流动负债,如应付账款、应付票据、应付职工薪酬、预收账款、应交税费中的应交增值税等。

(2)融资活动中形成的流动负债。这是指饭店向银行或者其他金融机构筹集资金时形成的流动负债,如短期借款、预计的短期借款利息等。

(3)收益分配中形成的流动负债。这是指企业对现实的净收益进行分配时形成的流动负债,如应付股利等。

(三)按偿付金额是否确定分类

(1)应付金额肯定的流动负债。这类流动负债是指根据合同、契约或法律规定,饭店在到期日应予偿还的、有肯定金额的流动负债,如应付票据、短期借款、应付账款、预收账款等。

(2)应付金额视经营情况而定的流动负债。这类流动负债是指必须根据饭店一定期间的经营情况,到期末才能确定负债金额的流动负债。如应交税费中的应交所得税、应付股利,必须到会计期末,计算出利润总额后才能确定其金额。

(3)应付金额需予以估算的流动负债。这类流动负债的金额和到期日都无法确定,根据稳健性原则,企业可以根据以往的经验和有关资料预先估计入账,如对商品实行售后"三包"服务的饭店应付的有关费用和损失等。

三、流动负债的计价

从理论上来说,负债的计价应以未来偿付债务的现金流出量的现值为基础,也就是应按未来应付金额的现时价值来计量,但由于流动负债一般都应在短期内偿付,到期价值与现值的差额不大,折现计算并不是很必要,所以流动负债通常是按实际发生额入账的。根据我国现行规定,各项流动负债应当按实际发生额入账。必须注意的是,带息应付票据、短期应付债券按期计算的应付利息也作为负债额计价入账。

任务二　短期借款

短期借款是指企业向银行或其他金融机构借入的期限在 1 年以内(含 1 年)的各种借款。目前我国饭店短期借款包括以下几种:

(1)临时借款,是指饭店由于临时性、季节性等原因申请取得的借款。

(2)生产经营周转借款,是指饭店为了满足当年经营活动的需要,向银行申请借入的款项。

(3)票据贴现借款,是指持有银行承兑汇票或商业承兑汇票的饭店,在资金周转发生困难时,向银行申请取得票据贴现的借款。

由上述我们可以知道,饭店取得短期借款的目的是为了弥补短期内经营资金的不足。

为了核算和监督饭店短期借款的取得和到期偿还等业务,企业应设置"短期借款"账户。该账户属于负债类,借方登记归还短期借款的数额,贷方登记借入短期借款的数额,期末贷方余额反映尚未归还的短期借款。该账户可按借款种类、贷款人和币种进行明细核算。

一、短期借款的取得

饭店从银行或其他金融机构取得借款时,借记"银行存款"账户,贷记"短期借款"账户。

借:银行存款

　　贷:短期借款

二、短期借款的利息费用

资产负债表日,饭店应当按照借款本金和实际利率计算确定短期借款的利息。饭店进行借款利息费用的核算,需要设置"财务费用"账户,发生借款利息费用时,记入该账户借方;期末将本期发生的利息费用从该账户的贷方转出,转入"本年利润"的借方进行损益汇总。

(一)直接摊销法

如果饭店的短期借款利息按月支付,或者利息是在借款到期归还本金时一并支付,且数额不大,可以在收到银行的计息通知实际支付时,直接计入当期损益,借记"财务费用"账户,贷记"银行存款"账户。

借:财务费用

　　贷:银行存款

(二)预提法

如果短期借款利息按期支付(一般是按季度),或者利息是在借款到期归还本金时一并支付,且数额比较大,则可采用预计的办法按月计算已发生的利息费用,预计当期损益,预计利息时,借记"财务费用"账户,贷记"应付利息"账户。支付利息时,根据已预计的利息,借记"应付利息"账户;根据实际支付的利息金额与已经预提的利息金额的差额,借记"财务费用"账户;根据实际支付利息金额,贷记"银行存款"账户。

预计利息时:

借:财务费用

 贷:应付利息

支付利息时:

借:应付利息

  财务费用(差额)

 贷:银行存款

三、短期借款的归还

短期借款到期时需要归还本金,借记"短期借款"账户,贷记"银行存款"账户。

借:短期借款

 贷:银行存款

【例 6-1】甲饭店 2016 年 1 月 1 日向银行借入短期借款 200 000.00 元,期限为 6 个月,年利率为 6%,利息按季支付,分月计提。甲饭店编制如下会计分录:

①1 月 1 日,借入短期借款时:

借:银行存款   200 000.00

 贷:短期借款   200 000.00

②1 月末,预提短期借款利息 1 000.00 元:

1 月应计提的利息 $= 200\ 000.00 \times 6\% \div 12 = 1\ 000.00$(元)

借:财务费用   1 000.00

 贷:应付利息   1 000.00

③3 月末,支付本季度短期借款利息:

第一季度短期借款利息 $= 200\ 000.00 \times 6\% \div 12 \times 3 = 3\ 000.00$(元)

借:财务费用   1 000.00

  应付利息   2 000.00

 贷:银行存款   3 000.00

④6 月末还本付息:

借:短期借款   200 000.00

  应付利息   2 000.00

  财务费用   1 000.00

 贷:银行存款   203 000.00

同步思考

上述业务中只是对 1 月、3 月发生的业务进行了处理,那么在票据到期日之前的 2 月、4 月、5 月的分录又该如何处理呢?

知识拓展

短期借款的利息计提

上述借款的归还期限也可以在 7 月 1 日。若饭店在 7 月 1 日归还短期借款,则 6 月末之前的账务处理与上述相同(3 月末),7 月 1 日偿还本金即可。也就是说,短期借款的借款期限是按月表示的话,应以到期月份中与借款日相同的那一天作为到期日。例如,短期借款是 7 月 3 日借入的,4 个月到期,则到期日应为 11 月 3 日。

任务三　应付票据、应付账款与预收账款的核算

一、应付票据的核算

(一)应付票据的含义

应付票据,是指由出票人出票,委托人或付款人在指定日期无条件支付特定金额给收款人或持票人的票据。在应付票据中包括商业承兑汇票和银行承兑汇票。应付票据通常按是否带息分为带息票据和不带息票据两种。通常,商业汇票的付款期限不超过 6 个月,因此在会计实务中,饭店一般均按照开出、承兑的应付票据的面值入账。在核算带息票据时,票据到期除应支付票面金额外,还应按票面利率计算支付利息。饭店可凭未到期的商业汇票向银行办理短期的贴现借款,称为应付票据贴现。

为了核算和监督饭店商业汇票的发生、偿付等业务,饭店应设置"应付票据"账户。该账户属于负债类,借方登记到期承兑支付的票据或转出金额,贷方登记开出承兑汇票时的票面金额,期末贷方余额反映饭店尚未到期的商业汇票的票面金额。该账户可按债权人进行明细核算。同时饭店还应设置"应付票据备查簿",并指定专人负责,详细登记每一应付票据的种类、号数、签发日期、到期日、票面金额、合同交易号、收款人姓名、付款日期和金额等资料,应付票据到期结清时,应在备查簿中逐笔注销。

(二)应付票据的核算

1. 发生的应付票据

饭店开出商业承兑汇票购货或者抵付应付账款时,应该按照合同内容借记"材料采购""应交税费""应付账款"等账户,贷记"应付票据"账户。若饭店开出的是银行承兑汇票,银行在按规定审查同意后承兑的,购货单位还必须按面值的 5‰ 向银行支付承兑汇票手续费,作为财务费用处理,借记"财务费用"账户,贷记"银行存款"账户。

饭店开出商业承兑汇票购货或者抵付应付账款时:

借:材料采购、原材料、库存商品等

　　应交税费

　　贷:应付票据

若饭店开出的是银行承兑汇票,银行在按规定审查同意后承兑的,购货单位还必须按面值的 5‰ 向银行支付承兑汇票手续费,作为财务费用处理:

借:财务费用

　　贷:银行存款

【例 6-2】2016 年 4 月 1 日,甲饭店从乙公司购入了一批面粉,增值税专用发票上注明的

— 150 —

价款为 7 000.00 元,增值税税额为 1 190.00 元,材料已验收入库,购销合同上规定同意采用商业承兑汇票结算,甲饭店开出一张面值为 8 190.00 元的 4 个月期限的不带息商业承兑汇票结算。甲饭店的应作如下账务处理:

借:原材料——面粉　　　　　　　　　　　　　　　　　　7 000.00
　　应交税费——应交增值税(进项税额)　　　　　　　　　1 190.00
　　贷:应付票据　　　　　　　　　　　　　　　　　　　　　8 190.00

【例 6 - 3】2016 年 6 月 1 日,甲饭店从丙公司购入一批设备,增值税专用发票上注明的价款为 30 000.00 元,增值税税额为 5 100.00 元,按照合同规定,甲饭店开出期限为 3 个月的银行承兑汇票一张。甲饭店的账务处理如下:

(1)向银行缴纳手续费。

借:财务费用——手续费　　　　　　　　　　　175.5(35 100.00×5‰)
　　贷:银行存款　　　　　　　　　　　　　　　　175.5

(2)购买设备开出汇票时。

借:固定资产　　　　　　　　　　　　　　　　　　　　30 000.00
　　应交税费——应交增值税(进项税额)　　　　　　　　　5 100.00
　　贷:应付票据　　　　　　　　　　　　　　　　　　　　35 100.00

2. 应付票据的承兑

饭店签发的商业汇票到期时,应无条件支付票据款。由于饭店筹集资金方法和能力有所不同,到期时可能会出现有能力支付票据和无力支付票据两种情况。

(1)有能力支付票据。

商业汇票到期前,当饭店有能力支付票据款时,饭店的开户银行在收到商业汇票付款通知时,按面值借记"应付票据"账户,贷记"银行存款"账户。

借:应付票据
　　贷:银行存款

【例 6 - 4】承接【例 6 - 2】,2016 年 8 月票据到期时,甲饭店收到开户银行的付款通知。甲饭店根据票面金额,核销应付票据。甲饭店应作如下账务处理:

借:银行存款　　　　　　　　　　　　　　　　　　　　8 190.00
　　贷:应付票据　　　　　　　　　　　　　　　　　　　　8 190.00

【例 6 - 5】承接【例 6 - 3】,2016 年 9 月票据到期时,承诺付款的银行向丙公司支付账款。甲饭店根据银行的付款通知,作如下账务处理:

借:银行存款　　　　　　　　　　　　　　　　　　　　35 100.00
　　贷:应付票据　　　　　　　　　　　　　　　　　　　　35 100.00

(2)无力支付应付票据。

当饭店无力支付票据时,如采用商业承兑汇票结算票据时,应将支付票据的账面余额转作应付账款,借记"应付票据"账户,贷记"应付账款"账户;如采用银行承兑汇票结算时,承兑人为承兑银行,承兑银行将代为支付票据款,并将其转为对付款人的逾期贷款,应将应付票据的账面余额转作短期借款,借记"应付票据"账户,贷记"短期借款"账户,并按每天 5‰ 收利息,罚息实际支出计入"财务费用"账户。

借：应付票据

　贷：短期借款

【例6-6】承接【例6-2】，2016年8月票据到期时，甲饭店账面上无可用资金用来支付该承兑汇票，则甲饭店作如下账务处理：

借：应付票据——乙公司　　　　　　　　　　8 190.00

　贷：应付账款——乙公司　　　　　　　　　　8 190.00

【例6-7】承接【例6-3】，2016年9月，甲饭店账面上无可用资金支付该票据，则作如下账务处理：

借：应付票据　　　　　　　　　　　　　　35 100.00

　贷：短期借款　　　　　　　　　　　　　　35 100.00

知识拓展

如何处理带息票据

应付票据如为带息票据，一般在中期、期末和年度终了资产负债表日，饭店应按票据的存续时间和票面利率计算应付利息，增加应付票据的账面价值，借记"财务费用"账户，贷记"应付票据"账户。如果带息商业承兑汇票到期，而饭店无力支付票款，按应付票据的账面价值和尚未计入应付票据的利息，借记"应付票据""财务费用"账户，贷记"应付账款"账户。如果带息银行承兑汇票到期，而饭店无力支付票款，转入"短期借款"账户。

二、应付账款的核算

(一)应付账款的含义

应付账款，是指饭店因购买商品、材料物资或接受劳务供应等业务应支付给供应者的账款。应付账款是买卖双方在购销活动中因取得物资或支付货款时间上不一致而产生的负债。

(二)应付账款的核算

1.发生应付账款

(1)应付账款的入账时间。

应付账款的入账时间，应以所购货物所有权的转移或接受劳务已发生为标志。在实际工作中，应区别情况处理：在货物和发票账单同时到达的情况下，应付账款一般等货物验收入库后，才按发票账单所列金额登记入账。在货物验收入库、发票账单未到情况下，应付账款可暂不入账，在月份内等待，待收到发票账单后再根据情况处理；至月份终了仍未收到发票账单的，应按估计价或计划价暂估入账，下月初用红字冲销，待以后收到发账单时，再按具体情况处理。

(2)应付账款的入账价值。

应付账款一般按照购货发票载明的金额入账，而不是按到期应付金额的现值入账。如果购货条件规定在限定的付款期限内可享受一定的现金折扣，会计上应付账款的金额应按总价法处理。

(3)为了核算和监督饭店应付账款的发生和到期偿还等业务，饭店应设置"应付账款"账户。该账户属于负债类，借方登记已经偿还以及转销的确实无法偿还的应付账款，贷方登记饭店因购买材料物资、商品、接受劳务供应而产生的应付未付款项及因无款支付到期商业承兑汇票转入的应付票据款项，期末贷方余额反映饭店尚未支付的应付款项。该账户可按债权人进行明细核算。

　　饭店购入材料、商品验收入库,但尚未支付货款,根据有关凭证(发票账单、随同货物同行发票上记载的实际价款或暂估价款),借记"材料采购""在途物资"等账户,按应付的款项,贷记"应付账款"账户。若饭店为接受劳务供应而产生的应付未付款项,根据供应单位的发票账单,借记"管理费用"等账户,贷记"应付账款"账户。

　　借:材料采购、在途物资、原材料、库存商品等
　　　　贷:应付账款
　　若饭店为接受劳务供应而产生的应付未付款项,根据供应单位的发票账单:
　　借:管理费用
　　　　贷:应付账款

　　【例6-8】甲饭店2016年3月31日,向甲公司购入了一批设备货款未付。甲公司于当日发货并随同货物开来了发票账单,增值税专用发票上注明的价款为30 000.00元,增值税税额为5 100.00元,尚未付款,甲饭店作如下账务处理:

　　借:固定资产　　　　　　　　　　　　　　　　　30 000.00
　　　　应交税费——应交增值税　　　　　　　　　　5 100.00
　　　　贷:应付账款——甲公司　　　　　　　　　　　35 100.00

　　【例6-9】承接【例6-8】,同日,甲饭店还向乙公司购买了一批大米,乙公司将大米于当日运抵甲饭店,但发票账单未随货物一起发来,甲饭店暂估6 000元入账。则账务处理如下:

　　借:原材料——大米　　　　　　　　　　　　　　6 000.00
　　　　贷:应付账款——暂估入账　　　　　　　　　　6 000.00
　　4月1日,甲饭店应作相反方向的会计分录冲销:
　　借:应付账款——暂估入账　　　　　　　　　　　6 000.00
　　　　贷:原材料——大米　　　　　　　　　　　　　6 000.00
　　若乙公司于4月8日开来发票账单,表明价款为6 000.00元,增值税税款为1 020.00元,甲饭店尚未付款。则甲饭店作如下账务处理:
　　借:原材料——大米　　　　　　　　　　　　　　6 000.00
　　　　应交税费——应交增值税(进项税额)　　　　　1 020.00
　　　　贷:应付账款——乙公司　　　　　　　　　　　7 020.00

　　【例6-10】根据供电部门的通知,甲饭店本月应支付电费58 000.00元。其中饭店管理部门电费为13 000.00元,客房用电45 000.00元,款项尚未支付。甲饭店作如下账务处理:

　　借:管理费用　　　　　　　　　　　　　　　　　13 000.00
　　　　主营业务成本　　　　　　　　　　　　　　　45 000.00
　　　　贷:应付账款——电力公司　　　　　　　　　　58 000.00

　　2.应付账款的偿还

　　发生的应付账款,饭店用货币资金清偿时,借记"应付账款"账户,贷记"银行存款"或"其他货币资金"账户,也可用开出的商业汇票抵付,借记"应付账款",贷记"应付票据"。

　　发生的应付账款,饭店用货币资金清偿时:

　　借:应付账款
　　　　贷:银行存款、其他货币资金

如果用开出的商业汇票抵付时：

借：应付账款

　　贷：应付票据

【例6-11】承接【例6-8】，4月13日，甲饭店向甲公司付款，清偿之前所欠设备款。

借：银行存款　　　　　　　　　　　　　　35 100.00

　　贷：应付账款——甲公司　　　　　　　　　　35 100.00

3.应付账款的转销

饭店转销因债权单位撤销或其他原因而产生的无法支付应付账款，应按其账面余额计入营业外收入，借记"应付账款"账户，贷记"营业外收入"账户。

借：应付账款

　　贷：营业外收入

【例6-12】承接【例6-9】，4月21日，甲饭店确定乙公司一笔应付账款无法支付，应予以转销。则甲饭店作如下账务处理：

借：应付账款——乙公司　　　　　　　　　6 000.00

　　贷：营业外收入——其他　　　　　　　　　　6 000.00

同步思考

附有现金折扣的应付账款业务如何作会计处理呢？

三、预收账款的核算

(一)预收账款的含义

预收账款，是指饭店按照合同规定向购货单位预先收取的款项。与应付账款不同，预收账款所形成的负债不是以货币偿付而是以货物偿付。有些购货合同规定饭店可以向购货企业或预定对象收取一定的货款，待向购货单位发货后再收取剩余款项。饭店在发货前收取的货款表明饭店承担了一定的偿债义务，就形成了一项负债。

(二)预收账款的核算

为了监督和核算预收货款、补收或退回多余货款等业务，饭店应设置"预收账款"账户。该账户属于负债类，借方登记饭店发出商品或提供劳务的价税款及退付的余额；贷方登记饭店收到购货方预付的货款及补付的货款；期末贷方余额，反映饭店预收的款项；期末如果借方有余额，则反映企业尚未转销的款项。该账户可按购货单位进行明细核算。

饭店向对方单位预收款项时，借记"银行存款"账户，贷记"预收账款"账户；销售实现时，按实现的收入和应交的增值税销项税额，借记"预收账款"账户，按照实现的营业收入，贷记"主营业务收入"账户，按照增值税专用发票上注明的增值税税额，贷记"应交税费——应交增值税（销项税额）"等账户；饭店退回对方单位多付的货款时，借记"预收账款"账户，贷记"银行存款"账户，若对方单位补付货款，则借记"银行存款"账户，贷记"预收账款"账户。

饭店向对方单位预收款项时：

借：银行存款

　　贷：预收账款

销售实现时，按实现的收入和应交的增值税销项税额：

借:预收账款

　　贷:主营业务收入

　　　　应交税费——应交增值税(销项税额)

饭店退回对方单位多付的货款时:

借:预收账款

　　贷:银行存款

若对方单位补付货款:

借:银行存款

　　贷:预收账款

【例6-13】2016年2月15日,甲饭店与A会所签订协议,愿意提供劳务为A会所宴会服务,合同价款为117 000.00元,A会所为了确保甲饭店如期履约,向甲饭店预交了100 000.00元款项,甲饭店收到并存入银行,余款待甲饭店履约后结清。(不考虑相关税费)甲饭店的账务处理如下:

(1)2月15日收到预收款项时:

借:银行存款　　　　　　　　　　　　　　　100 000.00

　　贷:预收账款——A会所　　　　　　　　　　　100 000.00

(2)3月15日,甲饭店如期提供服务:

借:预收账款——A会所　　　　　　　　　　117 000.00

　　贷:主营业务收入　　　　　　　　　　　　　117 000.00

(3)3月20日,收取余款17 000元时:

借:银行存款　　　　　　　　　　　　　　　17 000.00

　　贷:预收账款——A会所　　　　　　　　　　　17 000.00

师生互动

请分小组讨论,进行师生互动,研究一下:如一家饭店的预收账款请款不多,是否可以不设置"预收账款"账户,而将预收的款项直接计入"应收账款"账户呢?

任务四　应付职工薪酬

一、应付职工薪酬概述

应付职工薪酬,是指饭店为了获得员工提供的服务或解除劳动关系而应给予职工各种形式的报酬或补偿以及其他相关支出,包括职工在职期间和离职后提供给职工的全部货币性薪酬和非货币性福利。饭店提供给职工配偶、子女或其他被赡养人的福利等,也属于职工薪酬。职工薪酬包括短期薪酬、离职后福利、辞退福利和其他长期职工福利。具体包括如下:

(1)短期薪酬,是指饭店在职工提供相关服务的年度报告期间结束后12个月内需要全部予以支付的职工薪酬,因解除与职工劳动关系给予补偿的除外。具体包括:职工工资、奖金、津贴和补贴(是按照国家统计局规定的职工有偿的超额劳动报酬和增收节支的劳动报酬、为了补偿职工特殊或额外劳动消耗和因其他特殊原则支付给职工的津贴,以及为了保证职工工资水平不受物价影响支付给职工的物价补贴等);职工福利费(是指饭店为职工集体计提的福利,如补助生活困难职工等);医疗保险、工伤保险和生育保险等社会保险费(是指饭店按照国家规定的基准和比例计算,向社会保险经办机构缴纳的医疗保险金、工伤保险费和生育保险费);住房公积金(是指饭店按照国家相关规定的基准和比例结算,向住房公积金管理机构存缴的住房公积金);工会经费和职工教育经费(是指饭店为了改善职工文化生活、提高职工业务素质用于开展工会活动和职工教育及职业技能培训,根据国家规定的基准和比例,从成本费用中提取的金额);短期带薪缺勤;短期利润分享计划;非货币性福利[是指饭店以自己的产品或其他有形资产发放给职工作为福利、饭店将自己拥有的资产无偿提供给职工使用(如提供给饭店高级管理人员的汽车、住房等)、饭店为职工无偿提供商品或类似医疗保健的服务等]以及其他短期薪酬。

带薪缺勤,是指饭店支付工资或提供补偿的职工缺勤,包括年休假、病假、短期伤残、婚假、产假、丧假等。利润分享计划,是指因职工提供服务而与职工达成基于利润或其他经营成果提供薪酬的协议。

(2)离职后福利,是指饭店未获得职工提供的服务而在职工退休或与饭店解除劳动关系后,提供的各种形式的福利和报酬,包括养老保险费和失业保险费等,短期薪酬和辞退福利除外。

(3)辞退福利,是指饭店在职工劳动合同到期之前解除与职工的劳动关系,或者为鼓励职工自愿接受裁减而给予职工的补偿。

(4)其他长期职工福利,是指除短期薪酬、离职后福利、辞退福利之外所有的职工薪酬,包括长期带薪缺勤、长期残疾福利、长期利润分享计划等。

知识拓展

饭店职工及职工薪酬的涵盖范围

职工,是指与饭店签订劳动合动的所有人员,含全职、兼职和临时工,也包括虽未与饭店订立劳动合同但由饭店正式任命的人员以及未与饭店订立劳动合同或未由其正式任命,但向饭店所提供服务与职工所提供服务类似的人员。从薪酬的涵盖时间和支付形式来看,职工薪酬包括饭店在职工在职期间给予的所有货币性薪酬和非货币性福利;从薪酬的支付对象来看,职工薪酬包括提供给职工本人及其配偶、子女、受赡养人、已故员工遗属及其他收受利益的福利人。

饭店为了保证能够准确地核算出职工应有的工资数额,会按照劳动工资制度的规定,根据原始记录,计算各项工资。常见的原始记录方式有:①工资卡。工资卡主要记录职工的工资级别和工资标准,它反映每个职工的基本情况,如职务、参加工作时间、工资级别、工资标准、工资调整情况以及有关津贴等。工资卡按每个职工设立,一般由人事部门统一管理。②考勤记录。考勤记录是记载和反映每个职工出勤情况的原始记录,是计算工时及出勤情况的主要依据。考勤记录由饭店各个部门的负责人或考勤员逐一记录,并定期汇总给部门经理签字后,交由人事部门核算。考勤记录通过设置考勤簿或考勤卡进行。考勤簿一般按各部门分别设置;考勤卡则应按每一职工开设。

二、职工薪酬的计量与核算

为了核算和监督应付职工薪酬的提取、结算、使用等业务,饭店应设置"应付职工薪酬"账户。该账户属于负债类,贷方登记已分配计入有关成本费用项目的职工薪酬的数额,借方登记实际发放职工薪酬的数额,期末贷方余额反映饭店应付未付的职工薪酬。该账户可按"职工工资""职工福利""社会保险费""住房公积金""工会经费""职工教育经费""非货币性福利""带薪缺勤""辞退福利""其他长期职工福利"等进行明细核算。

(一)货币性职工薪酬的计量与核算

1. 货币性职工薪酬的确认

饭店应当在职工为其提供服务的会计期间,将实际发生的短期薪酬确认为负债,并计入当期损益。然而,在实务中,饭店按照劳动工资制度的规定,由人事部门每月按部门根据考勤记录、工资标准、工资等级等编制"工资结算单",但应该分职工类别,以及按照每一职工姓名分行填写应付职工薪酬。工资结算单一般一式三份:一份按职工姓名裁成"工资条",连同实发工资一起发给职工;一份作为人事部门进行劳动工资统计的依据;一份经过职工签收后作为工资结算和付款的原始凭证。饭店再根据各部门"工资结算单",进行工资结算汇总,编制"工资结算汇总表",确认饭店应付和实发职工货币性薪酬的总括情况,并据以进行工资结算总分类核算。

【例 6-14】甲饭店 2016 年 5 月编制"工资结算汇总表",如表 6-1 所示。甲饭店分别按照职工工资总额的 10%、12%、2%和 10.5%计提医疗保险费、养老保险费、失业保险费和住房公积金,缴纳给当地的社会保险经办机构和住房公积金管理机构。甲饭店内设职工餐厅,为职工提供午餐,当月实际发生额已分别计入每个受益部门。甲饭店还分别按照工资总额的 2%和 1.5%计提工会经费和职工教育经费,并编制社会保险及福利计提汇总表,如表 6-2 所示。

表 6-1 工资结算汇总表

单位:元

部门	应付工资					代扣款项				实发工资
	基本工资	应扣工资	综合奖金	夜班津贴	应付工资	房租	个税	社保	公积金	
客房部	319 518.00	2 800.00	37 350.00	22 426.00	377 494.00	3 800.00	24 303.00	90 598.56	39 636.87	219 155.57
餐饮部	202 863.00	2 100.00	21 950.00	12 550.00	235 263.00	2 200.00	14 337.50	56 463.12	24 702.62	137 599.77
前厅部	21 570.00				215 700.00	220.00	1 925.00	51 768.00	22 648.50	139 138.50
销售部	66 000.00				66 000.00		5 470.00	15 840.00	6 930.00	37 760.00
管理部	149 880.00				149 880.00		10 020.00	35 971.20	15 737.40	88 151.74
合计	759 831.00	4 900.00	59 300.00	34 976.00	1 044 337.00	6 220.00	56 055.50	250 640.64	109 655.28	621 765.58

表 6 - 2　社会保险及福利计提汇总表

单位:元

项目	计提基数	社会保险 (24%)	公积金 (10.5%)	福利费 (2%)	工会经费 (2%)	职工教育 经费(1.5%)	合计
客房部	377 494.00	90 598.56	39 636.87	7 549.88	7 549.88	5 662.41	528 491.60
餐饮部	235 263.00	56 463.12	24 702.62	4 705.26	4 705.26	3 528.95	329 368.20
前厅部	215 700.00	51 768.00	22 648.50	4 314.00	4 314.00	3 235.50	301 980.00
销售部	66 000.00	15 840.00	6 930.00	1 320.00	1 320.00	990.00	92 400.00
管理部	149 880.00	35 971.20	15 737.40	2 997.60	2 997.60	2 248.20	209 832.00
合计	1 044 337.00	250 640.64	109 655.28	20 886.74	20 886.74	15 665.40	1 462 071.80

根据表 6 - 1,甲饭店编制有关会计分录如下:

借:销售费用——客房部　　　　　　　　　　　528 491.60
　　　　　——餐饮部　　　　　　　　　　　329 368.20
　　　　　——前厅部　　　　　　　　　　　301 980.00
　　　　　——销售部　　　　　　　　　　　92 400.00
　　管理费用　　　　　　　　　　　　　　　209 832.00
　　贷:应付职工薪酬——职工工资　　　　　　　1 044 337.00
　　　　　　　　——职工福利费　　　　　　　　20 886.74
　　　　　　　　——社会保险费　　　　　　　250 640.64
　　　　　　　　——住房公积金　　　　　　　109 655.28
　　　　　　　　——工会经费　　　　　　　　20 886.74
　　　　　　　　——职工教育经费　　　　　　15 665.40

2. 货币性职工薪酬的发放

实务中,饭店根据"工资结算汇总表"中的"实发金额"的合计数向职工发放工资。这样则借记"应付职工薪酬——工资"账户,贷记"银行存款"账户;饭店从应付职工薪酬中扣还的各种款项,借记"应付职工薪酬——工资"账户,贷记"银行存款""其他应收款""应交税费——应交个人所得税"等账户。

饭店根据"工资结算汇总表"中的"实发金额"的合计数向职工发放工资:

借:应付职工薪酬——工资
　　贷:银行存款

饭店从应付职工薪酬中扣还的各种款项:

借:应付职工薪酬——工资
　　贷:银行存款
　　　其他应收款
　　　应交税费——应交个人所得税

【例 6 - 15】承接【例 6 - 14】,甲饭店根据"工资结算汇总表"委托银行发放职工薪酬,并扣除个人五险一金和个人所得税以及由饭店垫付的职工房租。甲饭店作如下账务处理:

借:应付职工薪酬——职工工资　　　　　　　　　　　　1 044 337.00

贷:银行存款　　　　　　　　　　　　　　　　　　621 765.58

其他应收款——职工房租　　　　　　　　　　　6 220.00

其他应付款——社会保险费　　　　　　　　　250 640.64

其他应付款——住房公积金　　　　　　　　　109 655.28

应交税费——应交个人所得税　　　　　　　　56 055.50

3.货币性职工薪酬的支付

饭店向社会保险机构和住房公积金管理机构为职工缴纳各种保险费及住房公积金时,应借记"应付职工薪酬——社会保险费"账户、"应付职工薪酬——住房公积金"账户等,贷记"银行存款"账户;饭店向本单位支付工会经费及职工培训费时,应借记"应付职工薪酬——工会经费"账户、"应付职工薪酬——职工教育经费"账户等,贷记"银行存款""库存现金"等账户。

饭店向社会保险机构和住房公积金管理机构为职工缴纳各种保险费及住房公积金时:

借:应付职工薪酬——社会保险费

应付职工薪酬——住房公积金

贷:银行存款

饭店向本单位支付工会经费及职工培训费时:

借:应付职工薪酬——工会经费

应付职工薪酬——职工教育经费

贷:银行存款

库存现金

【例6-16】承接【例6-14】,甲饭店通过委托扣款向当地有关机构缴纳企业和个人应负担的社会保险费和住房公积金。甲饭店作如下账务处理:

借:应付职工薪酬——社会保险费　　　　　　　　　225 328.71

——住房公积金　　　　　　　　　98 603.11

贷:银行存款　　　　　　　　　　　　　　　323 931.82

(二)非货币性职工薪酬的确认与发放

(1)饭店将拥有的房屋等资产无偿提供给职工使用的,应当根据受益对象,将该住房每期应计提的折旧计入当期相关损益,同时确认应付职工薪酬。借记"管理费用""销售费用"等账户,贷记"应付职工薪酬"账户;同时,借记"应付职工薪酬"账户,贷记"累计折旧"账户。

借:管理费用、销售费用等

贷:应付职工薪酬

借:应付职工薪酬

贷:累计折旧

【例6-17】甲饭店为两位地区经理提供一套公司自有住房免费使用,每套住房的月折旧额为2 000元。甲饭店应作如下账务处理:

借:管理费用　　　　　　　　　　　　　　　　　　2 000.00

贷:应付职工薪酬——非货币性福利　　　　　　2 000.00

借:应付职工薪酬——非货币性福利　　　　　　　　2 000.00

贷:累计折旧　　　　　　　　　　　　　　　2 000.00

— 159 —

(2)饭店将租赁住房等资产供职工无偿使用的,应根据受益对象,将每期应付的租金计入相关资产成本或当期损益,同时确认应付职工薪酬。按每期支付的租金,借记"管理费用""销售费用"等账户,贷记"应付职工薪酬"账户。支付租赁住房等资产供职工无偿使用发生的租金,借记"应付职工薪酬"账户,贷记"银行存款"账户。

按每期支付的租金:

借:管理费用、销售费用等

　　贷:应付职工薪酬

支付租赁住房等资产供职工无偿使用发生的租金:

借:应付职工薪酬

　　贷:银行存款

【例6-18】甲饭店决定为5名副总裁每位租赁一套住房免费使用,每套住房月租金为9 000.00元。

借:管理费用　　　　　　　　　　　　　　45 000.00

　　贷:应付职工薪酬——非货币性福利　　　　　　45 000.00

借:应付职工薪酬——非货币性福利　　　　45 000.00

　　贷:银行存款　　　　　　　　　　　　　　　45 000.00

案例分析

某饭店2016年5月购买了100套全新的公寓拟以优惠价格向职工出售。该饭店拥有100名职工,其中50名为客房部和餐饮部工作人员、30名为饭店销售人员、20名为饭店总部管理人员。该饭店拟向客房部、餐饮部工作人员出售的住房平均每套购买价格为100万元,出售价格为80万元;拟向销售人员出售的住房平均每套购买价格为150万元,出售价格为每套100万元;拟向管理人员出售的住房平均每套购买价格为180万元,出售价格为每套150万元。假定该饭店在2016年陆续出售了住房,售房协议规定,职工在取得住房后必须在公司服务15年。那么此时该饭店向职工出售的住房属于什么样的职工薪酬?该如何核算?

提示:结合出售差价和服务年限综合考虑(不考虑相关税费)。(会计科目使用"长期待摊费用")

任务五　应交税费

一、饭店应交税费概述

饭店在生产经营的过程中经常发生税法所规定的纳税义务如收入的形成、利润的实现、特殊行为的发生等都需要缴纳相应的税费。但纳税义务的发生和完成并不是同步的,纳税是定期进行的,从纳税义务产生到完成总会形成一定的时间间隔,应交税费正是饭店应交而未缴的债务。

从2016年5月1日开始,营改增扩大范围,将试点范围扩大到建筑业、房地产业、金融业和生活服务业。其中,与老百姓关联最大的就是生活服务业,尤其以吃饭、住宿最为关切。对于饭店来说,税率已经从原来的营业税5%变为增值税6%。此外饭店还要缴纳所得税、城建维护税、教育附加费以及代扣代缴的个人所得税等。

为了核算和监督各种应交税费的计算和缴纳业务,饭店应设置"应交税费"账户。该账户属于负债类账户，贷方登记应缴纳的各种税费，借方登记实际缴纳的税费，期末贷方余额，反映企业尚未缴纳的税费，期末如果借方余额，反映企业多交或尚未抵扣的税费。该账户可以按应交税费项目进行明细核算。

师生互动

饭店现在应该缴纳营业税还是增值税？税率是多少？是所有业务都是统一的税率吗？

二、饭店"营改增"

"营改增"税收调整后，餐饮酒店等生活服务业税负是升还是降？堂食和外卖采用不同的税率怎么办？随着营改增的全面推开及细则的公布，上述问题的答案逐渐明朗。餐饮业内人士预计，"营改增"之后行业税负将降两成。此外，"营改增"将倒逼餐饮企业建中央厨房，促使餐饮企业选择正规的食材进购渠道。

大型餐饮企业的铺租成本最高可占总成本的三成，如果业主选择一般计税方式，铺租成本的进项税税率为11%，而餐饮服务的销项税税率仅为6%。因此如果规范进项税管理，有可能会实现税收负担的降低。生活服务业的纳税人数量较大，其中大部分是小规模纳税人，如纳税人选择采用简易计税，从数量上看，则大部分纳税人增值税的征收率较以前营业税的税率会有一定程度的降低，进而可以推断税收负担也可能下降。对于大型餐饮企业来说，铺租成本取得的进项税额也将能够获得抵扣。

餐饮服务、娱乐服务和居民日常服务不能作为进项税进行抵扣，但住宿服务却并未在试点实施办法中明确不可抵扣。也就是说，酒店的房费可以开增值税专票供客户进项税抵扣，而酒店提供的餐饮服务则不能开专票供抵扣。这将要求酒店对其增值税专票作一个很好的管理，防止前台人员虚开发票。

"营改增"可能会影响餐饮、酒店等企业的营运或采购决策。"营改增"对企业营运和采购的影响不只是一项企业内部税务成本的影响分析，更多的还是企业内部管理和决策方面的测算。不过也有可能会出现因改变供应商而造成增加的管理成本高于其税负降低的情形。

根据细则，生活服务包括了文化体育服务、教育医疗服务、旅游娱乐服务、餐饮住宿服务、居民日常服务和其他生活服务，其中一般纳税人（年销售500万元以上或经税务机关批准）适用税率为6%，小规模纳税人采用简易计税方法，征收率为3%。而现行生活服务业的营业税税率为3%～20%（如娱乐休闲业适用5%～20%税率），餐饮住宿的税率一般为5%。

知识拓展

"堂食""外卖"税负有别

因为根据增值税的政策，销售食品（外卖）通常适用17%的税率（个别食品适用13%税率），而餐饮服务则适用6%的税率，也就是说，堂食和外卖可能分别适用6%和17%的税率，这是否会导致餐厅倾向于堂食而减少外卖呢？

对于上述问题国家的规定是比较明确的，营改增试点实施办法中有"混合销售"的规定条款，除了从事生产、批发或零售的企业外，既涉及服务又涉及货物的混合销售行为按照销售服务缴税。不过，同时为了避免税款流失，试点实施办法附件中也有"兼营"条款的规定，若兼有不同税率的销售货物、服务的，应分别核算，否则从高适用税率。因此在实际操作中，餐饮企业需要进一步加强内部制度建设，对企业实际经营项目明确核算，避免带来税收风险。

税务专家则指出，餐饮服务与食品销售增值税税率的差异，可能带来税务筹划机会，也可能造成税务争议。例如，一家餐馆销售外带葡萄酒，如果其主要收入来源于餐饮服务，那么销售葡萄酒也可适用 6% 的税率，而正常酒类销售需适用 17% 的增值税税率。

税务专家认为，针对既提供堂食又提供外卖的企业适用税率的问题，现行营业税的规定有一定指导意义，即实操中可能根据服务提供方的主业来确定适用税率，如果餐饮营业收入主要来源于堂食，那么其提供的外带或外卖服务也适用 6% 税率。反之亦然。因此，餐饮企业需要考虑是否将业务中的堂食部分单独剥离出来，以确保能适用"餐饮服务"6% 的税率。

某餐饮集团董事长认为，"营改增"新规不会促进餐饮商家倾向于堂食而减少外卖。究其原因，是因为外卖比重在餐饮收入中所占比例太少，餐饮是服务行业，而不是单纯靠售卖产品。

📚 知识拓展

新规将倒逼餐饮企业选择正规进购渠道

有业内人士认为"营改增"将倒逼餐饮企业建中央厨房。广州一酒家的负责人表示："中央厨房在降低人工成本、提升菜品质量和标准方面有诸多好处。在营业税征收阶段，中央厨房的加工和配送让'加工一道菜'重复纳税。营改增之后，因进销明显，各门店使用中央厨房的供货可实现抵扣。"此外，营改增的新规还将倒逼餐饮企业选择正规的食材进购渠道，"能够得到的可抵扣发票越多，增值税纳税额越少。营改增之后，倒逼餐馆选择通过能开具增值税发票的正规供应商处购进粮油、调料、烟酒、饮料、原材料等。"某餐饮店的老板表示。

另一家餐饮连锁企业负责人则表示，营改增后，政策允许的相关发票，才可实现抵扣。他以后筛选进货商主要有两个方向：一般纳税人或能开具发票的农户直接收购农产品；一般纳税人需开具货品的增值税专用发票。按照规定，购进免税农产品可以按照买价和规定的扣除率计算进项税额，扣除率为 13%。

来自中国饭店协会的数据显示，虽然 2015 年餐饮业有整体回暖的迹象，但受限于物价、租金、人工等成本的上涨压力，一些餐饮品牌仍面临转型或缩减店面的窘境。河北一家经营高端粤菜的老板表示，税负降低后，有利于他们下调菜式价格，以薄利多销来赢得顾客。

饭店业企业要在规范经营活动特别是财务核算上及时调整，以迅速适应税制转换。同时，由于采购的进项种类较多，既有服务又有货物，货物中还包括设备、房屋、农产品等，企业应当加强采购环节的管理，充分取得进项发票，实现税负合理降低。

📚 案例分析

某大酒店 2016 年的营业额 3 500 万元，上交税收 200 多万元。财务部黄经理说，营改增后，单从酒店餐饮业务来说，粮油、酒水、购进的农产品、海鲜等都可以进行抵扣。另外，所有酒店客房用品，如拖鞋、床单、洗漱用品等在采购的时候只要拿到增值税专用发票，都被允许用来抵扣，这就要求企业在管理上面更加规范。

对于之前有酒店借营改增涨价的做法，黄经理认为，不论是抬高房价，还是额外增加服务费等行为完全没有道理，因为通过抵扣进项税额，酒店的税收并没有增加，按理论上测算，他们酒店可以减负 40 余万元。

与餐饮服务不同，一般纳税人在取得住宿费专用发票后，可以按规定进行抵扣，借此不少酒店在为消费者开发票的时候，额外再收取 6% 的增值税。这样的行为合理吗？黄经理说，增值税发票与营业税发票相比,多了一栏税额,但这个钱已包含在收费之中,不能额外向消费者收取。以房价100元为例,营改增后,增值税专用发票上把这100元分拆成房价94.34元和增值税5.66元。如商家在房价100元的基础上,再征收6%的增值税,这就是变相涨价了。

三、其他应交税费

(一)应交城建维护税

饭店的城市维护建设税是以增值税为计税依据征收的一种税。城建维护建设税是一种附加税,其纳税人为缴纳增值税、营业税、消费税的单位和个人。对于饭店来说,其主要税种为增值税,则其城建维护税的计税基础也为增值税。

城市维护建设税按照纳税人所在地的不同实行地区差别税率,具体为:市区7%,县城5%,其他1%。其应纳税的计算公式为:

$$应纳税额＝应交增值税×适用税率$$

饭店应通过"应交税费——应交城建维护税"账户来核算所发生的城建维护税。在核算时,应借记"营业税金及附加"账户,贷记"应交税费——应交城建维护税"账户;实际缴纳时应借记"应交税费——应交城建维护税"账户,贷记"营业税金及附加"账户。

在核算时:
借:营业税金及附加
　　贷:应交税费——应交城建维护税
实际缴纳时:
借:应交税费——应交城建维护税
　　贷:营业税金及附加

【例6-19】甲饭店2016年9月发生的应交增值税额为800 000.00元,该饭店适用的城建维护税税率为7%。甲饭店的账务处理如下:

(1)计算应交城建维护税＝800 000×7%＝56 000.00(元)

(2)账务处理:

借:营业税金及附加——城市维护建设税　　　　56 000.00
　　贷:应交税费——应交城建维护建设税　　　　　　56 000.00

(二)应交教育费附加

教育费附加,是指为了发展教育事业而向企业征收的附加费用。饭店应缴流转税的一定比例缴纳。饭店应交的教育费附加,借记"营业税金及附加"账户,贷记"应交税费——应交教育费附加"账户。饭店所使用的教育费附加税率为3%。

饭店应交的教育费附加:
借:营业税金及附加
　　贷:应交税费——应交教育费附加

【例6-20】2016年9月,甲饭店的应交增值税额为800 000.00元,所适用的教育费附加税率为3%。并同城建税一通上缴税务部门。甲饭店作如下账务处理:

(1)计算应缴纳的教育费附加:

应缴纳的教育费附加＝800 000×3%＝24 000.00(元)

(2)核算需要加纳的教育费附加:

借:营业税金及附加——教育费附加   24 000.00
  贷:应交税费——应交教育费附加   24 000.00

（3）实际上缴时：

借:应交税费——应交城市建设维护税   56 000.00
        ——应交教育费附加   24 000.00
  贷:银行存款   80 000.00

（三）地方教育费附加

地方教育费附加是指根据国家有关规定,为实施"科教兴省"战略,增加地方教育的资金投入,促进本各省、自治区、直辖市教育事业发展,开征的一项地方政府性基金。该收入主要用于各地方的教育经费的投入补充。

按照地方教育费附加使用管理规定,在各省、直辖市的行政区域内,凡缴纳增值税、消费税、营业税的单位和个人,都应按规定缴纳地方教育附加。饭店的地方教育费附加的计税基础是增值税额,适用税率为2%。计算公式为：

$$地方教育费附加＝增值税×2\%$$

（四）印花税

饭店缴纳的印花税,是由纳税人根据规定自行计算应纳税额以够购买并一次贴足印花税票的方式缴纳的一种税款。一般情况下,饭店需要预先购买印花税票,待发生应税行为时,再根据凭证的性质和规定的比例税率,将已购买的印花税票粘贴在应纳税凭证上,并在每枚水平的骑缝处盖戳注销或划销,办理定税手续。饭店通过"管理费用"和"银行存款"账户核算印花税。

饭店购买印花税票时,借记"管理费用"账户,贷记"银行存款"账户。

饭店购买印花税票时：

借:管理费用
  贷:银行存款

【例6-21】甲饭店以银行存款购买印花税票5 400.00元。账务处理如下：

借:管理费用——印花税   5 400.00
  贷:银行存款   5 400.00

任务六 其他流动负债

一、应付股利

应付股利是指饭店经董事会或股东大会决议进行利润分配时,确定以现金形式向股东派发的股利或利润。

饭店确定并宣告分派现金股利或利润时,借记"利润分配"账户,贷记"应付股利"账户;实际支付时,借记"应付股利"账户,贷记"银行存款"账户。

饭店确定并宣告分派现金股利或利润时：

借:利润分配
  贷:应付股利

实际支付时：

借:应付股利

    贷:银行存款

知识拓展

如果不分配现金股利该怎么办?

饭店董事会或类似机构通过的利润分配方案中拟分配的现金股利或利润,不作账务处理,不需要通过"应付股利"账户核算,但应在附注中披露。饭店分配股票股利,在董事会或股东大会确定分配方案至正式办理增资手续前,不需要作正式的账务处理,而只在备查账簿中作相应登记。

二、应付利息

应付利息是指饭店按照合同约定应支付的利息,包括分期付息到期还本的长期借款、企业债券等应支付的利息。

饭店按合同约定计算确定利息费用时,应按计算确定的应付利息的金额,借记"财务费用"账户,贷记"应付利息"账户。实际支付时,借记"应付利息"账户,贷记"银行存款"账户。

按计算确定的应付利息的金额:

借:财务费用

    贷:应付利息

实际支付时:

借:应付利息

    贷:银行存款

三、其他应付款

其他应付款,是指饭店除应付票据、应付账款、预收账款、应付职工薪酬、应交税费、应付股利等经营活动以外的,需在一年偿付的各种应付、暂收其他单位或个人的款项。

为了方便核算和监督,饭店应设置"其他应付款"账户。该账户属于负债类,贷方登记发生的各种应付、暂收款项,借方登记偿还或转销的各种应付、暂收款,期末贷方余额反映企业应支付的其他应付款项。

模块二　饭店非流动负债的核算

任务一　非流动负债概述

一、非流动负债的概念

非流动负债,又称长期负债,是指偿还期限在 1 年以上或超过 1 年的一个营业周期以上的负债。非流动负债是饭店向债权人筹集的,可供长期使用的资金,主要包括长期借款、应付债券和长期应付款。

非流动负债除了具有负债的共同特点之外,与流动负债相比,还具有偿还期限较长、可分期偿还、债务金额较大等特点。

二、非流动负债的分类

(一)按借款筹措的方式分类

非流动负债按筹措方式可分为以下四类：

(1)长期借款,是指饭店向银行或其他金融机构借入的、偿还期限在 1 年以上(不含 1 年)的各种借款。

(2)应付债券,是指饭店为了筹集(长期)资金而发行的债券的本金和利息。饭店债券是饭店为筹集资金而发行的一种借款性质的书面凭证。饭店发行长期债券,就可向债权人筹集可供长期使用的资金,并对债权人负有按期还本付息的责任,同时形成企业的一项非流动负债。

(3)长期应付款,是指饭店除长期借款以外的其他各种长期应付款,包括应付融资租赁固定资产的租赁费、以分期付款方式购入固定资产等发生的应付款项。

(4)专项应付款,是指饭店取得政府作为饭店所有者投入的具有专项或特定用途的款项。

(二)按计息和偿还方式分类

饭店非流动负债按偿还方式划分,可分为以下两类：

(1)定期偿还的非流动负债,是指到期日一次偿还本金的长期借款,饭店发行债券通常采用这样的形式。

(2)分期偿还的非流动负债,是指到期日之前分期偿还本金的长期借款。

(三)按计息方式分类

饭店非流动负债按计息方式划分,可分为以下两类：

(1)一次付息的非流动负债,是指在债务到期日一次支付债务利息的非流动负债。

(2)分期付息的流动负债,是指在到期日之前分期支付债务利息的非流动负债。

(四)按借款的币种分类

饭店非流动负债按借款币种分类,可分为以下两类：

(1)人民币非流动负债,是指借款为人民币或以人民币为基准计算的非流动负债。

(2)外币非流动负债,是指借款为人民币以外的货币或以人民币以外的货币为基准计算的非流动负债。

任务二　长期借款

一、长期借款概述

(一)长期借款的含义及特点

长期借款是指饭店向银行等金融机构借入期限在 1 年以上(不含 1 年)的各项借款。长期借款一般用于饭店固定资产的构建、房屋装修以及流动资产的正常需要等方面。它是饭店非流动负债的重要组成部分。长期借款具有借款数额大、借款期限长等特点。

(二)长期借款的分类

饭店的长期借款可以按不同的标志进行分类,其主要分类标志如下：

(1)按偿还方式,长期借款可分为定期偿还借款和分期偿还借款。

(2)按付息方式,长期借款可分为偿还本金时一次付息的长期借款和在借款期限内分期付息的长期借款。

(3)按借款条件,长期借款可分为抵押借款、担保借款和信用借款。抵押借款是指饭店用资产作为抵押,以保证按其还款而取得的借款。担保借款是指企业以其他具有法人资格的单位作担保而取得的借款。信用借款是指凭企业良好的信誉而取得的借款。

(4)按借款用途,长期借款可分为基本建设借款、技术改造借款和经营借款。

(5)按币种,长期借款可分为人民币借款和外币借款。

(三)长期借款利息的计算

长期借款利息的结算有单利和复利两种方法。单利是指仅按借款本金计算利息,其发生的利息不再加入本金重复计算利息。复利是指根据本金和前期利息之和计算本期利息,即不仅要计算本金的利息,还要计算利息的利息。

长期借款利息可按借款额合同的约定,于到期还本时一次支付,或者在借款期内分期支付。不论何种方式支付,都应当按照权责发生制原则,将应有本期负担的长期借款利息计提入账。

二、长期借款的核算

为了总括核算和监督饭店长期借款的取得和到期偿还等业务,企业应设置"长期借款"账户。该账户属于负债类账户,贷方登记饭店向银行或其他金融机构借入的长期借款的本息的增加额;借方登记本息减少额;期末余额在贷方反映饭店未偿还的长期借款。该账户可按贷款单位和贷款种类,分别设置"本金""利息调整"等明细账户。

(1)取得的长期借款。饭店借入长期借款,应按实际收到的金额,借记"银行存款"账户,贷记"长期借款——本金"账户。

借:银行存款

　　贷:长期借款——本金

(2)长期借款的利息。资产负债表日,应按摊余成本和实际利率计算确定长期借款的利息费用,实际利率与合同利率差异较小的,也可以采用合同利率计算确定利息费用。长期借款利息费用,应当根据以下原则,计入有关成本费用:属于经营期间的,计入财务费用;属于构建固定资产的,在固定资产尚未达到可使用状态时,发生的应当资本化,计入在建工程,按规定不允许资本化的,则计入财务费用,在固定资产达到预定可使用状态时,则计入财务费用。

饭店在计提利息时,借记"在建工程""财务费用"等账户,分期付息,一次还本付息的借款按合同利率计算确定应付未付利息,贷记"应付利息"账户。

计提利息时:

借:在建工程、财务费用等

　　贷:应付利息

(3)偿还长期借款。饭店偿还长期借款本金时,借记"长期借款——本金"账户,贷记"银行存款"账户。同时,存在利息调整的,借记或贷记"在建工程""财务费用"等账户,贷记或借记"长期借款——利息调整""长期借款——应付利息"账户。

饭店偿还长期借款本金时:

借:长期借款——本金

　　贷:银行存款

存在利息调整时：

借：在建工程、财务费用等

　　贷：长期借款——利息调整

（或相反）

【例 6 - 22】甲饭店为了改建一间会所，于 2015 年 1 月 1 日借入期限为 2 年的长期借款 1 500 000.00 元，款项已存入银行。借款利率按市场利率 7% 确定，每年付息一次，到期一次还本。2015 年初，该饭店以该存款支付工程款共计 900 000.00 元，2016 年初，又以银行存款支付工程款 600 000.00 元。该会所于 2016 年 8 月底完工，达到预定可使用状态。甲饭店作如下账务处理：

（1）2016 年 1 月 1 日，取得借款时：

借：银行存款　　　　　　　　　　　　　　　　　　　1 500 000.00

　　贷：长期借款——本金　　　　　　　　　　　　　　　　1 500 000.00

（2）2015 年初支付工程款：

借：在建工程——会所改建　　　　　　　　　　　　　　900 000.00

　　贷：银行存款　　　　　　　　　　　　　　　　　　　　900 000.00

（3）2015 年 12 月 31 日，计算 2015 年应计入工程成本的利息费用：

2015 年应计利息＝1 500 000.00×7%＝105 000.00（元）

其中应予以资本化的利息金额＝900 000.00×7%＝63 000.00（元）

借：在建工程——会所改建　　　　　　　　　　　　　　63 000.00

　　财务费用　　　　　　　　　　　　　　　　　　　42 000.00

　　贷：应付利息　　　　　　　　　　　　　　　　　　　105 000.00

（4）2015 年 12 月 31 日，支付借款利息时：

借：应付利息　　　　　　　　　　　　　　　　　　　105 000.00

　　贷：银行存款　　　　　　　　　　　　　　　　　　　105 000.00

（5）2016 年初，支付工程款：

借：在建工程——会所改建　　　　　　　　　　　　　　600 000.00

　　贷：银行存款　　　　　　　　　　　　　　　　　　　600 000.00

（6）2016 年 8 月 31 日，工程达到预定可使用状态时：

应予以资本化的利息金额＝（1 500 000.00×7%÷12）×8＝70 000.00（元）

借：在建工程——会所改建　　　　　　　　　　　　　　70 000.00

　　贷：应付利息　　　　　　　　　　　　　　　　　　　70 000.00

借：固定资产——会所　　　　　　　　　　　　　　　1 633 000.00

　　贷：在建工程——会所改建　　　　　　　　　　　　　1 633 000.00

（7）2016 年 12 月 31 日，计算 2016 年 9—12 月的利息费用：

应予以费用化的利息金额＝（1 500 000.00×7%÷12）×4＝35 000.00（元）

借：财务费用　　　　　　　　　　　　　　　　　　　35 000.00

　　贷：应付利息　　　　　　　　　　　　　　　　　　　35 000.00

（8）2016 年 12 月 31 日，支付利息：

借:应付利息　　　　　　　　　　　　　　　　105 000.00
　　贷:银行存款　　　　　　　　　　　　　　　　　105 000.00
(9)2017 年 1 月 1 日,到期偿还:
借:长期借款——本金　　　　　　　　　　　　1 500 000.00
　　贷:银行存款　　　　　　　　　　　　　　　　1 500 000.00

师生互动

请分小组讨论,进行师生互动,讨论长期借款的核算内容包括哪些?长期借款业务与短期借款业务具体会计处理有何不同?

任务三　应付债券

一、应付债券的性质及分类

(一)应付债券的性质

债券是企业按照法定程序发行,约定在一定期限内还本付息的一种有价证券。应付债券是指饭店为了筹措长期资金发行的债券形成的一项非流动负债。饭店发行债券通常须经过董事会及股东会正式批准,向社会公众公开发行的债券须经有关证券管理机构批准。

饭店发行的债券,其票面一般须载明企业名称、债券面值、票面利率、还本期限和方式、付息方式、债券发行日期等内容。

(二)应付债券的分类

应付债券可按不同标准进行分类,不同种类的债券,其管理要求和会计处理方式也不相同。

(1)债券按是否记名,可分为记名债券和无记名债券两类。记名债券是指发行人登记债券持有人的地址和姓名,并据以支付债券本金和利息的一种债券。无记名债券是指发行人未对债券持有人的地址和姓名进行登记的一种债券。记名债券对债券持有人来说相对安全,发行人须按登记的债券持有人支付本金和利息,而无记名债券则是向债券的直接持有人支付本金和利息,债券在谁手里,谁就可以持债券领取本金和利息。因此,记名债券转让时,必须到发行人处办理过户手续,否则持有人将无权领取本金和利息。

(2)债券按有无担保,可分为抵押债券和信用债券两类。抵押债券是指发行饭店以特定资产作为抵押而发行的债券,又称担保债券。信用债券是指饭店没有特定资产作抵押,仅凭借饭店良好的信誉而发行的债券,又称无担保债券。对债券持有人来说,抵押债券的风险较小。

(3)债券按还本方式,可分为一次还本债券和分期还本债券。

(4)债券按付息方式可分为一次付息债券和分期付息债券两类。

(5)债券按是否可转换为股票,分为可转换债券和不可转换债券两类。可转换债券是指可按一定条件转换为发行企业普通股股票的债券。

(6)债券的付息资金来源,可分为收益债券和收入债券。收益债券是指发行企业有盈利才支付利息的债券。收入债券是指发行企业用某种特定收入支付利息的债券。

二、应付债券发行价格的确定

债券发行价格是指债券发行饭店在发行债券时,向债券投资者收取的全部现金或现金等价物。债券的发行价格受到多种因素的影响,这些因素有:债券面值、票面利率、债券到期日与付息日、本金偿还方式、发行企业信用与资本结构、实际利率或市场利率、资本市场供求状况等。其中,债券面值、票面利率和实际利率是影响债券发行价格的主要因素。债券面值又称债券的到期值,即债券到期时应偿还的本金。实际利率即债券发行时的市场因素,是债券发行人和投资人双方都能接受的利率。票面利率一般用年利率表示,是在债券发行前根据当时的市场利率确定的。

若债券发行时的实际利率已知,则债券的发行价格为:到期偿还债券面值按债券发行时的实际利率计算的现值+债券票面利率按债券发行时的实际利息计算的现值。用公式表达如下:

债券发行价格=债券面值的现值+债券利息的现值

债券面值的现值=债券面值×每期实际利率和总期数的复利现值系数

债券利息的现值=每期利息×每期实际利率和总期数的年金现值系数

由于债券的准备发行和实际发行有较长的时间间隔,两个试点的市场利率不一定相同。如果债券票面利率等于实际发行时的市场利率,则债券应按平价发行;如果票面利率高于实际发行时的市场利率,则债券应按溢价发行,溢价部分作为对发行人将来按票面利率计算比按市场利率计算多付利息的一种补偿;如果票面利率低于实际发行时的市场利率,则债券应按折价发行,折价部分作为发行人将来按票面利率计算比按市场利率计算少付利息而预先付出的代价。

【例 6-23】甲饭店 2016 年 1 月 1 日发行 3 年期债券,面值 20 万元,票面利率为 6%,每半年付息一次,到期一次还本。若发行时市场利率分别为 6%、4%、8%,计算债券的发行价格。

(1)若债券发行时市场利率为 6%:

债券面值的现值=200 000.00×(P/F,3%,6)=167 500.00(元)

债券利息的面值=200 000.00×6%÷2×(P/A,3%,6)=32 500.00(元)

债券发行价格=167 500.00+32 500.00=200 000.00(元)

(2)若债券发行时市场利率为 4%:

债券面值的现值=200 000.00×(P/F,2%,6)=177 600.00(元)

债券利息的面值=200 000.00×6%÷2×(P/A,2%,6)=33 608.00(元)

债券发行价格=177 600.00+33 608.00=211 208.00(元)

(3)若债券发行时市场利率为 8%:

债券面值的现值=200 000.00×(P/F,4%,6)=158 060.00(元)

债券利息的面值=200 000.00×6%÷2×(P/A,4%,6)=31 452.00(元)

债券发行价格=158 060.00+31 452.00=189 512.00(元)

三、应付债券发行价格的账务处理

为了总括地反映和监督债券的发行、计提、归还情况,饭店应设置"应付债券"账户。该账户属于负债类,贷方登记应付债券的本息、债券的溢价及摊销债券的折价;借方登记归还的债券本息、债券折价以及摊销的债券溢价。期末余额在贷方,表示尚未归还的应付债券本息。在"应付债券"账户下,应设置"面值""利息调整"等明细账户,并按债券类别分别进行明细核算。

饭店在发行债券时,应当设置"企业债券备查簿",详细登记每一笔债券的票面金额、债券票面利率、还本付息期限与方式、发行总额、发行日期和编号、委托代售单位、转换股份等材料。

债券到期结清时,应当在备查账簿内逐笔注销。

(一)应付债券折价发行

饭店按溢价发行债券时,应按照实际收到的款项,借记"银行存款"账户;按实际收到的款项与债券面值之间的差额,借记"应付债券——利息调整"账户;按债券票面金额,贷记"应付债券——面值"账户。

　　借:银行存款
　　　　应付债券——利息调整(差额)
　　　　贷:应付债券——面值

【例6-24】甲饭店于2016年7月1日发行总面值为100万元的公司债券,共收到发行债券价款为95万元。该债券票面利率为10%,期限为5年。半年付息一次,到期偿还本金。甲饭店作如下会计分录:

　　借:银行存款　　　　　　　　　　　　　　　　　　950 000.00
　　　　应付债券——利息调整　　　　　　　　　　　　 50 000.00
　　　　贷:应付债券——面值　　　　　　　　　　　　1 000 000.00

(二)应付债券溢价发行

饭店按溢价发行债券时,应按照实际收到的款项,借记"银行存款"账户;按债券票面金额,贷记"应付债券——面值"账户;按实际收到的款项与债券面值之间的差额,贷记"应付债券——利息调整"账户。

饭店按溢价发行债券时:
　　借:银行存款
　　　　贷:应付债券——面值
　　　　　　应付债券——利息调整

【例6-25】甲饭店于2016年7月1日发行总面值为100万元的公司债券,共收到发行债券价款为120万元。该债券票面利率为10%,期限为5年。半年付息一次,到期偿还本金。甲饭店作如下会计分录:

　　借:银行存款　　　　　　　　　　　　　　　　　1 200 000.00
　　　　贷:应付债券——面值　　　　　　　　　　　　1 000 000.00
　　　　　　应付债券——利息调整　　　　　　　　　　 200 000.00

四、应付债券票面利息、折价或溢价摊销及利息费用计付的账务处理

(一)债券票面利息的计算

债券的票面利息即债券发行人定期支付给债券持有人的利息,等于债券面值与票面利率的乘积。一般按年度或半年度计算。票面利息一方面是债券利息费用的组成部分,另一方面在未支付给债券持有人前形成企业的一项负债,按企业会计准则规定,在分期付息债券利息的情况下,它是一种流动负债,记入"应付利息"账户。

(二)债券的利息费用

债券利息费用由债券票面利息和利息调整两部分组成。利息调整是债券发行时面值与实际收到款项之间的差额,需要在债券存续期内分期摊销,以确定该期的利息费用。

债券折价发行时：

$$利息费用＝票面利息＋利息调整$$

债券溢价发行时：

$$利息费用＝票面利息－利息调整$$

'

(三)利息调整的摊销

饭店的利息调整摊销采用实际利率法。实际利率法是指用实际利率和应付债券的摊余成本计算各期的利息费用的方法。

在债券溢价发行的情况下，债券账面价值逐期减少，利息费用也随之逐期减少；反之，在债券折价发行的情况下，债券的账面价值逐期增加，利息费用因而也逐期增加。

当期确认的利息费用与按票面利息计算的应付利息的差额，即为该期应摊销的利息调整。

(1)折价发行债券按以下公式计算：

$$票面利息＝面值×票面利率$$

$$当期利息费用＝债券该期期初账面价值×实际利率$$

$$利息调整摊销额＝当期利息费用－票面利息$$

【例6-26】甲饭店2012年1月1日，发行5年期债券1 000 000.00元，票面利率为10%，实际利率为12%，每年付息一次，实际发行价格为927 910.00元。采用实际利率法摊销。

甲饭店首先编制"利息调整摊销计算表"，如表6-3所示。

表6-3 利息调整摊销计算表 单位:元

会计期间	票面利息	债券账面价值	当期利息费用	利息调整摊销额
	(1)	(2)	(3)	(4)
2012.12.31	100 000.00	927 910.00	111 349.00	11 349.00
2013.12.31	100 000.00	939 259.00	112 711.00	12 711.00
2014.12.31	100 000.00	951 970.00	114 236.00	14 236.00
2015.12.31	100 000.00	966 206.00	115 945.00	15 945.00
2016.12.31	100 000.00	982 151.00	117 849.00*	17 849.00
合计	500 000.00	1 000 000.00	572 090.00	72 090.00

备注:117 849.00*＝100 000.00＋17 849.00,该数由于调整前期误差采用倒挤方式计算求得。

账务处理如下：

(1)2012年12月31日：

借:财务费用　111 349.00

贷:应付债券——利息调整　11 349.00

应付利息　100 000.00

(2)2013年12月31日：

借:财务费用　112 711.00

贷:应付债券——利息调整　12 711.00

应付利息　100 000.00

（3）2014 年 12 月 31 日：

借：财务费用　114 236.00

　贷：应付债券——利息调整　14 236.00

　　应付利息　100 000.00

（4）2015 年 12 月 31 日：

借：财务费用　115 945.00

　贷：应付债券——利息调整　15 945.00

　　应付利息　100 000.00

（5）2016 年 12 月 31 日：

借：财务费用　117 849.00

　贷：应付债券——利息调整　17 849.00

　　应付利息　100 000.00

（2）溢价发行债券按以下公式计算：

$$票面利息＝面值×票面利率$$

$$当期利息费用＝债券该期期初账面价值×实际利率$$

$$利息调整摊销额＝票面利息－当期利息费用$$

【例 6－27】甲饭店 2012 年 1 月 1 日，发行 5 年期债券 1 000 000.00 元，票面利率为 10%，实际利率为 8%，每年付息一次，实际发行价格为 1 079 850.00 元。采用实际利率法摊销。

甲饭店首先编制"利息调整摊销计算表"，如表 6－4 所示。

表 6－4　利息调整摊销计算表　　　　　　　　单位：元

会计期间	票面利息	债券账面价值	当期利息费用	利息调整摊销额
	（1）	（2）	（3）	（4）
2012.12.31	100 000.00	1 079 850.00	86 388.00	13 612.00
2013.12.31	100 000.00	1 066 238.00	85 299.00	14 701.00
2014.12.31	100 000.00	1 052 537.00	84 123.00	15 877.00
2015.12.31	100 000.00	1 035 660.00	82 853.00	17 147.00
2016.12.31	100 000.00	1 018 513.00	81 487.00*	18 513.00
合计	500 000.00	1 000 000.00	420 150.00	79 580.00

备注：81 487.00＝100 000.00－18 513.00，该数由于调整前期误差采用倒挤方式计算求得。

账务处理如下：

（1）2012 年 12 月 31 日：

借：财务费用　86 388.00

　应付债券——利息调整　13 612.00

　贷：应付利息　100 000.00

（2）2013 年 12 月 31 日：

借：财务费用　85 299.00

　应付债券——利息调整　14 701.00

　贷：应付利息　100 000.00

(3)2014 年 12 月 31 日：

借：财务费用	84 123.00	
应付债券——利息调整	15 877.00	
贷：应付利息		100 000.00

(4)2015 年 12 月 31 日：

借：财务费用	82 853.00	
应付债券——利息调整	17 147.00	
贷：应付利息		100 000.00

(5)2016 年 12 月 31 日：

借：财务费用	81 487.00	
应付债券——利息调整	18 513.00	
贷：应付利息		100 000.00

师生互动

请分小组讨论,进行师生互动,讨论应付债券的核算与持有至到期投资核算有什么区别,对两者的会计核算进行比较分析。

五、应付债券的偿还

债券的偿还期限及付款方式一般已在发行债券的募集说明书中或债券的票面注明,债券到期,发行债券的饭店应履行偿付责任。应付债券可在到期日偿还,亦可在到期日之前或之后偿还。偿还的方式不同,其账务处理就不同。

债券到期时,其溢价或折价金额均已分摊完毕,债券到期的账面价值等于面值,企业只需按面值偿付本金或根据发行协议偿付本金和最后一期的利息,借记"应付债券——面值""应付利息"等账户,贷记"银行存款"账户。

借：应付债券——面值

　　应付利息

　贷：银行存款

【例 6-29】承接【例 6-27】,甲饭店根据协议,债券到期后 10 日内支付债券的本金和最后一年的利息。甲饭店账务处理如下：

借：应付债券——面值	1 000 000.00	
应付利息	100 000.00	
贷：银行存款		1 100 000.00

实训课业

1.资产负债表日,按计算确定的短期借款利息费用,贷记的会计账户是哪一项?

2.职工薪酬的范围有哪些?

3.饭店所使用的增值税税率是多少?

4.在确定借款费用资本化金额时,与专门借款有关的利息收入应计入什么账户?

5.长期借款进行明细核算应当设置的明细账户包括哪些?

6.某饭店于2016年1月1日溢价发行5年期一次还本的债券。该债券实际发行价格为1 090万元,面值总额为1 000万元,票面利率为6‰,实际利率为4‰。该债券于每年6月30日和12月31日支付利息。2016年12月31日应付债券的摊余成本是多少?

项目七　饭店收入及财务成果的核算

学习目标

• **职业知识**

了解饭店收银的相关内容;掌握客房、餐饮及其他部门营业收入的核算;掌握饭店营业收入稽核的相关内容。

• **职业能力**

通过学习能够熟悉饭店各营业点营业收入的收银、核算和稽核工作,能够熟练地将本项目的内容运用到实践中,并指导实践。

• **职业道德**

结合本项目中的"同步思考"和"师生互动"等教学内容,依照职业道德规范,强化饭店财务会计实务中从业人员的职业道德素质。

案例思考

黄金周期间,实习生小王工作的餐厅内客人熙熙攘攘,充满节日的喜庆气氛。一家人来到餐厅聚餐,坐在了 18 号台,点了一桌丰盛的酒菜。服务员小王按照程序开单后,分别交给收银台和厨房,新鲜可口的菜很快上齐了,一家人谈笑风生,很是热闹。过一会儿,客人要求再加一个菜"龙井虾仁"。小王照例开了单,一会儿鲜香的龙井虾仁上到客人面前。他们非常满意菜肴的味道和服务。客人吃好后,要求结账,共计 200 元。这家人前脚刚走,小王突然发现龙井虾仁的钱没有收,他急忙追出去,向客人表示歉意,幸亏这家人通情达理,补付了菜款。原来,小王开的第二张单子没有递到账台,只递到厨房,差点导致了跑单。

思考:通过这件事,小王应该总结什么教训? 以后的工作要注意什么?

模块一　饭店收入的核算

任务一　掌握饭店收银的职责和业务流程

一、总台收银管理

(一)总台收银的功能

饭店一般都会在大堂的显著位置设立总台服务,负责销售饭店的主要产品——客房,联络协调各部门,并为客人提供与前厅有关的其他服务。总台服务的主要功能由开房、问询、收银(结账)三个部分组成。

总服务台在行政关系上隶属饭店前厅部,总台结账处虽然也设在总服务台内,但其行政关系因饭店规模大小、业务量多少、管理要求等因素的不同而不同。小型饭店业务量不大,服务项目简单,可将结账、收款工作归入前厅结账员的工作职责。这种设置可以节约人力成本,但是由于接待员隶属前厅部,可能会忽视收银过程中的财务管理,因此要求饭店财务部门要承担对前厅接待员收银工作的业务管理,包括对营业收入的记录、结账、收款的工作程序的审核,同时负担对营业收入的监督和稽核,以减少问题的出现。

大中型饭店因为服务项目多,业务量大,总台收银一般直接归财务部管理,由财务部直接派人进行收银工作。由于是财务专业人员进行收银,这样的设置可以减少收银过程中的错漏,也可以减少财务部后续审核的工作量。但是这样的设置人力成本较高,财务人员与前厅部也会出现工作上的协调问题,因此为了降低成本,减员增效,目前在大中型饭店中也有将总台收银归入前厅部的趋势。

(二)总台收银的程序

目前,国内大多数饭店为了方便客人、促进消费,已经按照国家饭店星级标准的规定向客人提供一次性总账单结账服务。客人进店时经过必要的信用证明和证件查验之后,可以在除商品部以外的饭店其他营业点赊账。总台结账处不断累积客人的消费金额,直到客人离店或者消费金额达到饭店信用政策所规定的最高欠款额时,才要求客人结账付款,这种结账方式叫做一次性总账单结账系统。

一次性总账单结账系统的运行程序如下:

1.宾客分账户的开立

客人入住饭店时,首先需要在总台办理入住登记。总台接待员要检查客人所填表格(包括房号、客人姓名、抵离时间、房价、付款方式等信息)是否清楚、完整、符合要求,并核对客人的有关证件,开立客人分账户。如果客人付款方式为信用卡,还要压印一份客人信用卡的签购单,宾客账户才能开立完毕。

2.业务分析和记账

各营业点开出的消费凭单是将经济业务计入宾客分账户的原始凭证。消费凭单应事先编号并按号使用。消费凭单在各营业点由客人签字后方能生效,总台在收到各营业点的消费凭单时要检查凭单上的签字与住宿登记单上的签名是否一致,然后才能根据凭单所记载的经济业务的性质正确计入对应的宾客分账户内,并将凭单附在宾客账户后,以便客人结账时查阅。

值得注意的是房费的记账有别于其他消费,房费通常是每天的最后一笔记账业务,一般是由夜审工作人员在饭店规定的每晚营业结束时间过账,夜审在办理房费过账时要按顺序入账,房价就是宾客分账户上注明的价格,不需要其他凭单,这不同于其他营业点的欠费消费。

3.结账

客人结账时,接待员首先要根据客人报出的房号取出客人的宾客分账单和所有附件(赊欠凭单、优惠凭单、信用卡签购单等);然后通知客房中心,以便楼层服务员检查房间情况,如客房小酒吧是否动用,客房物品是否齐全、损坏等,还要询问客人是否有最新消费;接下来将账单呈交客人核查,核查无误之后根据客人不同的付款方式进行结账;最后结账完成后还需客人在宾客分账单上签字确认。

二、餐厅及其他营业点收银管理

(一)餐厅账务运行程序

在饭店餐厅消费的客人分为非住店客人与住店客人两类。非住店客人又分为饭店有信用合同和没有信用合同两种情况。没有信用合同的客人必须现付,有信用合同的客人,其账务处理同住店客人。在实行一次性总账单服务的饭店,客人入住饭店后,就可以凭前厅部签发的住房卡在饭店各营业点(不包括商业部)签单消费。这些费用发生时,应由各营业部门让客人在账单上签上房号和姓名后送到总台结账处,由总台结账处收款员将这些费用记录在宾客分户账上。

餐厅账务运行的具体过程如下:

(1)当服务员送来点菜单时,核查点菜单中的食品名称、数量、规格、单价及金额项目是否准确无误。

(2)在点菜单的厨房联上盖上收款员印章,交给服务员,作为入厨加工食品的凭证。

(3)顺号取出一份账单,根据点菜单的财务联填列好日期、桌号、人数、服务员工号、品名、数量、单价等内容,并计算出金额,放在账单夹内,等待客人结账。团队、会议客人应在账单上写明团队、会议名称、付款单位等。

(4)有的客人用膳期间需加菜或加饮料,服务员开出点菜单,收款员应找出已开的账单继续登记;不能重新开立新的账单,以防止漏收。

(5)客人用膳完毕结账时,收款员应立即计算出客人的应付款项,将一式二联账单交给服务员。由服务员将账单呈交客人。

若客人付现金,服务员把账单的客人联交给客人,收下现金,将现金及账单的财务联一并交给收款员。

若是住店客人,则由服务员请客人在账单上签上房间号码及姓名,然后将账单交给收款员,收款员将账单的客人联、财务联迅速传递到总台结账处,由总台结账处收款员计入客人的总账单。

现在大多数饭店的散客房价中都包含免费早餐,团队客人、会议客人的早、中、晚三餐也事先确定。饭店为了方便服务,常常使用就餐券的方法简化就餐手续。早、中、晚餐券可用颜色区分,以方便识别,客人凭餐券到指定餐厅就餐。餐厅收银员可按照餐券的内容建立消费凭单,或者只收餐券不开立消费凭单。后一种方法手续简便,但要做好餐券的归类统计,属于免费早餐的,其汇总的餐券交财务部按事先确定的方法核算;属于团队、会议客人的,其汇总的餐券转总台结账处计入团队、会议的总账单内。

在餐厅的经营中还会出现折扣和免单的情况,饭店应制定严格的控制制度,明文规定各级管理人员折扣和免单的权限。发生折扣和免单情况时,当事的管理人员应在"餐厅账单"或专用的"折扣或优惠凭单"上注明原因、折扣和优惠标准并签名,以明确责任。营业收入日间审计人员对每一笔折扣、免单业务进行审核,对违反规定的按制度进行处理。

案例分析

某日,一位客人到某饭店的咖啡厅用早餐,点了一只煎蛋。在这家饭店的菜单和电脑计费系统中,煎蛋是以"客"为计费单位的,每客煎蛋两只,收费 10 元,特殊情况每只煎蛋收费 6 元。

餐厅服务员小全按客人的要求接受了订餐,并在订单写明1只煎蛋。当班的餐厅收银员小郑没有看清客人订的是一只煎蛋,就按正常情况以10元的价格给客人计费并打印好了账单。

客人接到账单后,发现多收了钱,就找来了服务员小全并将情况告诉了他,小全听后立即去收银台更改账单。过一会儿,小全认为账单已经更改,取回了该账单送给了客人,并向客人表示歉意,客人结完账离开了餐厅。不料,不一会儿这位客人又回来了,生气地质问服务员为什么账单还是错的,原来多收的钱并没有被减掉。"你们这不是明摆着欺客吗?"客人愤然投诉,服务员小全满肚委屈。

(二)客房小酒吧及其他卖品的账务运行程序

《旅游饭店星级的划分与评定》国家标准中规定,四星级以上饭店要有50%的客房需要配备小冰箱,提供适量的酒和饮料,实践中很多饭店还根据客源情况在客房内配一些干果、薯条等物品。

客房小酒吧及其他物品采用固定配备制,由饭店客房部根据本饭店的星级及目标市场,确定酒、饮料及其他物品的配备品种及数量,第一次铺底的品种及数量作为固定数管理,客人消费后,客房楼层服务员凭总台结账处收款员签字或盖章的账单回联,才能如数补齐客房小酒吧的酒、饮料及其他物品。

客房内放置一式三联的客房小酒吧账单,账单上应列出酒、饮料及其他物品的品种、价格及其有关注意事项。

客房服务员在每次例行进房工作时,要进行客房小酒吧及其他物品有否消费的检查,如客人在消费后自己填好了账单,客房服务员应收取账单并将账单送往总台结账处。对于离店客人,大部分饭店要求总台收款员在其结账时通知客房部,由楼层服务员检查客人消费的品种、数量,并立即用电话通知总台结账处。由于每位客人离店都需要通知楼层服务员查房,该过程需要一定的时间,客人常常会因等待时间过长而提出投诉。有些高星级饭店为了提高服务质量,规定客人结账时,由总台收款员询问客人是否消费了客房小酒吧的酒、饮料及其他物品,根据客人的回答进行结账,从而大大提高了结账进度。

(三)洗衣服务的账务运行程序

国家星级评定标准要求二星级以上的饭店为客人提供洗衣服务,大部分饭店的例行做法是通过电话接受客人洗涤要求,饭店洗涤部门服务员在电话中往往需提醒客人填写洗衣单,并将需洗熨的衣物一同装入洗衣袋,放于客房内由客房服务员收取。洗涤部门在收取客人衣物后,填写"客衣收衣记录表"同时开立账单,并把留有客人签名的订单一联附后,及时送总台结账处计入宾客分户账。每天营业结束,洗涤部门要汇编洗衣收入日报表,报送总台结账处供稽核之用。

任务二　处理饭店收入的稽核和业务流程

营业收入稽核的主要目的是保证每笔宾客账记录的正确性,保证没有一项消费、一笔业务遗漏,发现并纠正记账过程中出现的差错。由于饭店每天都有成百上千笔记账业务,如此繁重的记账工作难免发生差错,因此营业收入的稽核对饭店来说是必不可少的一项工作。

为了准确反映饭店每天的营业情况,每个饭店都要选择一个时间作为一天营业终止期限(营业额计算终点),一般是在晚上11点至凌晨2点之间选择,饭店营业时间结束后就要进行夜间稽核。如若饭店最后营业点结束时间超过饭店确定的营业终止时间,也可将超过营业结束时间的账单作为第二天的营业额。

由于住店客人流动性大,所以稽核工作要每日进行,逐项核对每一笔记账业务,保证账务准确。按照稽核内容和工作时间的不同,有夜间稽核和日间稽核之分。夜间稽核(也称夜审)的主要任务仅仅是核对所有销售部门的销售业务是否都正确记录,赊欠款项是否准确记录到宾客分账户上,只要原始消费凭单和收款员收入日报表上的赊欠数以及宾客分账户上各营业点的赊欠数相同,夜间稽核人就能认可而不需要任何凭证,其工作则已完成。而进一步检查夜审工作结束后的每项记录是否真实,有否弄虚作假、串通舞弊、包庇隐瞒错弊的行为,就是日间稽核员(也称日审)的责任。日审工作人员要对所有销售记录的真实性负责,所以日间稽核可以看做是夜间稽核继续。

一、饭店营业收入的夜间稽核

饭店手工夜间稽核程序如下:

(1)将当天尚未入账的消费凭单记入宾客分户账。

(2)稽核各营业部门收入。夜间稽核员应一次对每个营业点每个班次的收款员收入明细表进行核对,稽核内容有以下几个方面:

①所有消费凭单累计数应与营业点收款员收入明细表的合计数相等,如不相等应按消费凭单号码顺序一一核对,发现差错给予更正,直至无误。

②将不同结算方式的消费凭单分别累计,现金付讫的消费凭单累计数应与现金栏金额相符;转总台结账处挂账的消费凭单累计数应与营业点收款员收入明细表中客人欠款栏的金额相同。这样逐栏一一核对,以保证每份收入明细表正确。

③将当天所有营业点收款员收入明细表中的客人欠款数累计起来,该数应与当日总台结账处记入该部门的客人挂账数相等。

(3)稽核总台收款员收入。总台收款员负责办理离店客人的结账手续,每班工作结束后也要编制总台收款员收入明细表,离店客人账务的稽核,同样用总台收款员收入明细表进行,其步骤如下:

①所有已结账离店的客人的客账留存联应与总台收款员收入明细表中合计栏的数字相等,如有不符,则应按顺序核查至无误。

②将客账按不同结算方式进行分类、累计,现金付讫账单累计数应与总台收款员收入明细表内现金栏的合计数相等,也应与收款员收入明细表上记录的现金交款数相等;信用卡结算账单的累计数应与信用卡栏金额及信用卡签购单累计数相等。这样逐项核对,直至无误。

(4)稽核贷方业务。为了严格控制现金收入业务,凡是记账、收款中发生的贷方款项都应详细核对,尤其是折扣、退款、免单等贷方业务更应严格检查。检查这些业务是否符合正常手续,开立的折扣、退款、免单等是否注明原因、日期、有权限签批人的签字等内容,以防出现舞弊现象。

(5)房费过账,结出每一宾客分户账余额。房费的过账是根据宾客分户账上注明的房价标准,记入宾客分户账中当日房租栏内,一般按楼层、房号顺序一一过账,结算每一宾客分户账的余额。每天房费的过账,是在当日宾客分户账上记入的最后一笔消费额。

(6)编制宾客分户账汇总表。夜间稽核员过完房租、结算出每一宾客分户账余额后,应根据每一宾客分户账上的房租、餐饮及其他消费、账户余额编制宾客分户账汇总表,累计当天房费、餐饮及其他消费、账户余额,准备试算平衡。

📚 知识拓展

宾客分户账汇总表

房号	昨日余额	本日借方发生额								本日贷方发生额	本日余额	备注
		客房	餐饮	洗衣	电话	汽车	其他	服务费	小计			
合计												

试算平衡公式为:

宾客分户账当晚结余款(E)=今日宾客分户账借方数(A)(即本日发生宾客欠款数)+昨晚宾客分户账结余额(B)-今日宾客分户账贷方总数(C)(即今日宾客结账数)-本日宾客预付款(D)

用字母表示即为 A+B-C-D=E,这个 E 就是下一日的 B。

上述数据都可在表中获得。按计算得出的宾客分户账当晚结余款 E,应与夜间稽核员核对过的宾客分户账汇总表中本日余额栏内的所有客账余额累计数相等。相等即表示当日客账记录、结账收款正确。

(7)试算平衡。根据总台收款员收入明细表及除餐饮外的其他营业点营业日报表编制夜间稽核试算平衡表,根据各餐厅收款员收入明细表编制夜间稽核数算平衡附表,并对纵、横栏进行累计,然后进行试算平衡(这里所说的"平衡"指的是各部门共做了多少营业额,记入宾客分户账的数字是不是一样,有没有多记或少记)。

📚 知识拓展

夜间稽核试算平衡表
年　　月　　日

部门	销售收入			结算方式						
	营业收入	服务费	小计	现金	信用卡	支票	内部转账	外单位欠款	宾客欠款	小计
客房										
餐饮										
小商店										

部门	销售收入			结算方式						
	营业收入	服务费	小计	现金	信用卡	支票	内部转账	外单位欠款	宾客欠款	小计
商务中心										
美容室										
洗衣房										
电话房										
健身房										
娱乐中心										
合计										

夜间稽核试算平衡附表

餐厅			就餐人数	销售收入						结算方式					
				食品	酒水	其他	服务费	押金	合计	现金	信用卡	支票	外单位欠款	宾客欠款	合计
中餐零点餐厅	早餐	团队													
		散客													
	中餐	团队													
		散客													
		宴会													
	晚餐	团队													
		散客													
		宴会													
	小计														
……															
餐厅部门合计															

(8)编制营业收入日报表。为了及时掌握经营信息,很多饭店建立了"营业收入日报"制度。夜间稽核员试算平衡后,通常还要负责营业收入日报表的编制,也有少数饭店由日间稽核员对夜间稽核工作复审后编制。每天营业的各项数字信息通过营业收入日报表的形式于次日

早晨送给总经理和有关部门经理。财会部会计组也可根据营业收入日报登记每天的营业收入日记账。

营业收入日报表的格式及内容在很大程度上取决于管理部门的要求。

知识拓展

营业收入日报表

年　　月　　日

项目	本日收入	本月累计收入			与上年同期比较			
		预算	实际	占预算/%	同日收入	%	同月累计收入	%
一、客房收入								
1.房租收入								
散客房费收入								
团队房费收入								
2.客房杂项								
二、餐饮收入								
1.食品收入								
2.饮料收入								
3.其他								
三、商场收入								
四、其他部门收入								
1.洗衣收入								
2.美容收入								
3.理发收入								
4.其他经营收入								
合计								

客房出租状况表

项　　目	本　　日	本　月　累　计
1.固定客房数		
2.出租率		
3.平均房价		
4.住店客人数		
其中：散客		
团队		

上述业务是以手工操作讲述的,实际上,现在大多数饭店都使用了电脑,总台结账处各营业点终端都实行了联网,大部分记账业务是通过营业点终端办理,输入到营业点终端的消费信息,会自动记入相应的宾客分户账上,从建立原始消费凭单到记入宾客分户账,全部工作是一步完成的,不需要传递消费凭单过账,因而减少了信息传递、表账单过账的中间环节,减少了出现操作错误的可能性,即使出现营业点收款员输入错误问题,也不会使账务出现不平衡。例

如,某笔菜肴消费金额是 65.78 元,收款员误将其输成 56.78 元,这时账单、收款员收入日报、宾客分户账采用的都是 56.78 元这个数字,所以就没有试算平衡问题。这时夜审的工作内容就要重新定义,其主要工作是复核饭店每笔业务交易的数据是否被正确地输入电脑。所以,现在很多饭店都将夜审、日审工作合二为一。

二、饭店营业收入的日间稽核

日间稽核工作主要有以下几个方面:

(1)审核由夜间稽核编制的各种报表,并于规定时间前,分送各有关部门经理和总经理。

(2)复核所有收款员、记账员的营业报表。审核所有餐厅账单的书写是否符合要求,是否与附在后面的订单内容一致,同时也应与厨房收集的盖有收款员专用章的订单内容、数量一致;复核每笔贷记业务(包括优惠减、免等)手续是否齐全,所有记账的凭单分类累计数应与记账员客账记账报告、宾客分户账明细表的有关栏目数据分别相符;复核所有总台收款员所收现金、票证是否与附在后面的结过账的客账留存联各类累计数相符,便于收款员编制的收入日报表内容、金额一致。

(3)每天上、下午各一次核对客房部楼层客房状态日报表是否与前厅客房出租状况统计表相符,以确保所有住客房都有客账。如不符,应进一步查清,并书面报告上级。

知识拓展

客房出租状况统计表

1	可出租房间数	
2	出租率	
3	团队用房率	
4	免费房数	
5	平均房价(不含免费房)	
6	平均房价(含免费房)	
7	团队平均房价	
8	散客平均房价	
9	住店客人人数	
10	双客房出租率	

复核　　　　　　　　　制表

(4)审核对外结算账目和单据(包括旅行社、团队、合同单位等)的数据是否正确、单据是否齐全无误,并转交信用组,同时有书面交接记录。

(5)负责所有餐厅账单、发票等的签发、核销工作。

(6)负责保管所有收款、记账凭单及稽核报告。

(7)协助收款主管抽查收款员备用金,并做好检查记录和归档工作。

(8)汇编公关用房、内部用房及餐饮减、免费报告,报送有关经理。

任务三 熟悉饭店收入的核算

一、客房营业收入的核算

客房是饭店向旅客提供的最主要产品之一,饭店通过销售客房并向客人销售与此相关的系列服务,取得重要的收入来源。经济型饭店是以客房服务为主的,客房出租收入约占整个饭店营业收入的90%以上。国内星级饭店一般都有配套设施,客房出租收入所占比例各不一样,高的约占整个饭店营业收入的70%左右,低的也占到50%左右。可见,做好客房会计核算工作具有十分重要的意义。

(一)客房营业收入核算流程

客房营业收入核算流程如下:

(1)饭店客房制定房价,还要根据实际情况定期对房价进行调整;

(2)每天营业结束后各前厅收银员把现金投入保险箱(客房收入的收银归前台);

(3)财务部派人在营业结束后审核单据,并且将房费过账;

(4)次日在入账前由财务部工作人员日审,并且由总出纳交款;

(5)最后财务人员对收入确认入账,编制记账凭证。

可以看出,客房营业收入核算主要分为定房价、收银、记账和稽核四道程序。其中关于客房营业收入的收银是总台收银员在客人结账时收取的,本教材已在任务一中阐述,在此不再赘述。客房营业收入的稽核是财务部夜间稽核和日间稽核的重点,已在任务二中讲述,因此接下来本教材重点讲述饭店自定房价的过程和客房营业收入的记账过程。

(二)客房定价方法

客房价格受到成本高低、物价涨跌、供求关系、季节淡旺、地理位置等多种因素的影响,所以,制定客房价格也是灵活多样的,其中,成本因素是定价的基础。在这里介绍一种最常用的成本定价方法:考虑建筑装修费用的千分之一计价法。

千分之一计价法是把客房的每1 000元建筑和装修成本设定为1元房价,其公式如下:

$$平均每间客房租价=(建造成本总额/客房房间)/1\,000$$

这种方法注重饭店过去的建筑和装修成本,但没有考虑到通货膨胀、劳动力、家具补给和客房出租率水平因素等的影响,因此在定价决策时仅作基础价参考。

同步思考

某五星级饭店的初始建造成本(包括建筑和装修成本)为12 000.00万元,共有客房200间,请用千分之一法来确定该饭店平均每间客房的租价。

说明:

$$平均每间客房租价=(建造成本总额/客房房间)/1\,000$$
$$=(120\,000\,000/200)/1\,000$$
$$=600.00(元)$$

知识拓展

客房的价格分类

在经营中,饭店可按实际情况制定房价,并明码标价,这个价格又称为标准房价。在标准房价的基础上打一定折扣,形成多种多样的价格,以适应市场需求的变化。但无论采取哪种价格,客房销售的入账价格都应当是出租客房的实际价格,只有按实际价格入账,才能准确计算营业收入。在实际工作中房价的种类多种多样,可进行如下分类。

(1)公司价或商务价,是指为经常提供客源的公司或旅行社给予一定优惠的房价。

(2)团队或会议价,是指提供给团队和会议的低于门市价的优惠房价。

(3)促销价,是指提供给为饭店带来收入的团队中某个人的惠顾价,以示激励。

(4)奖励价,是指为了争取潜在业务收入而提供给旅行社、航空公司、会议策划人等的价格。

(5)家庭房价,是指为携带儿童的家庭保留的房价。

(6)小包价,是指一间客房与其他活动如早餐、高尔夫、网球等结合在一起销售的价格。

(7)赠送价,是指给特殊客人的房价,客人入住期间免收房费,但客人用餐、打电话等消费仍需要付款。

(三)客房营业收入的核算

会计人员应按《企业会计准则第 14 号——收入》有关规定对本日营业收入进行确认。客房营业收入依据上述准则确认后作账务处理。客房营业收入就是客房销售,确认时间区间从每天 0 点到 24 点钟,在此期间客房一经出租,即客人办完入住手续迁入房间,则不论房租是否收到,夜审人员在午夜都作销售处理,第二天由会计人员记入营业收入。

为了正确核算饭店的营业收入,应设置"主营业务收入"科目和相应的账户,并按营业部门设置明细账进行核算。"主营业务收入"科目属于损益类科目,取得收入时贷记本科目表示增加,月末结账时从借方转出。取得收入时的账务处理,一般分两个步骤,第一步:每日收到宾客的押金时,借记"现金""银行存款",贷记"应收账款"。第二步:按收入确定的要求把当日实现的收入入账,借记"应收账款",贷记"主营业务收入"。

同步思考

某饭店 2016 年 2 月 17 日入住宾客 290 人,收到现金 200 355.00 元,支票和信用卡 170 060.00 元,协议单位签字金额 356 067.00 元;其中该日 A 楼客房销售收入 82 100.00 元,B 楼销售收入 70 683.00 元,客房其他收入 234.00 元。对本日营业收入相关业务进行会计处理如下。

说明:

收到押金时,编制如下会计分录。

借:库存现金   200 355.00

　　银行存款   170 060.00

　　应收账款——宾客   356 067.00

　　贷:应收账款——预收押金   726 482.00

确认收入时,编制如下会计分录。

借：应收账款——宾客　　　　　　　　　　　　　　153 017.00
　　贷：主营业务收入——客房收入——A楼　　　　　82 100.00
　　　　　　　　——客房收入——B楼　　　　　　70 683.00
　　　　　　　　——客房收入——其他　　　　　　234.00

二、餐饮营业收入的核算

餐饮部是饭店的重要组成部分，餐饮部是指从事加工烹制餐饮食品，并供应给顾客食用的部门。其经营范围广、种类多，有中餐、西餐、宴会、酒吧，经营方式有宴会、包餐、点菜等。餐饮收入一般约占饭店营业收入的 1/3 左右，是饭店营业收入的重要来源之一。

(一)餐饮收入核算的基本要求

(1)做好销售价格的制定控制工作。设有操作经验丰富的专职或兼职物价员计算各类食品、菜肴的销售价格，并由财会部门稽核审查售价。

(2)建立健全餐饮收款处收银员工作岗位责任制，保证日清月结，产销核对，账款相符。

(3)每日营业终了，由收款员填报"营业收入日报表"，连同账单和收取款项，封入夜间保险柜，次日晨由总出纳审核点收，将应收账款挂账，并将现金、支票存入银行。

(二)餐饮销售价格的确定

餐饮饭菜价格分为正确计算原材料成本和合理掌握毛利率两个部分。

$$餐饮制品售价＝原材料成本＋毛利$$

原材料成本的构成，包括饮食品的主料、配料、调料和这些原材料的合理损耗。不合理的原材料损耗不计入成本。如有能够利用做食品的下脚料，应适当作价，并冲减原来的原材料成本。

毛利包括费用、税金和利润三部分，为了便于计算和管理，可以综合计算，定出毛利率。毛利率的算法有两种，即内扣毛利率和外加毛利率。

1.内扣毛利率算法

内扣毛利率算法的相关计算公式为：

$$销售毛利率(内扣毛利率)＝毛利/销售价格$$
$$销售毛利率(内扣毛利率)＝费用率＋税金率＋利润率$$
$$餐饮制品售价＝投料定额成本/(1－内扣毛利率)$$

2.外加毛利率算法

外加毛利率算法的相关公式为：

$$成本毛利率(外加毛利率)＝毛利/原料成本$$
$$产品售价＝产品原料成本×(1＋外加毛利率)$$

3.内扣毛利率与外加毛利率的互为换算

内扣毛利率与外加毛利率的互算公式为：

$$内扣毛利率＝外加毛利率/(1＋外加毛利率)$$
$$外加毛利率＝内扣毛利率/(1－内扣毛利率)$$

同步思考

某饭店制作清蒸鲤鱼一份，用料是：新鲜鲤鱼净料 23.00 元，辅料 3.00 元，调料 1.00 元，内扣毛利率定为 55.00%，求该菜肴的售价。

说明：

清蒸鲤鱼售价＝(23＋3＋1)/(1－55%)＝60.00(元)

食品、菜肴的销售价格是在投料成本定额基础上加一定内含毛利率或加成率，通过编制成本及售价计算表确定的。成本及售价计算表，既是餐饮部门投料控制的标准，又是国家物价部门进行物价控制的依据。

(三)餐饮营业收入会计处理

为了反映餐饮部门营业收入情况，应设"主营业务收入"科目进行核算。以提供劳务，收到货款或取得收取货款的凭据时确认营业收入。企业实现主营业务收入，应按实际价款记账，借记"银行存款""库存现金""应收账款"等科目，贷记"主营业务收入"科目。应根据自身管理的需要，对主营业务收入进行适当的分类，并设明细科目进行核算。

同步思考

某饭店餐饮部报来当日营业收入日报及缴款单，收到现金 62 300.00 元，支票和刷信用卡 36 700.00 元，签单赊账 40 902.00 元，具体营业收入如下：中餐零点本日收入 4 736.00 元，中餐宴会本日收入 87 149.00 元，西餐厅本日收入 27 342.00，送餐服务本日收入 1 073.00 元，日餐厅本日收入 15 470.00 元，大堂吧本日收入 4 132.00 元。

说明：

根据日报表和有关凭证编制会计分录如下。

```
借：库存现金                              62 300.00
    银行存款                              36 700.00
    应收账款                              40 902.00
    贷：主营业务收入——餐饮部——中餐零点      4 736.00
              ——餐饮部——中餐宴会         87 149.00
              ——餐饮部——西餐厅          27 342.00
              ——餐饮部——送餐服务          1 073.00
              ——餐饮部——日餐厅          15 470.00
              ——餐饮部——大堂吧           4 132.00
```

三、其他营业收入的核算

其他营业收入主要是指饭店内部开设的商品经营部营业收入的核算。商品经营业务一般是指饭店内部开设的商品部(或称为购物商场)所进行的商品买卖活动，属商业零售性质，直接向客户提供商品销售服务，同时通过销售差价补偿相关成本费用，获得盈利。商品部主要经营一些日用百货、具有地方特色的旅游纪念品和一些饮料制品，其服务对象多为住店的旅游者，销售方式采用现销方式。

(一)商品部经营业务的核算方法

商品部经营业务常用的核算方法是实物管理售价核算法。此方法是在购进商品时，实物保管人按商品的进货价验收入库，会计也按进货价记录入账，该商品售价与进价的差额通过"商品进销差价"账户加以反映。期末，计算进销差价率将进销差价按本期销商品份额分摊进入成本,调整为本期实际销售成本。

这里的"商品进销差价"账户是"主营业务成本"账户的调整账户。购入商品过程中商品进销差价增加记入其贷方,月末分配商品进销差价时由其借方转出,其本期贷方发生额反映本期商品进销差价的总额,月末结转后贷方余额为库存商品尚未摊销的进销差价数额。

(二)商品部营业收入的核算

商品部的商品销售对象一般为个人消费者,对每笔成交的销售业务,都要填制销售收入缴款单,编制商品营业日报。营业日报全面反映每日商品销售的详细情况,一式三联,第一联留存备查,第二联连同旅客签章的账单联送总台记账,第三联同账单副联和现金一并送会计部门。

财务部门根据营业日报和现金结款单,确认收入时借记"银行存款"或者"应收账款"等账户,贷记"主营业务收入";确认成本时借记"主营业务成本",贷记"库存商品"账户。

同步思考

某饭店商品部销售了一批商品(服装)金额(含税,税率17%)为7 000.00元,以现金收讫,编制会计分录如下。

说明:

(1)计算不含税销售额和增值税税额。

含税销售额 = 不含税销售额 × (1 + 适用增值税税率)

　　　　　 = 不含税销售额 + 不含税销售额 × 适用增值税税率

　　　　　 = 不含税销售额 + 增值税税额

不含税销售额 = 含税销售额 / (1 + 适用增值税税率)

　　　　　　 = 7 000 / (1 + 17%)

　　　　　　 = 5 982.91(元)

增值税税额 = 不含税销售额 × 适用增值税税率

　　　　　 = 5 982.91 × 17%

　　　　　 = 1 017.09(元)

(2)按不含税销售收入和销项税入账,编制如下会计分录。

借:库存现金　　　　　　　　　　　　　　　　　　　　　7 000.00
　　贷:主营业务收入——商品部　　　　　　　　　　　　　5 982.91
　　　　应交税费——应交增值税　　　　　　　　　　　　　1 017.09

模块二　饭店财务成果的核算

任务一　营业外收支的核算

一、营业外收支的概述

营业外收支,是指饭店发生的与其日常活动无直接关系的各项收支,这些收入和支出的偶发性很强,前后不发生联系,而且每项收入和支出往往是彼此独立的。收入没有相应的成本和费用,支出没有相应的收入。在饭店经营活动中,难免会遇到一些饭店经营无直接联系的经济业务,如发生自然灾害、非常事项或其他客观因素造成的财产损失,以及其他各种意外的收入和支出等。营业外收支虽然与饭店生产经营活动没有多大的关系,但从饭店主体来考虑,同样带来收入或形成支出,从而形成增加或减少利润,对企业的利润总额及净利润产生影响。

二、营业外收入

1. 营业外收入概述

营业外收入,是指饭店发生的与其经营活动无直接关系的各项收入。营业外收入并不是饭店经营资金耗费所产生的,不需要饭店付出代价,实际上是经济利益的净流入,不可能也不需要与有关费用进行匹配。营业外收入是直接计入当期损益的利得,主要包括非流动资产处置利得、盘盈利得、罚没利得、捐赠利得、政府补助利得等。

2. 营业外收入的核算

为了核算和监督企业营业外收入的取得及其结转业务,企业应当设置"营业外收入"账户。该账户属于损益类,贷方登记饭店确认的各项营业外收入,借方登记期末结转入本年利润的营业外收入,结转后该账户无余额。该账户可按营业外收入项目进行明细核算。

饭店确认营业外收入时,借记"固定资产清理""银行存款""库存现金"等账户,贷记"营业外收入"账户;期末,饭店应借记"营业外收入"账户,贷记"本年利润"账户。

饭店确认营业外收入时:

借:固定资产清理
　　银行存款
　　库存现金
　　贷:营业外收入

期末结转:

借:营业外收入
　　贷:本年利润

二、营业外支出

1. 营业外支出概述

营业外支出,是指饭店发生的与其日常活动没有直接关系的各项损失。营业外支出是直接计入当期损益的损失,主要包括非流动资产处置损失、盘亏损失、罚款支出、公益性捐赠支出等。

2. 营业外支出核算

饭店应当设置"营业外支出"账户核算饭店营业外支出的发生及其结转情况。该账户属于损益类,借方登记饭店发生的各项营业外支出,贷方登记期末结转入本年利润的营业外支出,结转后该账户无余额。该账户应按照营业外支出的项目进行明细核算。

饭店确认营业外支出时,借记"营业外支出"账户,贷记"固定资产清理""待处理财产损溢""库存现金""银行存款"。期末,饭店借记"本年利润"账户,贷记"营业外支出"账户。

饭店确认营业外支出时:

借:营业外支出
　　贷:固定资产清理

待处理财产损溢

库存现金

银行存款

期末结转：

借：本年利润

贷：营业外支出

同步思考

如何进行营业外收入和营业外支出的核算？

任务二 所得税的计算与缴纳

一、企业所得税概述

企业所得税是以企业或者组织为纳税义务人，对其每一纳税年度内来源于中国境内、境外的生产经营所得和其他所得征收的一种税。企业所得税是国家依法对企业的生产经营所得课征的税，它具有强制性、无偿性，无论国家对企业是否有投资，只要企业有收入，均依法要纳税。饭店作为企业组织的形式，应当要缴纳所得税。

1.税前会计利润与应纳税所得额

税前会计利润是指饭店按照会计方法计算的税前利润。应纳税所得额是饭店所得税的计税依据，按照企业所得税法的规定，应纳所得税额为饭店每一个纳税年度的收入总额减除不征税收入、免税收入、各项扣除以及允许弥补的以前年度亏损后的余额。由于会计与税收法规对损益计算或纳税所得计算的目的不同，同一饭店在同一会计期间的经营成果依据会计法规和税收法规计算的结果往往存在差异，在缴纳企业所得税时，饭店应当按照税收规定对税前会计利润进行调整，并按调整后的数额申报饭店缴纳所得税。

2.所得税会计与所得税费用

所得税会计是研究如何对按照会计准则计算的企业利润和按照税法计算的应纳税所得额之间的差异进行会计处理的会计理论与会计方法。饭店为最终拥有的净利润而发生的一切支出都是费用，饭店所得税费用也是饭店为了拥有最终的净利润发生的支出，应作为一项费用，在净利润之前扣除。

二、计税基础与暂时性差异

1.资产的计税基础

资产的计税基础是指企业收回资产账面价值的过程中，计算应纳税所得额时按照税法规定可以自应税经济利益中抵扣的金额。

资产在初始确认时，其计税基础一般为取得成本及企业为取得某项资产支付的成本在未来期间准予税前扣除。在资产持续持有的过程中，其计税基础是指资产的取得成本减去以前期间按照税法规定已经在税前扣除的金额后的余额。如固定资产、无形资产等长期资产在某一资产负债表日的计税基础是指其成本扣除按照税法规定已在以前期间税前扣除的累计折旧或累计摊销后的金额。因为税法对资产和税前扣除金额与企业的会计估计经常会产生差异，

191

所以会产生资产的账面价值与计税基础的差异,形成应纳税暂时性差异或可抵扣暂时性差异。

2.负债的计税基础

负债的计税基础是指负债的账面价值减去未来期间计算应纳税所得额时按照税法规定可予抵扣的金额。

负债的确认与偿还一般不会影响企业的损益,也不会影响其应纳税所得额,未来期间计算应纳税所得额时按照税法规定可以抵扣的金额为零,计税基础即为账面价值。但是在某些情况下,负债的确认可能会影响企业的损益,进而影响不同期间应纳税所得额,使其计税基础与账面价值之间产生差额。

3.暂时性差异

暂时性差异是指资产或负债的账面价值与其计税基础之间的差额。按照税法规定计税基础与账面价值之间产生的产额属于暂时性差异。暂时性差异按照其对未来期间影响所得额的影响,分为应纳税暂时性差异和可抵扣暂时性差异。

(1)应纳税暂时性差异,是指在确定未来收回资产或清偿负债期间的应纳税所得额时,将导致产生应税金额的暂时性差异。该差异在未来期间回转时,会增加转回期间的应纳税所得额,即在未来期间不考虑该事项影响的应纳税所得额基础上,由于该暂时性差异的转回,会进一步增加转回期间的应纳税所得额和应交税金额。在该暂时性差异产生当期,应当确认相关递延所得税负债。

应纳税暂时性差异通常产生于以下情况:①资产的账面价值大于计税基础;②负债的账面价值小于计税基础。

(2)可抵扣暂时性差异,是指在确定未来收回资产或清偿负债期间的应纳税所得额时,将导致产生可抵扣金额的暂时性差异。该差异在未来期间转回时会减少转回期间的应纳税所得额,减少未来期间的应交所得税。

可抵扣暂时性差异通常产生于以下情况:①资产的账面价值小于计税基础;②负债的账面价值大于计税基础。

三、资产负债表债务法

1.资产负债表债务法的含义

资产负债表债务法适用于对所有暂时性差异的处理,是会计准则规定的处理方法。它是以资产负债表为中心,企业根据"资产负债观"来定义,所得税费用的计算是在递延所得税资产和递延所得税负债确认的基础上加以倒挤推算。如果在资产负债表中资产的账面价值比资产的计税基础要高,就是递延所得税负债;反之,就是递延所得税资产。

2.资产负债表债务法核算内容

(1)根据每项资产或负债的计税基础。

资产的计税基础是指企业在收回资产账面价值的过程中,计算应纳税所得额按照税法规定可以从应税经济利益中抵扣的金额,即某一项资产在未来期间计税时可以税前抵扣的金额。

①固定资产:

账面价值＝实际成本－会计累计折旧－固定资产减值准备

计税基础＝实际成本－税法累计折旧

②无形资产:

除内部研究开发形成的无形资产外,以其他方式取得的无形资产,初始确认时按照会计准则规定确定的入账价值与按照税法规定确认的计税基础之间一般不存在差异。

使用寿命有限的无形资产账面价值=实际成本-会计累计摊销-无形资产减值准备

计税基础=实际成本-税法累计摊销

使用寿命不确定的无形资产账面价值=实际成本-无形资产减值准备

计税基础=实际成本-税法累计摊销

负债的计税基础=账面价值-未来期间按照税法规定可予税前扣除的金额

(2)依据该项资产或负债的账面价值与其计税基础之间的差额,确定暂时性差异。

(3)用暂时性差异乘以适用税率得到递延所得税资产和负债的期末余额。

(4)本期发生或转回的递延所得税资产和负债应是其期末、期初余额的差额。

(5)调整所得税费用。

四、所得税费用

1.所得税费用的确认和计量

(1)当期所得税。

资产负债表日,对于当期和以前期间形成的所得税负债(或资产),应当按照税法规定计算的预期应缴纳(或返还)的所得税金额计量。饭店在确定当期所得税时,对于当期发生的交易或事项,应在会计利润的基础上,按照适用税法的规定进行调整,计算出当期应纳税所得额,按照应纳税所得额与适用税率计算确定当期应交所得税。计算公式:

当期所得税=当期应交所得税=应纳税所得额×适用税率

应纳税所得额=会计利润+按照会计准则规定计入利润表但不允许税前扣除的费用±计入利润表的费用与按照税法规定可予以税前抵扣金额之间的差额±计入利润表的收入与按照税法规定应计入应纳税所得额收入之间的差额-税法规定的不征收税的收入±其他需要调整的因素

(2)递延所得税。

递延所得税计算公式为:

递延所得税=(期末递延所得税负债-期初递延所得税负债)-(期末递延所得税资产-期初递延所得税资产)

(3)所得税费用。

所得税费用=当期所得税+递延所得税

2.饭店所得税费用的会计处理

为了监督与核算所得税费用,饭店应设置三个账户用来核算所得税费用:

(1)"所得税费用"账户。

"所得税费用"账户核算企业按规定从本期损益中扣除的所得税,借方登记饭店计入本期损益的所得税税额,贷方反映转入"本年利润"账户的所得税税额,期末结转本年利润后,"所得税费用"账户无余额。

(2)"递延所得税资产"账户。

"递延所得税资产"账户用来确认可抵扣暂时性差异产生的所得税资产,以及根据税法规定可用以后税前利润弥补的亏损及税款抵减产生的所得税资产。借方登记应予以确认的递延所得税资产,贷方登记应减计的金额。期末余额在借方反映饭店已确认的递延所得税资产。

(3)"递延所得税负债"账户。

"递延所得税负债"账户核算饭店确认的应纳税暂时性差异产生的所得税负债。贷方登记饭店应予以确认的递延所得税负债,借方登记应减计的金额,期末贷方余额反映饭店已经确认的递延所得税的负债。

【例7-1】甲饭店2016年度利润表中利润总额为1 200万元,该公司使用的所得税税率为25%。递延所得税不存在期初余额。相关资产、负债的账面价值和计税基础如表7-1所示。

2016年发生有关交易和事项中,会计与税收之间的差别有:2015年1月开始计提折旧的一项固定资产,成本为600万元,使用年限为10年,净残值为0,会计处理按双倍余额递减法计提折旧,税法规定按直线法计提折旧;向关联饭店捐赠现金200万元(不允许税前扣除);饭店因违反环保法规定的罚没支出为100万元。

表7-1 资产、负债账面价值与计税基础

单位:元

项目	账面价值	计税基础	差异	
			应纳税暂时性差异	可抵扣暂时性差异
固定资产:				
固定资产原价	6 000 000.00	6 000 000.00		
减:累计折旧	1 200 000.00	600 000.00		
减值准备	0.00	0.00		
账面价值	4 800 000.00	5 400 000.00		600 000.00
合计				600 000.00

根据以上资料,甲饭店会计处理如下;

(1)2016年度应交所得税:

应纳所得税额=1 200+60+200+100=1 560(万元)

当期所得税=当期应交所得税=1 560×25%=390(万元)

(2)2016年度递延所得税:

递延所得税资产=600 000×25%=150 000.00(元)

(3)利润表中应确认的所得税费用:

所得税费用=3 900 000-150 000=3 750 000.00(元)

借:所得税费用　　　　　　　　　　　　　　　　　3 750 000.00

　　递延所得税资产　　　　　　　　　　　　　　　　150 000.00

　　贷:应交税费——应交所得税　　　　　　　　　　　　3 900 000.00

知识拓展

如何申报企业所得税

缴纳企业所得税是按年计算,分月或分季预缴,年度汇算清缴。企业应当自月份或者季度终了之日起十五日内,向税务机关报送《中华人民共和国企业所得税月(季)度预缴纳税申报表》，预缴税款；企业应当自年度终了之日起五个月内，向税务机关报送《中华人民共和国企业所得税年度纳税申报表》，并汇算清缴，结清应缴应退税款。企业在报送企业所得税纳税申报表时，应当按照规定附送财务会计报告和其他有关资料。

任务三　本年利润及其分配

一、本年利润结转方法

会计期末，结转本年利润的方法有表结法和账结法两种。

1.表结法

表结法下，每月月末只需结计出各类损益账户的本月发生额和月末累计余额，无须转入"本年利润"账户，而是将其本月发生额合计数填入利润表的本月数栏，将本月累计余额填入利润表的本年累计数栏，通过利润表计算各期的利润（或亏损）。到了年末再使用账结法将全年累计余额转入"本年利润"账户，结转整个年度的累计余额。表结法下，年中损益类账户无须转入"本年利润"账户。

2.账结法

账结法下，每月月末要将在账上结计出的各类损益账户的余额，转入"本年利润"账户。结转后"本年利润"账户的本月合计数反映当月实现的利润或发生的亏损，"本年利润"账户的本年累计数反映本年累计实现的利润或发生的亏损。账结法在各月均通过"本年利润"账户提供当月及本年累计的利润。

二、结转本年利润核算

为了反映和监督企业本年度实现净利润（或发生净亏损）情况，企业应设立"本年利润"账户，贷方登记各收益类账户的余额转入数，借方登记成本费用或支出类账户的余额转入数。结转后"本年利润"账户如为贷方余额，反映企业年初到本期末累计实现的净利润；如为借方余额，反映企业年初到期末累计发生的净亏损。

收入类科目结转：

借：主营业务收入

　　其他业务收入

　　营业外收入

　　贷：本年利润

成本费用类科目结转：

借：本年利润

　　贷：主营业务成本

　　　　其他业务成本

　　　　营业外支出

　　　　管理费用

　　　　财务费用

　　　　销售费用等

同步思考

结转本年利润的方法有哪几种？

【例7-2】甲饭店本年利润结转方法采用表结法,再将本年末损益类账户的累计发生额结转"本年利润"账户。2016年适用的企业所得税税率为25%,甲饭店的所得税费用年底再汇总结清进行调整。甲饭店2016年损益类账户如表7-2所示。

表7-2 损益类账户余额表

单位:元

科目	借方余额	贷方余额
主营业务收入		143 500 000.00
其他业务收入		5 000 000.00
营业外收入		3 500 000.00
主营业务成本	113 000 000.00	
其他业务成本	1 900 000.00	
营业税金及附加	1 700 000.00	
销售费用	4 800 000.00	
管理费用	5 000 000.00	
所得税费用	6 900 000.00	

甲饭店作如下账务处理:

(1)将各类收益账户年末余额转入"本年利润"账户。

借:主营业务收入　　　　　　　　　　　　　　143 500 000.00
　　其他业务收入　　　　　　　　　　　　　　　5 000 000.00
　　营业外收入　　　　　　　　　　　　　　　　3 500 000.00
　　贷:本年利润　　　　　　　　　　　　　　　152 000 000.00

(2)结转各项费用、损失:

借:本年利润　　　　　　　　　　　　　　　　133 300 000.00
　　贷:主营业务成本　　　　　　　　　　　　　113 000 000.00
　　　　其他业务成本　　　　　　　　　　　　　　1 900 000.00
　　　　营业税金及附加　　　　　　　　　　　　　1 700 000.00
　　　　销售费用　　　　　　　　　　　　　　　　4 800 000.00
　　　　管理费用　　　　　　　　　　　　　　　　5 000 000.00
　　　　所得税费用　　　　　　　　　　　　　　　6 900 000.00

(3)2016年12月31日,结转"本年利润"账户。

经上述结转后,将"本年利润"账户余额18 700 000.00转入"利润分配——未分配利润"账户。

借:本年利润　　　　　　　　　　　　　　　　18 700 000.00
　　贷:利润分配——未分配利润　　　　　　　　18 700 000.00

师生互动

请分小组讨论,进行师生互动,结合上述例题讨论:会计期末结转本年利润的方法有哪两种？会计期末如何进行结转本年利润的账务处理？如果换成账结法又该如何操作？

✎ 实训课业

1.饭店一次性总账单结账程序是什么？

2.饭店餐厅及洗衣房、客房小酒吧结账程序是什么？

3.饭店夜间稽核的工作内容是什么？

4.饭店日间稽核的程序是什么？

5.饭店客房及餐厅收入的核算要点是什么？

6.乙饭店 2016 年 9 月取得某项可供出售金融资产，成本为 2 000 000.00 元，2016 年 12 月 31 日，其公允价值为 2 400 000.00 元。乙饭店适用所得税税率为 25%。请确认应纳税暂时性差异的所得税影响是多少？

7.饭店一定期间的利润总额指的是什么？

项目八 饭店所有者权益核算

• 职业知识

掌握所有者权益的概念、特征和构成;明确实收资本(或股本)、资本公积和留存收益的内容;了解盈余公积的计提方法,熟悉实收资本(或股本)、资本公积和留存收益的账务处理。

• 职业能力

运用本项目专业知识研究相关案例,掌握饭店的所有者权益计量的特点;通过本项目后的实训课业,培养相关专业技能。

• 职业道德

结合本项目中的"同步思考"和"师生互动"等教学内容,依照职业道德规范,强化饭店财务会计实务中如何进行利润分配,计提相关盈余公积。

☕ **案例思考**

2016 年 8 月,M 饭店股东甲、乙来到某会计师事务所咨询验资事宜,在向注册会计师说明拟以实物出资 50 万元时,注册会计师向委托人说明,以实物出资设立有限责任制饭店的应当进行资产评估,要收取评估费,而且评估时间长,不如改以货币出资,既不用评估、办理时间短又节省时间。或者还可以公开募集资金,以上市的方式获取开设企业需要的资金。只是当经营后需要向所有筹资者分享饭店的利润。

甲、乙股东经过商量后,决定先以货币出资,将饭店运营起来,待扩大规模的时候再改组建制,变成股份制饭店。

思考:饭店组建时如何进行会计核算?经营结果分配时又应该如何进行会计处理?学习完本项目你就会找到答案。

模块一 饭店所有者权益

任务一 饭店所有者权益概述

一、饭店所有者权益的概念

饭店所有者权益,是指饭店资产扣除负债后由所有者享有的剩余权益,又称为股东权益。所有者权益来源于所有者投入的资本、直接计入所有者权益的利得和损失、留存收益等。该定义说明了所有者权益是饭店投资者对饭店净资产的要求权这一经济性质,也说明了所有者权益的构成内容,同时还指出了所有者权益的数量金额。所有者权益是会计核算的重要内容,其会计核算主要包括所有者对饭店的初始投资和其后投入资本变动、直接计入所有者权益的利得和损失及经营积累等。

二、饭店所有者权益的特征

所有者权益是饭店的"永久性"权益,在饭店的存续期间没有归还的义务;所有者权益在数额上等于资产减去负债的差额,不存在专门的计量问题;所有者权益是饭店清偿的物质基础,是饭店亏损的承担者;所有者权益可以依法参与饭店税后利润的分配;所有者权益与饭店的具体资产项目没有对应关系,投资者无论以何种形式的投资,一旦投资进入饭店就成为饭店这个特定会计主体的资产,不再是投资人的资产。

三、饭店所有者权益与负债的区别

饭店的所有者和债权人都是饭店资金的提供者,因而饭店所有者权益和负债(债权人权益)均是对企业资产的要求权,但两者之间又存在着明显的区别。其主要的区别有以下五点:

1. 性质不同

负债是饭店对债权人承担的经济责任,债权人有优先获取饭店用以清偿债务的资产的要求权;所有者权益则是所有者对剩余资产的要求权,这种要求权在顺序上置于债权人要求权之后。

2. 权利不同

债权人只有获取饭店用以清偿债务的资产的要求权,而没有经营决策的参与权和收益分配权;所有者则可以参与饭店的经营决策及收益分配。

3. 偿还期限不同

饭店的负债通常都有约定的偿还期限,饭店必须定期偿还;所有者权益在饭店的存续期内一般不存在清偿的问题,即不存在约定的偿还日期,是饭店的可以长期使用的资金,只有在饭店清算时才予以偿还。

4. 风险不同

债权人获取的利息一般是按一定利率计算、预先可以确定的固定数额,饭店不论盈利与否均应按期支付利息,债权人的风险较小;所有者获得多少收益,则视饭店的盈利水平及经营政策而定,投资者的风险较大。风险不同,所要求的投资者报酬率也不同,风险越大,要求的投资者的报酬率也越大。

5. 计量方法不同

负债必须在发生时按照规定的方法单独计量;而所有者权益则是对资产和负债计量以后形成的结果。

知识拓展

注册资金

注册资金是企业法人经营管理的财产或者企业法人所有的财产的货币表现。除国家另有规外,企业的注册资金应当与实有资金相一致。企业收到投资者投入资本时,必须依法委托会计师事务所或者审计师事务所及其他具有验资资格的机构出具相关证明资金真实性的验资证明文件,以确定投资者的合法性。

任务二 饭店所有者权益的构成

在我国现行的会计核算中,所有者权益包括实收资本(在股份有限公司被称为股本)、资本公积、盈余公积和未分配利润等部分。

1. 实收资本

实收资本,是指投资者直接投入的资本,如投入的货币性资产、固定资产、无形资产等。

2. 资本公积

资本公积,是指饭店收到投资者出资额超过其在注册资本或股本中所占份额的部分,以及直接计入所有者权益的利得和损失。

3. 盈余公积

盈余公积,是指饭店从税后利润中提取的各种积累,包括法定盈余公积、任意盈余公积。

4. 未分配利润

未分配利润,是饭店净利润分配后的剩余部分,即净利润中尚未指定用途的部分。

由于盈余公积和未分配利润是由饭店在生产经营过程中实现的利润留存在饭店所形成的,因此,盈余公积和未分配利润又被称为留存收益。

饭店应当将所有者权益的四个项目在资产负债表上单列项目分别反映。

模块二 实收资本(股本)

任务一 实收资本(股本)概述

一、实收资本(股本)的概念

实收资本或股本是指投资者按照企业章程或合同、协议的约定,实际投入饭店的资本。《中华人民共和国民法通则》规定,设立企业法人必须要有必要的资产。我国《企业法人登记管理条例》规定,企业申请开业,必须具备符合国家规定并与其生产经营和服务规格相适应的资金数额。对有限责任公司来说,所有者投资形成实收资本;对于股份有限公司来而言,股东购买公司股票,形成股本。

二、实收资本(股本)核算的概念界定

对实收资本核算需要区别三个不同的概念:一是注册资本,二是投入资本,三是实收资本(或股本)。注册资本是指饭店在工商行政管理部门登记的投资者缴纳的出资额。我国设立的企业实行注册资本制,投资者出资达到法定注册资本要求是企业设立的先决条件。注册资本是饭店的法定资本,是饭店承担民事责任的财力保证。投入资本是指投资者作为资本实际投入到饭店的资本数额。投入资本按照投入资产形式的不同,可以分为货币投资、实物投资和无形资产投资等。饭店对资本的筹集,应该按照法律、法规、合同和章程的规定及时进行,如果是一次筹集的,投入资本应等于注册资本;如果是分期筹集的,在投资者最后一次交入资本后,投入资本应等于注册资本。根据注册资本制度要求,饭店会计核算中的实收资本即为法定资本,应当与注册资本相一致,饭店不得擅自改变注册资本数额或抽逃资金。

在某些特定情况下,投资者也会因某种原因超额投入,从而使其投入资本超过饭店注册资本,在这种情况下,饭店进行会计核算时应将投入资本超过注册资本的部分作为资本公积进行单独核算。

《企业法人登记管理条例》规定,除国家另有规定外,企业的注册资本应当与实收资本相一致。也就是说,如果饭店的投资者投入的资本比原本注册资本的数额出现了增加或减少在20%以上的,就需要持资金证明或者验资证明,向原登记机关申请变更登记。

任务二　实收资本(股本)的核算

一、实收资本(或股本)增加的核算

为了核算和监督投资者投入资本的增减变动情况,真实地反映所有者投入饭店资本的状况,维护所有者各方面在饭店的权益。除股份制饭店外,其他各类饭店应设置"实收资本"账户。该账户属于所有者权益类,贷方登记饭店实际收到的投资者的出资额和由资本公积、盈余公积转增的资本额,借方登记本期饭店按照法定程序报经批准减少的资本额,期末贷方余额表示饭店实际拥有的资本额。该账户可按投资者进行明细核算。

1.接受货币资产投资

饭店收到投资者以货币资产(现金、银行存款)方式投入的资本金时,应按实际收到的金额,借记"库存现金""银行存款"账户,贷记"实收资本"账户,按其差额,贷记"资本公积——资本溢价"账户。

饭店收到投资者以货币资产(现金、银行存款)方式投入的资本金时:

借:库存现金、银行存款
　　贷:实收资本
　　　　资本公积——资本溢价(差额)

【例8-1】甲饭店属于有限责任公司,2016年5月25日收到A股东投入的货币资金600 000.00元,款项收受存入银行。甲饭店作如下会计处理:

借:银行存款　　　　　　　　　　　　　　　　　　　　　600 000.00
　　贷:实收资本——A股东　　　　　　　　　　　　　　　　　600 000.00

2.接受非货币资产投资

饭店收到投资者投入的材料物资,按投资各方确认的材料物资价值,借记"原材料"等账户,按增值税专用发票上注明的增值税税额,借记"应交税费——应交增值税(进项税额)"账户;按投资者占企业股权总额的比例,贷记"实收资本(或股本)"账户;按其差额,贷记"资本公积——资本(或股本)溢价"账户。

饭店收到投资者投入的材料物资:

借:原材料
　　应交税费——应交增值税(进项税额)
　　贷:实收资本(股本)
　　　　资本公积——资本溢价(股本溢价)

饭店接受非货币性资产时,应按投资合同或协议约定的价值确定非货币性资产的价值(但投资合同或协议不公允的除外)和在注册资本中享有的份额。

饭店收到以实物资产投资的,应在办理实物资产转移手续时,借记"固定资产"账户,以无形资产投入的,应在按照合同、协议或公司章程规定移交有关凭证时,借记"无形资产"账户,按投入资本在饭店注册资本的所占份额,贷记"实收资本(股本)"账户,按其差额,贷记"资本公积——资本(股本)溢价"账户。涉及增值税的,还应进行增值税的处理。

饭店收到以实物资产或无形资产投资的,应在办理实物资产或无形资产转移手续时:

借:固定资产、无形资产

  贷:实收资本(股本)

   资本公积——资本溢价(股本溢价)

【例8-2】甲饭店属于有限责任公司,该饭店在2016年5月13日收到投资者投入的一台设备。该设备的原价为56 000.00元,已计提折旧16 620.00元,双方经协商确认的价值为44 380.00元,占饭店注册资本的30%,为40 000.00元。假定不考虑其他相关税费,甲饭店的账务处理如下:

借:固定资产   44 380.00

  贷:实收资本——B股东   40 000.00

   资本公积——资本溢价   4 380.00

【例8-3】甲饭店属于有限责任公司,接受C公司投入的一项专属商标使用权,投资各方确认价值为60 000元。甲饭店作如下账务处理:

借:无形资产——商标   60 000.00

  贷:实收资本——C公司   60 000.00

3. 股份制饭店发行股票获得投资的账务处理

股份制的饭店在筹资方面与有限责任制的饭店不同,其注册资本全部都由股份构成,并通过发行股票筹集资本。股东以其所持有的股份对饭店承担有限责任,饭店以其全部资产对饭店债务承担责任。

股份制饭店股票的发行方式有三种:面值发行、溢价发行、折价发行。按面值发行的,称为面值发行;高于面值发行的,称为溢价发行;低于面值发行的,称为折价发行。我国不允许企业折价发行股票。股份有限公司在核定的股本总额及核定的股份总额的范围内发行股票时,应在实际收到现金资产时进行账务处理。

为了核算股东投入的资本,股份制饭店应设置"股本"账户。该账户属于所有者权益类账户,贷方登记股份制饭店发行股票的面值,借方登记按照法定程序经报批准减少注册资本而冲减的股票面值,期末贷方余额反映饭店发行在外的股票总面值。该账户可分别按普通股和优先股进行明细核算。

股份制饭店发行的股票,在收到投资者投入的货币资金时,按实际收到的金额,借记"银行存款"账户,按股票面值和核定的股份总额的乘积计算的金额,贷记"股本"账户,按其差额,贷记"资本公积——股本溢价"账户。

股份制饭店发行的股票,在收到投资者投入的货币资金时,按实际收到的金额:

借:银行存款

  贷:股本

   资本公积——股本溢价

【例8-4】甲饭店委托兴业证券有限公司代理发行普通股10 000 000股,每股面值为

1.00 元,发行价格为每股 2.00 元。证券公司按发行收入的 1%收取手续费,并直接从发行收入中扣除。则甲饭店作如下账务处理:

(1)收到发行收入时:

应增加的资本公积＝10 000 000×(2-1)＝10 000 000.00(元)

借:银行存款　　　　　　　　　　　　　　　　　　　20 000 000.00

　　贷:股本——普通股　　　　　　　　　　　　　　　　10 000 000.00

　　　　资本公积——股本溢价　　　　　　　　　　　　　10 000 000.00

(2)支付发行费用:

借:资本公积——股本溢价　　　　　　　　　　　　　　200 000.00

　　贷:银行存款　　　　　　　　　　　　　　　　　　　200 000.00

有时,股份制饭店还会以配股和增发新股的形式进行股本筹资。如果股份制饭店的股东以其所有用的其他饭店的全部或部分股权作为配股资金,或作为认购新股的股款的,则饭店所接受的股权应按照配股或增发新股所确定的价格,确认为初始股权投资成本,按照该股东配股或增发新股所享受的股份面值总额作为股本,按其差额,作为资本公积(股本溢价)。

知识拓展

上市公司如何处理发行费用

根据中国证监会会计部发布的《上市公司执行企业会计准则监管问题解答(2011 年第一期)》中对上市公司在发行权益性证券过程中发生的各种交易费用及其他费用,应如何进行会计核算的解答中规定,上市公司为发行权益性证券发生的承销费、保荐费、上网发行费、招股说明书印刷费、申报会计师费、律师费、评估费等与发行权益性证券直接相关的新增外部费用,应自所发行权益性证券的发行收入中扣减,在权益性证券发行有溢价的情况下,自溢价收入中扣除,冲减资本公积(股本溢价),在权益性证券发行无溢价或溢价金额不足以冲减的情况下,应当将不足抵扣的部分冲减盈余公积和未分配利润;发行权益性证券的过程中发生的广告费、路演以及财经公关费、上市酒会费等其他费用应在发生时计入当期损益。

4.**资本公积转增实收资本(或股本)**

资本公积转增资本,不改变所有者权益总额,只是内部项目之间的结转。账务处理为:借记"资本公积"等账户,贷记"实收资本(或股本)"账户。增加后的实收资本,按照股东的持股比例增加各股东的股权。《中华人民共和国公司法》规定:"法定公积金转为资本时,所留存的该项公积金不得少于转增前公司注册资本的 25%。"

借:资本公积

　　贷:实收资本(或股本)

【例 8-5】甲饭店为有限责任公司,经饭店高层批准,决定用 5 000 万元资本公积转增资本,已经办理了登记变更手续。甲饭店作如下会计处理:

借:资本公积——资本溢价　　　　　　　　　　　　　50 000 000.00

　　贷:实收资本　　　　　　　　　　　　　　　　　　50 000 000.00

5.**盈余公积转增实收资本(或股本)**

盈余公积转增资本的核算与资本公积转增资本类似,亦不改变所有者权益总额,只是内部项目之间的结转。账务处理为:借记"盈余公积"账户,贷记"实收资本(或股本)"账户。增加后的实收资本,按照股东的持股比例增加各股东的股权。

借:盈余公积

贷:实收资本(或股本)

【例8-6】甲饭店为有限责任公司,经批准决定用 3 000 万元盈余公积转增资本。已经办理相关手续,甲饭店作如下会计处理:

借:盈余公积——法定盈余公积   30 000 000.00

贷:实收资本   30 000 000.00

知识拓展

《中华人民共和国公司法》的规定

根据《中华人民共和国公司法》的规定,全体股东应当按期足额缴纳公司章程中规定的各自所认缴的出资额。股东以货币出资的,应当将货币出资足额存入有限责任公司在银行开设的账户;以非货币财产出资的,应当依法办理其财产的转移手续。有限责任公司成立后,发现作为设立公司出资的非货币财产的实际价额显著低于公司章程所规定价额的,应当由交付该出资的股东补足其差额;公司成立时的其他股东承担连带责任。公司成立后,股东不得抽逃资金。

二、实收资本(或股本)的减少

一般情况下,饭店的实收资本(或股本)应相对固定不变,投资者在饭店存续期间内,按照有关法律规定不能抽回资本(或股本)。但在饭店发生缩小规模经营、资本过剩或发生重大亏损而短期内又无力弥补等特殊情况下,饭店必须减少注册资本。

有限责任制饭店减资,一般要发还投资款,经公司登记机关批准后,按投资者各自投资的比例发还投资款时,借记"实收资本"账户,贷记"银行存款"等账户。

借:实收资本

贷:银行存款

师生互动

请分小组讨论,进行师生互动:我国存在库藏股吗? 上市的饭店回购股份应该如何进行会计处理?

模块三 饭店资本公积

任务一 饭店资本公积概述

一、饭店资本公积的含义

资本公积是饭店收到投资者出资超出其在注册资本(或股本)中所占份额的部分,以及直接计入所有者权益的利得和损失等。

资本公积从本质上讲应属于投入资本,但与实收资本有所不同。实收资本一般是投资者投入的为谋求价值增值的原始投资,而且属于法定资本,与饭店注册资本相一致。因此,实收资本在其来源和金额上都有比较严格的限制。但是,资本公积在金额上没有严格的限制,在来源上也比较多样,它可以来自投资者的额外投入,也可以来自企业某项资产的公允价值变动等。资本公积与留存收益有根本区别,留存收益是由饭店实现的利润转化而来的,而资本公积的形成有其特定的来源,与企业的净利润无关。

二、饭店资本公积的分类

饭店资本公积分为资本溢价与直接计入所有者权益的利得和损失。

1.资本溢价

资本溢价是指饭店收到投资者超出其在饭店注册资本中所占份额的投资,形成资本溢价的原因有溢价发行股票、投资者超额交入资本等。

股份制饭店以发行股票的方式筹集股本,股票可以按面值发行,也可以溢价发行。股份制饭店在溢价发行股票时,就会产生股本溢价。股本溢价的数额等于股份制饭店发行股票时实际收到的款额超出股票面值总额的部分。

股份制饭店以外的其他饭店在创立时,投资者认交的出资额与注册资本一致,一般不会产生资本溢价。但在饭店重组或有新的投资者加入时,常常会出现资本溢价。因为饭店进行正常的经营后,其资本利润率通常会高于饭店初创期,另外饭店有内部积累,新投资者加入饭店后会分享这些积累,所以新加入的投资者往往要付出大于原投资者的出资额,才能取得与原投资者相同的出资比例。投资者多交的部分就形成了资本积累。

2.直接计入所有者权益的利得和损失

直接计入所有者权益的利得和损失,是指不应计入当期损益会导致所有者权益发生增减变化、与所有者投入资本或向投资者分配利润无关的利得和损失。其中,利得是指饭店非日常互动形成的、会导致所有者权益的增加、与所有者投资资本无关的经济利益流入;损失是由饭店非日常活动所发生的、会导致所有者权益减少的、与所有者分配利润无关的经济利益的流出。

直接计入所有者权益的利得和损失主要包括:可供出售金融资产的公允价值变动;饭店采用权益法对长期股权投资进行核算时,被投资企业除净损益以外的其他所有者权益变动引起的长期股权投资账面价值的变动;自用房地产转化为采用公允价值计量的投资性房地产时,投资性房地产转换当日的公允价值大于原账面价值的差额等。

任务二　饭店资本公积增加的核算

一、资本溢价的增加

为了核算和监督资本公积的增减变动情况,饭店应设置"资本公积"账户。该账户属于所有者权益类,贷方登记因投资者资本溢价、其他原因而增加的资本,借方登记资本公积的减少数,期末贷方余额反映资本公积的结余数。该账户应当分别"资本公积""其他资本公积"进行明细核算。

饭店收到投资者投入的资本,借记"银行存款""固定资产""无形资产"等账户,按其在注册资本或股本中所占份额,贷记"实收资本"或"股本"账户,按其差额,贷记"资本公积——资本溢价"账户。与发行权益性证券直接相关的手续费、佣金等交易费用,借记"资本公积——股本溢价"账户,贷记"银行存款"等账户。

饭店收到投资者投入的资本:

借:银行存款、固定资产、无形资产

  贷:实收资本(股本)

    资本公积——资本溢价(股本溢价)(差额)

与发行权益性证券直接相关的手续费、佣金等交易费用:

借:资本公积——资本溢价(股本溢价)

  贷:银行存款

【例8-7】甲饭店属于股份制饭店,2016年11月委托证券公司代理发行普通股股票1 000 000股,每股面值为1.00元,按照每股3.00元价格发行。支付给证券公司的手续费按照发行收入总额的3%计算,从发行收入中扣除。假定发行收入已存入银行,甲饭店作如下账务处理:

(1)收到发行股票款时:

借:银行存款   3 000 000.00

  贷:股本   1 000 000.00

    资本公积——股本溢价   2 000 000.00

(2)支付发行手续费:

借:资本公积——股本溢价   90 000.00

  贷:银行存款   90 000.00

【例8-8】甲饭店属于有限责任饭店,由甲、乙、丙三位股东各自出资100万元设立。设立时的实收资本为300万元。经过三年的经营,该饭店的留存收益为150万元。这时又有丁投资者有意加入该饭店,并表示愿意出资180万元而仅占该饭店股份的25%。在会计核算时,甲饭店作如下账务处理:

借:银行存款   1 800 000.00

  贷:实收资本——丁   1 000 000.00

    资本公积——资本溢价   800 000.00

知识拓展

股本溢价

股本溢价,主要是指股份有限公司溢价发行股票而产生的股票发行收入超过所发股票面值的部分扣除发行费用后的余额。股份有限制饭店与有限责任制的饭店最大的不同在于其注册资本是由等额的股份组成的。在我国,一般股票按照面值来计量价格,这就会与发行价格之间产生差额,这样的差额我们称为股本溢价。股本溢价的核算与资本溢价的核算相同,都是贷方用来记增加额,借方用来记减少额。

二、其他资本公积的核算

1.可供出售金融资产的公允价值变动

资产负债表日,可供出售金融资产的公允价值高于其账面价值余额的差额,借记"可供出售金融资产"账户,贷记"资本公积——其他资本公积"账户;公允价值低于其账面价值余额的差额,作相反方向会计分录。

资产负债表日,可供出售金融资产的公允价值高于其账面价值余额的差额:

借:可供出售金融资产

　　贷:资本公积——其他资本公积

【例8-9】甲饭店购买的可供出售金融资产价值为330万元,其中,买价为300万元,已到付息期但尚未领取的利息为20万元,交易费用为10万元。本期末,该债权投资的公允价值为335万元。甲饭店作如下会计处理:

(1)购入时:

借:可供出售金融资产	3 100 000.00
应收利息	200 000.00
贷:银行存款	3 300 000.00

(2)期末调整公允价值时:

借:可供出售金融资产	250 000.00
贷:资本公积——其他资本公积	250 000.00

2. 长期股权投资账面价值变动

饭店的长期股权投资采用权益法核算时,在持股比例不变的情况下,被投资单位净损益以外所有者权益的其他变动,饭店按持股比例计算应享有的份额,借记"长期股权投资——所有者权益其他变动"账户,贷记"资本公积——其他资本公积"账户。

被投资单位净损益以外所有者权益的其他变动,饭店按持股比例计算应享有的份额:

借:长期股权投资——所有者权益其他变动

　　贷:资本公积——其他资本公积

【例8-10】甲饭店持有P公司30%股份,具有重大影响,采用权益法进行核算。P公司本期可供出售金融资产公允价值上升100 000.00元。甲饭店按照权益法进行账务处理如下:

借:长期股权投资——所有者权益其他变动	30 000.00
贷:资本公积——其他资本公积	30 000.00

3. 持有至到期投资重分类为可供出售金融资产

饭店根据金融工具确认和计量原则将持有至到期投资重分类为可供出售金融资产的,应在重分类日按该项持有至到期投资的公允价值,借记"可供出售金融资产"账户,已计提减值准备的,借记"持有至到期投资减值准备"账户,按其账面余额,贷记"持有至到期投资"账户,按其差额,贷记或借记"资本公积——其他资本公积"账户。

饭店根据金融工具确认和计量原则将持有至到期投资重分类为可供出售金融资产的,应在重分类日按该项持有至到期投资的公允价值作如下分录:

借:可供出售金融资产

　持有至到期投资减值准备

　　贷:持有至到期投资

　　　资本公积——其他资本公积(差额)

【例8-11】甲饭店将持有至到期投资重分类为可供出售金融资产,转换日持有到期投资的面值为380万元,"损益调整"借方余额为60万元,已提减值准备金额30万元,转换日该投资的公允价值为 450 万元。甲饭店作如下账务处理：

借：可供出售金融资产   4 500 000.00
  持有至到期投资减值准备   300 000.00
  贷：持有至到期投资——成本   3 800 000.00
     ——损益调整   600 000.00
  资本公积——其他资本公积   400 000.00

4.将可供出售金融资产重分类为采用成本或摊余成本计量的金融资产

饭店根据金融工具确认和计量准则将可供出售金融资产重分类为采用成本或摊余成本计量的金融资产,应在重分类日按可供出售金融资产的公允价值借记"持有至到期投资"等账户,贷记"可供出售金融资产"账户。对于有固定到期日的,与其相关的原计入"资本公积——其他资本公积"的余额,应在该项金融资产的剩余期限内,在资产负债表日,按采用实际利率法计算确定的摊销金额,借记或贷记"资本公积——其他资本公积"账户,贷记或借记"投资收益"账户。对于没有固定到期日的,与其相关的原计入"资本公积——其他资本公积"的金额,应在处置该项金融资产时,借记或贷记"资本公积——其他资本公积"账户,贷记或借记"投资收益"账户。

饭店根据金融工具确认和计量准则将可供出售金融资产重分类为采用成本或摊余成本计量的金融资产,应在重分类日按可供出售金融资产的公允价值：

借：持有至到期投资
  贷：可供出售金融资产

对于有固定到期日的,与其相关的原计入"资本公积——其他资本公积"的余额,应在该项金融资产的剩余期限内,在资产负债表日,按采用实际利率法计算确定的摊销金额：

借：资本公积——其他资本公积
  贷：投资收益
（或者相反）

对于没有固定到期日的,与其相关的原计入"资本公积——其他资本公积"的金额,应在处置该项金融资产时：

借：资本公积——其他资本公积
  贷：投资收益
（或者相反）

5.股份期权行权转换为资本

饭店以权益结算的股份支付换取职工或其他地方提供服务的,应根据股份授予日的公允价值借记"管理费用"等相关成本账户,贷记"资本公积——其他资本公积"账户。

借：管理费用
  贷：资本公积——其他资本公积

在行权日,应按实际行权的权益工具数量计算准确的金额,借记"资本公积——其他资本公积"账户,按计入实收资本或股本的金额,贷记"实收资本"或"股本"账户,按其差额,贷记"资本公积——资本溢价(或股本溢价)"账户。

在行权日,应按实际行权的权益工具数量计算准确的金额：

借:资本公积——其他资本公积

　贷:实收资本(股本)

　　资本公积——资本溢价(股本溢价)

师生互动

请分小组讨论,进行师生互动,讨论资本公积包括哪些内容? 如何设置明细账进行核算?

任务三　饭店资本公积减少的核算

资本公积的减少,主要是饭店将原属于资本公积的数额转增为企业的资本,扩大企业的原始实收资本的金额;另外,饭店遇到那些其他投资项目损失时,会直接影响到饭店的所有者权益,但是和饭店投资者无关,此时也表现为资本公积的减少。

一、转增实收资本(或股本)的核算

用资本公积转增资本时,应冲减资本公积,同时按照转增前的实收资本(或股本)的结构或比例,将转增的金额计入"实收资本(或"股本")"账户下各所有者的明细分类账户。

【例 8-12】甲饭店将资本公积 750 000.00 元转增资本。在原来的注册资本中,甲、乙、丙三位投资者的投资比例分别为 50%、20%、30%。该饭店按法定程序办理完增值手续,则甲饭店的账务处理为:

借:资本公积　　　　　　　　　　　　　　　　　750 000.00

　贷:实收资本——甲股东　　　　　　　　　　　　375 000.00

　　　　　　——乙股东　　　　　　　　　　　　150 000.00

　　　　　　——丙股东　　　　　　　　　　　　225 000.00

二、其他方式减少资本公积

其他方式的资本公积的减少主要是指与投资者投入无关的资本公积的减少形式。例如,权益法核算下长期股权投资,被投资单位权益的减少或发生亏损;可供出售金融资产公允价值的贬值变动等。

【例 8-13】甲饭店对乙公司进行长期股权投资,所占股权为 25%,对方企业确认资本公积减少 80 万。则甲饭店作如下账务处理:

借:资本公积——其他资本公积　　　　　　　　　200 000.00

　贷:长期股权投资——其他权益变动　　　　　　　200 000.00

模块四　饭店留存收益的核算

留存收益,是指饭店从历年实现的利润中提取或形成的留存于饭店内部的积累,是企业税后利润减去所分派的股利后留存饭店的部分。留存收益与投入资本的区别在于,留存收益是饭店从税后利润中提取或留存于饭店的一种内部积累,包括盈余公积和未分配利润两部分。

任务一　利润分配概述

一、利润分配的顺序

利润分配,是指饭店根据国家有关规定和企业章程、投资者协议等,对企业当年可供分配

的利润所进行的分配。可供分配的利润计算公式表达如下：

可供分配的利润＝当年实现的净利润十年初未分配利润(或一年初未弥补亏损)十其他转入

根据《中华人民共和国公司法》等有关规定,利润分配的次序如下：

1. 弥补公司以前年度亏损

饭店的法定盈余公积不足以弥补以前年度亏损的,在依照规定提取法定盈余公积前,应当先用当年利润弥补亏损。

2. 提取法定盈余公积金

公司制的饭店应当按照净利润(减弥补以前年度亏损)的 10％提取法定盈余公积金。非公司制饭店法定盈余公积金的提取比例可超过净利润的 10％。法定盈余公积累计额已达到注册资本的 50％时可以不再提取。但计算提取法定盈余公积基数中不包括饭店年初未分配利润。

3. 提取任意盈余公积金

公司制饭店可根据股东大会的决议提取任意盈余公积。非公司制的饭店经类似权力机构批准,也可提取任意盈余公积。法定盈余公积和任意盈余公积的区别在于其各自计提的依据不同,前者以国家的法律法规为依据,后者由饭店的权力机构自行决定。

4. 向投资者分配利润或支付股利

饭店弥补亏损和提取公积金后所余税后利润,有限责任制的饭店股东按照实缴的出资比例分取红利。饭店新增资本时,股东有权优先按照实缴的出资比例认缴出资。但是全体股东约定不按照出资比例分取红利或者不按照出资比例优先认缴出资的除外。股份制饭店按照股东持有的股份比例分配。如果是股份制的饭店应该按照利润分配方案优先分配优先股现金股利,然后分配普通股现金股利,最后是分配普通股股票股利。如果饭店以利润转增资本,也应按照这一程序进行分配。

经过上述利润分配程序,饭店剩余的利润就形成了饭店未分配利润滚存至下一年度,形成饭店不规定用途的留存收益。利润分配的过程与结果,关系到所有者的合法权益是否能够得到保护,饭店是否能长期、稳定地发展的重要问题。为此,饭店必须加强利润分配的管理和核算。

二、利润分配核算的账户设置

为了核算和监督饭店利润分配(或亏损的弥补)和年终结转等业务,饭店应设置"利润分配"账户。该账户属于所有者权益类,是"本年利润"账户的调整账户。其账户结构为借方登记：①年终从"本年利润"账户转入的本年的净亏损；②提取法定盈余公积金的金额；③提取任意盈余公积金的金额；④向投资者分配的利润等。期末若借方有余额,则反映累计未弥补的亏损数额。

而"利润分配"账户的贷方则登记：①年终从"本年利润"账户转入的本年净利润；②用盈余公积弥补亏损的数额；③年终从"提取法定盈余公积""提取任意盈余公积""应付现金股利或利润"等所属明细账的余额转入。期末贷方余额则反映累积未分配的利润数额。

师生互动

请分小组讨论,进行师生互动,讨论利润分配的顺序是什么样的？ 如何理解"利润分配"账户是"本年利润"的账户调整?

任务二　盈余公积

一、盈余公积概述

盈余公积,是指饭店按规定从净利润中提取的饭店累计资金。饭店的盈利首先必须按规定提取盈余公积,然后才能在投资者之间进行分配。公司制的饭店的盈余公积包括法定盈余公积和任意盈余公积。

法定盈余公积,是指饭店按规定比例从净利润中提取的公积金。公司制的饭店(包括国有独资的饭店、有限责任制的饭店和股份制的饭店)都根据《中华人民共和国公司法》的规定按净利润的10%提取;其他组织形式的饭店可以根据需要确定提取比例,但至少应按10%提取。饭店提取的法定盈余公积累积额超过其注册资本的50%以上的,可以不再计提。

任意盈余公积,是指饭店经股东大会或类似机构批准,按照规定比例从净利润中提取的公积金。

二、盈余公积的主要用途

饭店提取法定盈余公积和任意盈余公积主要用于以下几个方面:

1.弥补亏损

当饭店发生亏损时,应由饭店自行弥补。弥补亏损的渠道主要有三条:一是用以后年度税前利润弥补。按照现行制度规定,饭店发生亏损时,可以用以后五年内实现的税前利润弥补,即税前利润弥补亏损的期间为五年。二是用以后年度税后利润弥补。饭店发生的亏损经过五年未弥补足额的,未弥补亏损应用所得税后的利润弥补。三是以盈余公积弥补。饭店提取的盈余公积弥补亏损时,应当由公司董事会提议,并经股东大会批准。

2.转增资本

饭店将盈余公积转增资本时,必须经股东大会批准。在实际将盈余公积转增资本时,要按股东原有持股比例结转。盈余公积转增资本时,转增后留存的盈余公积的数额不得少于注册资本的25%。

3.分配股利

饭店本年度无利润,原则上不得分配股利。但饭店为了维护股票的信誉,经股东会特别决议,也可以用以前年度积累的盈余公积分配股利,但这部分盈余公积必须是弥补亏损后的结余部分,并且分配股利后的法定盈余公积不得低于企业注册资本的25%。

盈余公积的提取实际上是饭店当期实现的净利润向投资者分配利润的一种限制。提取盈余公积本身就属于利润分配的一部分,盈余公积已经形成在一般情况下不得用于向投资者分配利润或股利。盈余公积的用途,并不是指其实际占用形态,提取盈余公积也并不是单独将这部分资金从饭店资金周转过程中抽出。饭店提取盈余公积,无论是用于弥补亏损、转增资本,还是用于分配股利,只不过是在企业所有者权益内部的转换,如饭店以盈余公积弥补以前亏损时,实际上减少盈余公积结存的数额,以此弥补未弥补亏损的数额,并不引起饭店所有者权益总额的变动;饭店以盈余公积转增资本时,也只是减少盈余公积结存的数额,同时增加饭店实收资本的数额,并不是引起所有者权益总额的变动。至于饭店盈余公积的结存数,实际上只是变现饭店所有者权益的组成部分,表明饭店经营资金的一个来源而已,其形成的资金可能表现为一定货币资金,可能表现为一定的实物资产,如固定资产等,随同饭店的其他来源所形成的资金进行循环周转。

三、盈余公积的核算

为了核算反映盈余公积形成及使用情况,饭店应设置"盈余公积"账户,并按盈余公积的构成内容进行明细核算。该账户属于所有者权益类,贷方登记按一定标准提取的盈余公积数额,借方登记按规定用途使用盈余公积的数额,期末贷方余额反映盈余公积的结余数额。该账户应当分别"法定盈余公积""任意盈余公积"进行明细核算。

知识拓展

补亏的所得税处理

饭店无论是以税前利润还是以税后利润弥补亏损,其会计处理方法均相同,不需要进行专门的账务处理。饭店应将当年实现的利润自"本年利润"账户,年终转入"利润分配——未分配利润"账户的贷方,其贷方发生额与"利润分配——未分配利润"账户的借方余额自然抵补。但是,两者在计算缴纳所得税时的处理是不同的。在以税前利润弥补亏损的情况下,其弥补的数额可以抵减当期企业应纳税所得额,而以税后利润弥补的数额,则不能作为纳税所得扣除处理。

1. 盈余公积的增加

饭店提取盈余公积时,借记"利润分配"账户,贷记"盈余公积"(法定盈余公积、任意盈余公积)账户。

提取盈余公积时:

借:利润分配

    贷:盈余公积——法定盈余公积

            ——任意盈余公积

【例 8-14】甲饭店本年税后利润为 700 000.00 元,分别按 10%、5% 的比例提取法定盈余公积和任意盈余公积。则甲饭店作如下账务处理:

借:利润分配——提取法定盈余公积	70 000.00
——提取任意盈余公积	35 000.00
贷:盈余公积——法定盈余公积	70 000.00
——任意盈余公积	35 000.00

2. 使用盈余公积的核算

(1)使用盈余公积弥补亏损。

饭店经股东大会或类似机构批准,用盈余公积弥补亏损,应借记"盈余公积"账户,贷记"利润分配——盈余公积补亏"账户。

借:盈余公积

    贷:利润分配——盈余公积补亏

【例 8-15】甲饭店以前年度累计的为弥补的亏损为 700 000.00 元,按照规定已超过以税前利润弥补亏损的期间。本年度甲饭店董事会决定并经股东大会批准,以法定盈余公积弥补以前年度未弥补的亏损 300 000.00 元。则甲饭店作如下账务处理：

用法定盈余公积弥补亏损时：

借：盈余公积——法定盈余公积   300 000.00

  贷：利润分配——盈余公积补亏   300 000.00

结转"本年利润"账户：

借：利润分配——盈余公积补亏   300 000.00

  贷：利润分配——未分配利润   300 000.00

（2）盈余公积转增资本。

饭店用盈余公积转增资本时，应按投资者持有的比例进行转增资本，借记"盈余公积——法定盈余公积"账户，贷记"实收资本（或股本）"账户。

借：盈余公积——法定盈余公积

  贷：实收资本（或股本）

【例 8-16】甲饭店按法定程序办理增资手续后，将法定盈余公积 2 000 000.00 元用于转增注册资本，甲、乙、丙三方股东按 50%、25%、25% 的持股比例享有份额。甲饭店作如下账务处理：

借：盈余公积——法定盈余公积   2 000 000.00

  贷：实收资本——甲股东   1 000 000.00

            ——乙股东   500 000.00

            ——丙股东   500 000.00

（3）盈余公积发放现金股利或利润。

一般情况下，盈余公积不得用于向投资者分配股利或利润。在特殊情况下，当饭店累积的盈余公积比较多，而未分配利润比较少时，为维护饭店形象，给投资者以合理回报，对于符合规定的饭店，经股东大会或类似机构批准，可用盈余公积分配现金股利或利润，但分配后饭店盈余公积的比例不得低于分配前注册资本的 25%。分配现金股利时，借记"盈余公积——法定盈余公积或任意盈余公积"等账户，贷记"应付股利"账户；发放现金股利时，借记"应付股利"账户，贷记"银行存款"账户。

分配现金股利时：

借：盈余公积——法定盈余公积或任意盈余公积

  贷：应付股利

发放现金股利时：

借：应付股利

  贷：银行存款

【例 8-17】甲饭店属于股份制饭店，其在 2015 年 12 月 31 日普通股股本为 50 000 000.00 股，每股面值 1 元，可供投资者分配的利润为 5 000 000.00 元，盈余公积 20 000 000.00 元。2016 年 3 月 20 日，股东大会批准了 2015 年度利润分配方案，以 2015 年 12 月 31 日为登记日，按每股 0.20 元发放现金股利。甲饭店共需分派 10 000 000.00 元现金股利，其中动用可供投资者分配的利润 5 000 000.00 元，盈余公积 5 000 000.00 元。甲饭店作如下账务处理：

（1）宣告分派股利时：

借：利润分配——应付现金股利   5 000 000.00

    盈余公积——法定盈余公积   5 000 000.00

    贷：应付股利   10 000 000.00

(2)支付股利时：

借：应付股利   10 000 000.00

    贷：银行存款   10 000 000.00

任务三　未分配利润

一、未分配利润概述

未分配利润是饭店留待以后年度进行分配的结存利润，也是饭店所有者权益的组成部分。相对于所有者权益的其他部分来说，饭店对未分配利润的使用分配具有较大的自主权。从数量上来说，未分配利润是期初未分配利润，加上本期实现的税后利润，减去提取的各种盈余公积金和分派的利润后的余额。用公式表示如下：

未分配利润＝期初未分配利润＋本期实现的净利润－本期提取的各种盈余公积－向所有者分配的利润

未分配利润有两层含义：一是留待以后年度分配；二是未指定用途。

二、未分配利润的核算

饭店应在"利润分配"账户下设置"未分配利润"进行明细核算，反映饭店历年积累的结存利润或亏损情况。年度终了，饭店应将全年实现的净利润，自"本年利润"账户转入"利润分配——未分配利润"账户，并将"利润分配"账户下的其他有关明细账户的余额，转入"未分配利润"明细账户。结转后，"未分配利润"明细账户的贷方余额，表示累计未分配的利润数额。如果借方出现余额，则表示累计未弥补的亏损数额。

【例 8-18】甲饭店是股份制饭店，其在 2016 年初股本为 100 000 000.00 元，每股面值 1.00 元，年初未分配利润为贷方 90 000 000.00 元，当年实现净利润 60 000 000.00 元。假定饭店经批准的 2016 年年度分配方案为：按照 2016 年实现的净利润的 10% 提取法定盈余公积，5% 提取任意盈余公积，同时向股东分配每股 0.20 现金股利，按每 10 股送 3 股的比例派发股票股利。2017 年 3 月 20 日，饭店以银行存款支付了全部现金股利，新增股本也已经办理完股权登记和相关增资手续。甲饭店作如下账务处理：

(1)2016 年年末结转本年利润时：

借：本年利润   60 000 000.00

    贷：利润分配——未分配利润   60 000 000.00

(2)提取法定盈余公积和任意盈余公积：

借：利润分配——提取法定盈余公积   6 000 000.00

           ——提取任意盈余公积   3 000 000.00

    贷：盈余公积——法定盈余公积   6 000 000.00

              ——任意盈余公积   3 000 000.00

(3)结转"利润分配"的明细账户：

借:利润分配——未分配利润   9 000 000.00

  贷:利润分配——提取法定盈余公积   6 000 000.00

          ——提取任意盈余公积   3 000 000.00

(4)批准发放现金股利:

100 000 000×0.20=20 000 000.00(元)

借:利润分配——应付现金股利   20 000 000.00

  贷:应付股利   20 000 000.00

(5)结转"利润分配——应付现金股利"明细账户:

借:利润分配——未分配利润   20 000 000.00

  贷:利润分配——应付现金股利   20 000 000.00

(6)2017 年 3 月 20 日,实际发放现金股利:

借:应付股利   20 000 000.00

  贷:银行存款   20 000 000.00

(7)2017 年 3 月 20 日,发放股票股利:

100 000 000×1.00×30%=30 000 000.00(元)

借:利润分配——转作股本股利   30 000 000.00

  贷:股本   30 000 000.00

(8)结转"利润分配——专做股本股利"明细账户:

借:利润分配——未分配利润   30 000 000.00

  贷:利润分配——转作股本的股利   30 000 000.00

此时,甲饭店"利润分配——未分配利润"的贷方余额为:

90 000 000+60 000 000-9 000 000-20 000 000-30 000 000=91 000 000.00(元)

实训课业

1.什么是投入资本?股份制饭店和有限责任制饭店在投入资本核算方面有什么区别?

2.实收资本由哪些部分组成?是怎样产生的?

3.甲饭店以定向增发股票的方式购买同一集团内另一饭店持有的 A 公司 80%股权。为了取得该股权,甲饭店增发了 2 000 万普通股,每股面值为 1.00 元,每股公允价值为 5.00 元;支付承销商佣金 50 万元。取得该股权时,A 公司净资产账面价值为 9 000 万元,公允价值为 12 000 万元。假定甲饭店和 A 公司采用的会计政策相同。请问,甲饭店取得该股权时应确认的资本公积是多少?

4.资本公积有哪两个明细科目?含义分别是什么?

5.利润分配的顺序是怎样的?

6.盈余公积的来源、用途有哪些规定?如何进行具体的会计处理?

7.资本公积、盈余公积和未分配利润有何区别?

项目九　饭店财务报表的编制

学习目标

• 职业知识

学习并明确财务报表的构成、作用和要求；掌握会计报表的一般结构原理；掌握资产负债表和利润表的编制技术。

• 职业能力：

运用本项目专业知识研究相关案例，掌握简单的财务报表分析；通过本项目后的实训课业，培养相关专业技能。

• 职业道德：

结合本项目中的"同步思考"和"师生互动"等教学环节，依照职业道德规范，形成编制真实公允的财务报表的职业道德素养。

案例思考

餐饮企业面对的是一个竞争日趋激烈的市场，企业资金的筹集与投放、分布与耗费，以及由此带来的收益及其分配都与餐饮企业的生存发展密切相关。作为对企业理财活动进行观察、控制的手段，财务指标分析能够以其令人信服的数据来诊断饭店的财务状况和经营成果。下面以某饭店餐饮部门2016年10月部分财务数据为例，节选了其主要一些财务指标进行比较分析。

营业收入：据了解，当地高档宾馆和饭店平均每天营业收入在15 000.00元以上，中档饭店在6 000.00元至15 000.00元之间，一般小饭店和大排档在1 500.00元至6 000.00元之间。该饭店2016年10月的营业收入只有51 144.00元，平均每天不足1 700.00元。

营业成本：据统计，在我国，餐饮行业营业成本占营业收入的45.00%左右，实际上，该饭店的这项比例达到66.38%，远远超过45.00%。

销售费用：2016年10月，该餐饮部销售费用占营业收入的比例为30.24%，比上年提高了14.99%。
……

思考：相信已经具备一定财务知识的你肯定看出了这家饭店餐饮部门存在的一些问题，而所有问题的分析都是建立在财务报表的基础上的，那么你会对饭店的财务报表进行分析吗？

模块一　财务报表及其编制要求

任务一　会计报表概述

一、财务会计报表的含义

饭店财务会计报表是饭店会计核算的最终成果，是饭店对外提供财务会计信息的主要载体。甚至可以说,饭店的日常会计核算工作都是为了期末编制财务会计报表积累资料和做好前期准备工作。饭店的外部利益相关者(投资者、债权人、政府管理部门等)了解饭店的财务状况、经营成果和现金流量等方面信息的主要渠道就是饭店对外提供的财务会计报表。

知识拓展

为了规范企业财务会计报表,保证财务会计报表的真实完整,我国于 2006 年 2 月 15 日颁布的《企业会计准则——基本准则》第 44 条对财务会计报告作了如下规定:"财务会计报告是指企业对外提供的反映企业某一特定日期的财务状况和某一会计期间的经营成果、现金流量等会计信息的文件。财务会计报告包括会计报表及其附注和其他应当在财务会计报告中披露的相关信息和资料。"

二、财务会计报表的构成

会计报表是财务会计报告的主干部分,是以饭店的会计凭证、会计账簿和其他会计资料为依据,按照规定的格式、内容和填报要求定期编制并对外报送的,以货币为计量单位,总括地反映饭店的财务状况、经营成果和现金流量的书面报告文件。由于它一般是以表格的形式简明扼要地体现出来,因而称为会计报表,也称财务报表。《企业会计准则第 30 号——财务报表列报》规定:财务报表至少应当包括资产负债表、利润表、现金流量表、所有者权益变动表和附注。

(1)资产负债表是指反映企业在某一特定日期的财务状况的会计报表。

(2)利润表是指反映企业在一定会计期间的经营成果的会计报表。

(3)现金流量表是指反映企业在一定会计期间的现金和现金等价物流入和流出情况的会计报表。

(4)所有者权益变动表是指反映企业在一定会计期间所有者权益各项目的增减变动情况的会计报表。

(5)附注是指对在会计报表中列示项目所作的进一步说明,以及对未能在这些报表中列示的说明等。

三、会计报表的作用

会计报表所提供的会计信息具有重要作用。其作用主要体现在以下几个方面:

(1)便于饭店了解自身一定时期内的财务状况及其变动情况,及时掌握企业的经济活动情况、经营成果和经营管理工作中存在的问题。对于饭店领导来说,通过会计报表所提供的综合性指标,了解饭店的资产、负债、所有者权益的增减变化和实有数量,了解利润的形成及其分配,了解现金流入、流出状态,有助于正确决策;对内部有关部门来讲,也需要通过有关成本指标和计划以及预算完成情况的报告,来考核、评价内部各责任部门的工作业绩,以总结经验、加强管理、挖掘潜力、提高效益。

(2)为投资者、债权人进行正确的投资决策以及关心饭店的有关各方提供关于饭店财务状况、经验成果和现金流量的相关资料。饭店的投资者、债权人以及关心饭店的各方利用这些报表资料,分析饭店的偿债能力和获利能力,预测饭店的发展前景,据以作出正确的决策。

(3)便于国家财税部门加强对饭店经营活动的监督检查。国家财政和税务部门通过饭店的会计报表,可以检查饭店对国家财政、税收制度的贯彻执行情况,可以检查是否足额地完成各项应交税费、应付投资利润以及其他请付款的支付,以保证国家财政收入的及时完整。

(4)便于银行和其他金融机构了解饭店的偿贷情况。银行及其他金融机构可以通过会计报表,了解饭店的生产经营能力、偿贷资金的运用方向、运用效益,考核饭店偿贷纪律的遵守情况,分析饭店偿债能力,以确定其对饭店的信贷政策。

(5)为上级主管部门和政府管理部门进行宏观调控提供参考资料。饭店的上级主管部门根据会计报表资料可以了解饭店整体的经济运行情况;政府管理部门可以通过会计报表,了解国有资产的使用、变动情况,了解各部门、各地区的经济发展情况,有利于国家的宏观调控。

四、会计报表的分类

会计报表可以根据需要按照不同的标准进行分类。

1.根据报表所反映的经济内容划分

按报表所反映的经济内容不同,可分为反映饭店财务状况及其变动情况的报表和反映饭店经营成果的报表。

饭店财务状况及其变动情况的报表可以分为两种:一种是反映饭店特定日期财务状况的报表,如资产负债;另一种是反映饭店一定时期财务状况变动情况的报表,如现金流量表和所有者权益变动表。

反映饭店一定期间经营成果的报表有利润表等。

2.根据报表所反映的资金运动形态划分

按报表所反映的资金运动形态的不同,可分为静态报表和动态报表。

静态报表是指反映饭店特定日期财务状况的报表,如资产负债表。该表体现的是在某一特定日期企业资金运动的结果,其主要是对期末的资产、权益的变动结果进行反映,应根据有关账户的期末余额编报。

动态报表是指反映饭店一定时期的经营成果和财务状况变动情况的报表,如利润表、现金流量表和所有者权益变动表。这些动态报表体现的是一定时期内饭店资金运动的状态,应根据有关账户的发生额和相关报表数字编报。

3.根据报表编制与报送时间划分

按报表编制与报送时间的不同,可分为中期报表和年度报表。

按月编报的会计报表称为月报表,按季编报的会计报表称为季报表,按年编报的会计报表称为年报表或决算报表。其中月报表和季报表又称中期报表。中期报表是指短于一个完整会计年度的报告期间,可以是一个月、一个季度或者半年,也可以是其他短于一个会计年度的报告期间编制的报表。在我国,月报表通常包括资产负债表和利润表;中期报表通常包括资产负债表、利润表、现金流量表和附注;而年报表除了上述三张报表外,还包括所有者权益变动表(或股东权益变动表)。

4.根据报表编制的会计主体划分

按报表编制的会计主体不同,可分为个别报表和合并报表。

个别报表是指在母公司和子公司组成的具有控股关系的饭店集团中,由母公司和子公司各自为主体分别单独编制的报表,用以分别反映母公司和子公司各自的财务状况和经营成果。

合并报表是指以母公司和子公司组成的饭店集团为一个会计主体,以母公司和子公司单独编制的个别报表为基础,由母公司编制的综合反映饭店集团经营成果、财务状况及其资金变动情况的会计报表。

除此之外，会计报表还可以按服务对象的不同，分为对外报表和内部报表；按编制单位不同，分为基层报表和汇总报表。

任务二　会计报表的编制要求

为了满足各方面使用会计报表的需要，充分发挥会计报表的作用，在编制会计报表时，必须严格遵守以下几个基本条件：

1. 数据真实

数据真实是编制会计报表的基本原则，是对会计工作的基本要求。只有真实可靠的数据，才能如实地反映饭店的财务状况及经营成果，才能为各方信息使用者进行决策或者管理提供有用的信息资料。为此，编制会计报表前首先应该做好账账核对、账实核对、清理账目、调整账项等工作，然后才能据以编制会计报表。

2. 内容完整

对外会计报表中的各项指标都是由国家统一规定的，它是经济管理不可缺少的信息资料。因此，必须按规定编报，会计报表中的项目不得漏填或少填，应报的会计报表不得缺报，主管单位汇总会计报表时不得漏汇，对会计报表项目需要说明的事项要有附注，报送报表时要附送财务状况总说明书等。

3. 说明清楚

会计报表提供数据资料外，还应或多或少地用文字对有关数据进行说明，才能便于报表使用者正确使用报表中的数据资料。因此，要求说明的方案要简明扼要、清晰明了，便于报表使用者理解和接受。

4. 前后一致

编制会计报表时，在会计计量和揭示方法的选择上要贯彻一贯性原则，保持前后各项计量和报告口径的一致，这样便于信息使用者对比、分析和利用会计信息，如有变动，应在报告中说明。

5. 编报及时

为了及时向报表使用者提供所需要的经济信息，要求会计报表的编制必须及时。会计报表的报送时间，根据企业性质不同而有所差异，但一般来讲，月报表应于月份终了后的 6 天内报送；季报表应于季度终了后的 15 天内报送；中期报表应于半年度终了后的 60 天内报送；年度报告应于新年度开始后的 4 个月内报送。

6. 手续完备

对外会计报表应依次编定页码、加具封面、装订成册、盖上单位公章；企业行政领导人员、总会计师、会计机构负责人和会计主管人员要签字；需要注册会计师行使监督验证职能的会计报表，还要有注册会计师签章。

案例分析

A 公司财务造假

近日，日本 A 公司因被爆财务造假在日本社会引起了不小的震动，多名高层管理人员辞职并遭投资人追责,还有可能接受司法调查。这家被称为日本企业的象征、拥有 140 多年历史、员工超过 20 万人的老牌企业暴露出来的问题,正在引起日本全社会的反思。

2015 年 7 月 21 日,A 公司公司社长、副董事长及 4 位副社长宣布辞职,16 位董事中也将有一半人员被迫承担责任。2015 年 4 月份,该公司被日本媒体爆出为夸大业绩发生财务报表造假事件。随后,以东京高等检察院前检察长及律师、会计师组成的第三方调查小组成立。该小组查阅了该公司 2008—2014 年间的财务平衡报表,发现公司通过虚报企业利润、延迟记载营业损失等手法,大量掩盖企业损失,多报了 1 518 亿日元(合 12.2 亿美元)经营利润。鞠躬下台的社长承认,"这是 A 公司 140 年历史上品牌形象受损最严重的事件"。

偌大的老牌企业为何会造假账?日本媒体给出了多种分析。有分析认为,2008 年时值金融危机的关键时期,2011 年又发生东日本大地震,公司为稳住市场、股价和队伍的信心虚报成绩。据报道,6 年间该公司在国内外金融市场共募集资金超过 1 万亿日元,很多投资者就是被这些虚假报表欺骗的。也有分析认为,企业领导层过于强调业绩,设定不切实际的利润目标,并要求下属完成这些目标。当目标落空时,便唆使相关财务人员造假,已有多人指证社长曾鼓励相关人员"要勇于挑战",这种鼓动就是怂恿造假,毕竟业绩是社长能力和地位的最好象征。更有分析指出,A 公司有特殊的企业文化,下级对上级的命令只能不折不扣地服从,"愚忠"害惨了这家企业。

深入研究才发现,A 公司财务造假事件还有更深层的原因,一是对企业审查、监管的有效性堪虞。企业业绩是由国内外子公司及各种经营的收入汇总起来的,每年的业绩报告除提交董事会外,还要接受会计审计公司、证券交易检查机构、合作银行等金融机构的审查。日本的审查机制并不缺位,那么该公司的财务报表何以能够顺利过关?不排除这些审查机构与企业"粘连",发生幕后利益交换的可能。二是企业核心竞争力难于支撑企业的发展。A 公司是世界公认的日本代表性企业之一,以生产白色家电、电子元件而著称,还曾最先开发出笔记本电脑。如今靠造假账"粉饰"业绩,只能说明企业的竞争力下降。三是企业文化运用不当反而成为累赘。A 公司的虚假报表不只发生在一个部门,问题几乎涉及全公司,众多业务部门的高层被指参与其中,而且延续多年。真正的原因就是企业"利益至上主义"的病根。其实,近年来,多家日本知名企业都爆出过虚报财务数据丑闻,这不得不让人怀疑这种"技术操作"可能已经成为日本企业的通病。

眼下,等待着 A 公司的不仅是商业道德的谴责,还有棘手的各类官司。根据日本《金融商品交易法》,靠虚假报告获取有价证券者将被罚款,投资者也可能以欺骗罪对其提起诉讼。A 公司曾经是一家以诚信为本的百年老店,要想重新拾回经营道德底线实非易事。

(资料来源:中国经济网)

模块二 资产负债表的编制

任务一 资产负债表概述

一、资产负债表的概念

资产负债表是每个企业对外提供的主要报表之一,饭店行业也不例外。饭店资产负债表是反映饭店某一特定日期资产、负债、所有者权益等财务状况的会计报表。

该报表是根据资产、负债和所有者权益之间的相互关系,按照一定的分类标准和一定的顺序,将饭店在某一特定日期的资产、负债和所有者权益各项目予以适当排列,并根据会计账簿日常记录编制而成。通俗地说,资产负债表可以清楚地反映饭店的资产量、负债量、净资产量,以及它们的组成结构。在对财务报表的学习中,一般以学习资产负债表为开端,因为它体现了一个饭店整体的财务结构和状况。同时它反映的是某一会计期间(一般是一年)经营活动静止后饭店拥有和控制的资产、需偿付的债务及所有者权益的金额,也就是一个时点的财务状况。

二、饭店资产负债表的作用

从资产负债表的功能上说,主要有以下四点:

1. 可以反映资产及其分布状况

资产负债表能够反映饭店在特定时点所拥有的资产总额及其结构,表明饭店在某一特定时点拥有或控制的资源及其分布情况。也就是说饭店此时此刻有多少资源是流动资产、有多少资源是长期投资、有多少资源是固定资产等。

2. 可以表明饭店所承担的债务及其偿还时间

资产负债表能够表明饭店在特定时点所承担的债务、偿还时间及偿还对象,提醒饭店未来需要用多少资产或劳务清偿债务,也就是说流动负债有多少、长期负债有多少、长期负债中有多少需要用当期流动资金进行偿还等。如果是流动负债,就必须在 1 年内偿还;如果是长期负债,偿还期限就可以超过 1 年。因此,从资产负债表可以清楚地知道,在特定时点上企业欠了谁的钱,欠了多少钱,以及什么时候偿还。

3. 可以反映净资产及其形成原因

资产负债表还能够反映在资产负债表日饭店的投资人所拥有的净资产及其形成的原因。净资产其实就是所有者权益,或者是股东权益的另外一种叫法。在某一个特定时点,资产应该等于负债加股东权益,因此,净资产就是资产扣除负债以后的值。应该注意的是,我们可以说资产等于负债加股东权益,但绝不能说资产等于股东权益加负债,其实它们是有着根本性区别的。因为会计规则必须遵守"先人后己"的原则,也就是说,企业的资产必须首先要用来偿还债务,然后才能够给投资者分配,剩下的不管多少,都归投资人所有,可以说债务人权益优先于所有者权益。如果先讲所有者权益,就是"先己后人",这在会计规则中是不允许的。

4. 可以反映企业财务发展状况趋势

资产负债表能够反映饭店财务发展状况的趋势。不过,仅仅孤立地看一个时点数,可能反映的问题还不够明显,但是如果把几个时点数排列在一起,饭店财务发展状况的趋势就很明显了。

案例分析

例如一家饭店的应收账款,第 1 年是 10 万元,第 2 年是 20 万元,第 3 年是 30 万元,第 4 年是 40 万元。如果把这 4 年的时点数字排在一起,就很容易发现,这个饭店的应收账款呈现逐年上升的趋势。应收账款逐年上升的趋势表明,有可能销售环节没有管好应收款,款项收不回来的可能比较大,坏账准备可能会比较高;也有可能说明饭店做好了,市场扩大了,规模大的同时应收账款也增加了。就像拍电影,摄影师只能一个一个镜头地拍摄,每个镜头都是一幅静态的画面。但是,如果把每一个镜头有机地串联起来,就会构成一部生动形象的动态电影。从这个角度来说,一个饭店的管理者如果能够关注每一个时点的状况,就会对饭店的财务状况有一个比较全面的了解;反之,不注重捕捉时点数,将会给饭店的财务管理造成比较大的失误。

任务二 资产负债表的编制技术

一、饭店资产负债表的结构

1.编制的基本原理

资产负债表的编制原理是"资产＝负债＋所有者权益"会计恒等式。它既是一张平衡报表,反映资产总计(左方)与负债及所有者权益总计(右方)相等;又是一张静态报表,反映企业在某一时点的财务状况,如月末或年末。通过在资产负债表上设立"年初数"和"期末数"栏,也能反映出企业财务状况的变动情况。饭店是一种特殊的企业,所以不管资产负债表的项目有多少,其大项目只有三个:资产、负债及所有者权益,而这三者之间内在的数量关系就是资产等于负债加所有者权益。资产是企业资源变化的一个结果,引起这种结果变化的根本原因主要有两方面:一是负债的变化;二是所有者权益的变化。

2.资产表编制的格式

《企业会计准则——财务报表列报》应用指南中给出了资产负债表格式。除格式中不存在的项目外,企业应当按照该指南规定的格式进行列报。目前世界各国主要有两种资产负债表格式:一是账户式表格,二是报告式表格。账户式表格是比较普遍的一种格式,所以这里主要为大家介绍账户式表格。

资产负债表要披露三个非常重要方面:一是这一时点有多少资产,二是这一时点有多少负债,三是这一时点拥有多少所有者权益。如果把这三部分及其内容分左右排列,左边列示饭店拥有的资产,右边列示饭店的负债及所有者权益,很像"T"型账户,所以人们称其为账户式的资产负债表。债权人对资产有第一索偿权,因此,所有者权益显示在各项负债之下,这样可以说明负债比资产有更高的或优先的索偿权。由此可见,债权人和股东对饭店的资产都拥有权利,但是股东的索偿权要滞后于债权人,债权人债权之外的资产才归股东所有。于是,饭店的资产实质上包括两部分:一部分可以归债权人所有,另一部分归股东所有。这也和"资产＝负债＋所有者权益"平衡公式相吻合。

3.资产负债表编制结构

资产负债表由表头和表体构成。表体部分主要由资产、负债和所有者权益三个基本要素组成,采用左右账户式排列。报表的左方列示饭店的各项资产,报表的右方列示饭店的各项负债和所有者权益,报表左方的资产总计与报表右方的负债及所有者权益总计应保持平衡关系。

资产负债表左方列示的资产按流动资产和非流动资产的类别加以反映,资产负债表右方列示的负债和所有者权益按偿还的先后顺序排列。这种分类排列,不仅能清晰地反映项目的对应关系,而且便于提供财务状况的重要资料。表9-1是一张对外资产负债表简表。

表 9 - 1 资产负债表

2016 年 12 月 31 日

编制单位:××饭店股份有限公司 单位:元 币种:人民币

资产	期末余额	年初余额	负债和所有者权益	期末余额	年初余额
流动资产:			流动负债:		
货币资金			短期借款		
交易性金融资产			交易性金融资产		
应收票据			应付票据		
应收账款			应付账款		
预付账款			预收账款		
应收利息			应付职工薪酬		
应收股利			应交税费		
其他应收款			应付利息		
存货			应付股利		
一年内到期的非流动资产			其他应付款		
其他流动资产			一年内到期的非流动负债		
流动资产合计			其他流动负债		
非流动资产:			流动负债合计		
可供出售金融资产			非流动负债:		
持有至到期投资			长期借款		
长期应收款			应付债券		
长期股权投资			长期应付款		
投资性房地产			专项应付款		
固定资产			预计负债		
在建工程			递延所得税负债		
工程物资			其他非流动负债		
固定资产清理			非流动负债合计		
无形资产			负债合计		
开发支出			所有者权益(或股东权益):		
商誉			实收资本(或股本)		
长期待摊费用			资本公积		
递延所得税资产			减:库存股		

资产	期末余额	年初余额	负债和所有者权益	期末余额	年初余额
其他非流动资产			专项储备		
非流动资产合计			盈余公积		
			一般风险准备		
			未分配利润		
			所有者权益（或股东权益）合计		
资产总计			负债和所有者权益合计		

法定代表人：　　　　　　　　　　　主管会计工作负责人：

备注：不同的饭店会根据自身情况的不同对外报送不同详细程度的报表，因而反映的会计科目会有所不同。

知识拓展

资产负债表账户式格式和报告式比较

账户式资产负债表左方列示资产项目，右方列示负债和所有者权益。表 9-2 列示美国某饭店采用的这个格式。

报告式资产负债表先列示资产项目，后列示负债和所有者权益。报告格式的分类合计总额表明资产既等于负债和所有者权益也可以减去负债和所有者权益。表 9-3 列示美国某饭店采用的报告格式。

表 9-2 账户式资产负债表

<table>
<tr><td colspan="4" align="center">莫里森汽车旅馆(美国)
资产负债表
2016 年 12 月 31 日</td></tr>
<tr><td colspan="2" align="center">资产</td><td colspan="2" align="center">负债和所有者权益</td></tr>
<tr><td>流动资产：</td><td></td><td>流动负债：</td><td></td></tr>
<tr><td>　库存现金</td><td>$ 2 500</td><td>　应付票据</td><td>$ 23 700</td></tr>
<tr><td>　应收账款</td><td>$ 5 000</td><td>　应付账款</td><td>$ 8 000</td></tr>
<tr><td>　清洁用品</td><td>$ 2 500</td><td>　应付职工薪酬</td><td>$ 300</td></tr>
<tr><td>　　合计</td><td>$ 10 000</td><td>　　合计</td><td>$ 32 000</td></tr>
<tr><td>财产和设备：</td><td></td><td>长期负债：</td><td></td></tr>
<tr><td>　土地</td><td>$ 20 000</td><td>　应付抵押</td><td>$ 120 000</td></tr>
<tr><td>　建筑物</td><td>$ 300 000</td><td>　负债合计</td><td>$ 152 000</td></tr>
<tr><td>　家具和设备</td><td>$ 50 000</td><td>莫里森股本</td><td>$ 103 000</td></tr>
<tr><td>　　合计</td><td>$ 370 000</td><td></td><td></td></tr>
<tr><td>　减累计折旧</td><td>$ 125 000</td><td></td><td></td></tr>
<tr><td>　净资产和设备</td><td>$ 245 000</td><td></td><td></td></tr>
<tr><td>资产总计</td><td>$ 255 000</td><td>负债和所有者权益总计</td><td>$ 255 000</td></tr>
</table>

表9-3　报告式资产负债表

莫里森汽车旅馆（美国） 资产负债表 2016 年 12 月 31 日		
资产		
流动资产：		
库存现金	$ 2 500	
应收账款	$ 5 000	
清洁用品	$ 2 500	
流动资产合计	$ 10 000	
财产和设备：		
土地	$ 20 000	
建筑物	$ 300 000	
设备	$ 10 000	
家具	$ 40 000	
减累计折旧	$ 125 000	
净资产和设备		$ 245 000
资产总计		$ 255 000
负债和所有者权益		
流动负债：		
应付票据	$ 23 700	
应付账款	$ 8 000	
应付工资	$ 300	$ 32 000
长期负债：		
应付抵押款		$ 120 000
负债总计		$ 152 000
所有者权益：		
莫里森股本		$ 103 000
负债和所有者权益总计		$ 255 000

（资料来源：Raymond S. Schmidgall，James W. Damitio. 饭店财务会计［M］. 北京：中国旅游出版社，2002.）

二、饭店资产负债表的编制技术

资产负债表是静态报表，它反映的是某一时点企业的财务状况，因此在时间上必须填写具体日期。其次，资产负债表各项目的金额分为期末余额和年初余额两栏，其中，"期末余额"各项目金额应该根据总分类账户和明细分类账户的期末余额填列，"年初余额"各项目金额，应根据上年资产负债表的年末余额直接填列。具体来说，资产负债表各项目的数据主要通过以下几种方式填列：

1. 直接根据总分类账户的期末余额填列

资产项目中的交易性金融资产、应收票据、应收利息、可供出售金融资产、固定资产清理、递延所得税资产等;负债项目中的短期借款、交易性金融负债、应付票据、应付职工薪酬、应交税费、应付利息、应付股利等,以及全部的所有者权益项目,直接根据总账期末余额直接填列。

2. 根据明细分类账户的期末余额填列

有些项目不能直接根据某个总账及其所属的明细账期末余额填列,而是要对相关总账所属明细账的期末余额进行分析后计算填列。如“应收账款”项目,应根据“应收账款”和“预收账款”总分类账户所属各明细分类账户的期末借方余额之和扣除相应坏账准备后的金额填列;“应付账款”项目,应根据“应付账款”和“预付账款”总分类账户所属各明细分类账户的期末贷方余额之和填列。

3. 根据几个总分类账户的期末余额分析计算填列

“货币资金”项目,应根据“库存现金”“银行存款”“其他货币资金”账户的期末余额的合计数填列;“存货”项目,应根据“在途物资”“原材料”“库存商品”“生产成本”等账户期末余额的合计数减去“存货跌价准备”科目余额后的净额填列;“固定资产”项目,按照“固定资产”总账期末余额减去“累计折旧”总账期末余额填列等。

4. 根据总分类账户和明细分类账户的期末余额分析计算填列

资产负债表中某些项目不能根据有关总账的期末余额直接或计算填列,也不能根据有关账户所属相关明细账户的期末余额填列,而需要根据总账和明细账的期末余额分析计算填列。如“长期借款”“应付债券”“长期应付款”等项目,应根据各总账期末余额扣除各总账所属明细账中一年内到期的长期负债部分后分析计算填列。

三、饭店资产负债表编制示例

【例 9-1】表 9-4 是 A 饭店股份有限公司 2016 年 12 月 31 日的资产负债表。

表 9-4 资产负债表

2016 年 12 月 31 日

编制单位:A 饭店股份有限公司　　　　单位:元　币种:人民币

资产	期末余额	年初余额	负债和所有者权益	期末余额	年初余额
流动资产:			流动负债:		
货币资金	184 833 829.01	316 432 181.97	短期借款		
交易性金融资产	28 291 156.99	7 935 362.83	交易性金融资产		
应收票据	200 000.00		应付票据		
应收账款	1 011 818.87	3 076 963.13	应付账款	14 811 945.19	16 316 430.98
预付账款	468 973.00	1 169 038.31	预收账款	59 073 880.49	57 593 544.24
应收利息	352 362.73	815 776.94	应付职工薪酬	14 051 628.65	15 133 922.97

资产	期末余额	年初余额	负债和所有者权益	期末余额	年初余额
应收股利			应交税费	4 884 360.46	5 948 755.10
其他应收款	1 431 358.38	2 006 473.21	应付利息		
存货	9 031 566.07	8 895 505.67	应付股利		
一年内到期的非流动资产			其他应付款	57 241 171.56	58 279 346.55
其他流动资产	30 000 000.00	20 000 000.00	一年内到期的非流动负债		
流动资产合计	255 621 065.05	360 331 302.06	其他流动负债		
非流动资产:			流动负债合计	150 062 986.35	153 271 999.84
可供出售金融资产			非流动负债:		
持有至到期投资			长期借款		
长期应收款			应付债券		
长期股权投资	974 091 030.03	838 882 410.03	长期应付款		
投资性房地产			专项应付款		
固定资产	180 966 801.63	183 747 724.04	预计负债		
在建工程	604 147.79	2 420 346.44	递延所得税负债		
工程物资			其他非流动负债		
固定资产清理			非流动负债合计		
无形资产			负债合计	150 062 986.35	153 271 999.84
开发支出			所有者权益(或股东权益):		
商誉			实收资本(或股本)	300 000 000.00	300 000 000.00
长期待摊费用			资本公积	437 261 502.62	437 261 502.62
递延所得税资产	87 845.45	255 086.39	减:库存股		

资产	期末余额	年初余额	负债和所有者权益	期末余额	年初余额
其他非流动资产			专项储备		
非流动资产合计	1 155 749 824.90	1 025 305 566.90	盈余公积	73 685 416.97	67 341 113.52
			一般风险准备		
			未分配利润	450 360 984.01	427 762 252.98
			所有者权益（或股东权益）合计	1 261 307 903.60	1 232 364 869.12
资产总计	1 411 370 889.95	1 385 636 868.96	负债和所有者权益合计	1 411 370 889.95	1 385 636 868.96

法定代表人：   主管会计工作负责人：

案例分析

如何通过资产负债表了解饭店状况

平时我们可以对自己的家底进行梳理，这对于日后的理财是非常有益的，其实梳理资产负债表对于一家饭店来说也是很重要的。如果你想了解一家饭店的家底状况时，也可以采用像个人梳理同样的方法，分别列出饭店全部的财产、欠债务的钱和所有者投入的资金的清单。从而可以对饭店作更进一步的了解，有利于饭店未来的经营管理与投资策略。

对饭店来讲，所有的财产我们都是采用货币进行计量的。例如，某饭店有 5 000.00 元的现金，500 箱海蜇头和 100 箱带鱼，例如海蜇每箱的采购成本是每箱 100.00 元，带鱼的采购成本是每箱 45.00 元，海蜇和带鱼的库存成本是 54 500.00 元，加上 5 000.00 元现金，该饭店的财产应该是 59 500.00 元。所以货币计量是一项重要的会计假设，会计需要采用货币作为计量单位来反映企业的经营情况。

我们来看一下一家饭店的家底吧。

2016 年 12 月 31 日，该饭店共有如下财产：保险柜存有现金 50 000.00 元，开户银行存款余额 800 000.00 元，客户尚未付款 540 000.00 元，根据以往收款情况，估计有 24 000.00 元可能收不回来，库存的各种原材料 511 000.00 元，生产过程中半成品占压资金 65 000.00 元，库存产品 210 000.00 元，购买原材料预付给供应商 80 000.00 元，预付单身职工宿舍房租 10 000.00 元，土地和建筑物账面价值 8 250 000.00 元，各种机器设备账面价值 60 000.00 元，计算机和办公设备价值 20 000.00 元，向另一家企业投资 301 000.00 元。根据上述数据列出该饭店的财产清单，如表 9-5 所示。

饭店资金的来源有两种途径：一方面来自股东的投资，即形成所有者权益；另一方面来源于借款，即形成负债。该饭店的资产也同样来源于这两个方面，下面则分别列出该饭店的欠款和所有者权益的清单。

表 9 - 5　饭店的财产清单

2016 年 12 月 31 日　　　　　　　　　　　　　　　　　　　　　金额单位:元

项目	金额
库存现金	50 000.00
银行存款	800 000.00
客户欠款	540 000.00
估计坏账	(24 000.00)
客户欠款净值	516 000.00
原材料	511 000.00
半成品	65 000.00
产成品	210 000.00
预付货款	80 000.00
预付房租	10 000.00
土地和建筑物	8 250 000.00
机器设备	60 000.00
计算机和办公设备	20 000.00
对外投资	301 000.00
财产总计	10 873 000.00

　　饭店的欠款如下所示:欠银行流动资金借款 55 000.00 元,购买原材料供应商货款 775 000.00元,欠职工工资 47 000.00 元,欠交税款 84 000.00 元,应付商业汇票 350 000.00 元,其他欠款 51 000.00 元,因建造生产装置 3 年到期的银行贷款 4 000 000.00 元。债务清单表如表 9 - 6 所示。

表 9 - 6　饭店的债务清单

2016 年 12 月 31 日　　　　　　　　　　　　　　　　　　　　　金额单位:元

项目	金额
流动资金借款	55 000.00
欠供应商货款	775 000.00
欠职工工资	47 000.00
欠交税款	84 000.00
应付商业汇票	350 000.00
其他欠款	51 000.00
长期借款	4 000 000.00
负债合计	5 362 000.00

　　所有者权益一般包括两个部分,一部分是股东将资金(现金或其他形式的财产)投入到饭店,另一部分是饭店生产经营产生的利润积累。饭店经营活动赚的钱应该属于股东所有,股东可以将这笔钱分红,也可以把这笔钱留在企业用于再生产或者再投资。而留在企业周转的那

部分叫做留存收益。接下来我们就了解一下该饭店的所有者权益情况：

股东投入的资金 4 800 000.00 元；

历年累计的留存收益 711 000.00 元。

因此，我们可以列出该饭店的所有者权益清单，如表 9-7 所示。

表 9-7　饭店的所有者权益清单

2016 年 12 月 31 日　　　　　　　　　　　　　　　　金额单位:元

项目	金额
股东投入资金	4 800 000.00
留存收益	711 000.00
所有者权益合计	5 511 000.00

我们把饭店的全部财产称为资产，那么，该饭店 2016 年 12 月 31 日，共有资产 10 873 000.00 元，这说明饭店的资产占用了 10 873 000.00 元的钱（资金）。饭店的资产占用的 10 873 000.00 元资金中，来自股东投入 4 800 000.00 元，来自饭店历年的盈利 711 000.00 元，来自债权人 5 362 000.00 元。

在制作饭店的对外会计报表的时候，为了方便投资者阅读和及时了解财务状况，我们将三张表汇总成一张表，如表 9-8 所示。

表 9-8　饭店资产、负债与所有者权益汇总表

2016 年 12 月 31 日　　　　　　　　　　　　　　　　　　　　　金额单位:元

资产		负债	
库存现金	50 000.00	流动资金借款	55 000.00
银行存款	800 000.00	欠供应商货款	775 000.00
客户欠款	540 000.00	欠职工工资	47 000.00
其中:估计坏账	(24 000.00)	欠交税款	84 000.00
客户欠款净值	516 000.00	应付商业汇票	350 000.00
原材料	511 000.00	其他欠款	51 000.00
半成品	65 000.00	长期借款	4 000 000.00
产成品	210 000.00	负债合计	5 362 000.00
预付货款	80 000.00	所有者权益	
预付房租	10 000.00	股东投入资金	4 800 000.00
土地和建筑物	8 250 000.00	累计留存收益	711 000.00
机器设备	60 000.00	所有者权益合计	5 511 000.00
计算机和办公设备	20 000.00		
对外投资	301 000.00	负债及所有者权益	10 873 000.00
资产总计	10 873 000.00		

这张列示出了该饭店的资产、负债、所有者权益的汇总表，整体地反映了该饭店在 2016 年 12 月 31 日的财务状况，说明了该饭店资产占用了多少资金，这些资金都是从哪里来的。这张

汇总表其实构成了饭店对外资产负债表的雏形。在此基础上只需要按照会计准则进行排列就可以形成正式的资产负债表了。

我们可以认为,资产负债表就是一家饭店整理自己的家底情况或财务状况后形成的,从表9-8中可以看出资产等于负债与所有者权益之和。

模块三　利润表的编制

任务一　利润表概述

一、利润表的性质和作用

利润表是反映饭店一定期间经营成果的会计报表。利润表把一定期间的收入与其同一期间相关的费用进行配比,以计算出饭店一定时期的净利润(或净亏损)。利润表反映的收入、费用等情况,能够提供饭店生产经营的收益和成本耗费情况,表明饭店的生产经营成果;同时,通过利润表提供的不同时期的比较数字(本月数、本年累计数、上年数),可以分析饭店未来时期利润的发展趋势及获利能力,判断投资者投入资本的完整性。由于利润既是饭店经营业绩的综合体现,又是进行利润分配的主要依据,因此,利润表是会计报表中的主要报表。

二、利润表的内容和结构

(一)利润表的内容

利润表是根据会计恒等式"收入-费用=利润"设计而成的,它主要反映以下几个方面的内容:

1.营业收入

营业收入以主营业务收入为基础,加上其他业务活动实现的收入,反映饭店一定时期内经营活动的业绩。

2.营业利润

营业利润以实现的营业收入加上公允价值变动收益及投资收益净额减去营业成本、税金及附加、期间费用和资产减值损失,反映饭店一定时期内经营活动的结果。

3.利润(或亏损)总额

利润总额以营业利润为基础,加减营业外收支等项目,反映饭店一定时期内全部经济活动的最终结果。

4.净利润(或净亏损)

净利润用利润总额减去所得税费用,反映饭店实际拥有、可供饭店自行支配的权益。

(二)利润表的结构

利润表同资产负债表一样,均由表头、表身和表尾三部分构成。表头、表尾的内容同资产负债表。表身主要由营业收入、营业利润和利润总额等项目及金额构成。其中金额栏有本期数和本年累计数。由于不同企业对会计报表的信息要求不完全相同,利润表的结构也不完全一样。但是目前应用比较普遍的利润表的结构有多步式和单步式两种。

1. 多步式利润表

多步式利润表中的利润是通过多步计算而来的。多步式利润表通常分为以下三步：

第一步，以营业收入(包括其他业务收入)为基础，减去营业成本(包括其他成本)、税金及附加、期间费用及资产减值损失，再加上公允价值变动收益、投资收益后，计算出营业利润。

第二步，在营业利润的基础上再加减营业外收支，计算得出本期实现的利润(或亏损)。

第三步，从利润总额中减去所得税费用后，计算得出本期净利润(或净亏损)。

多步式利润表的优点是，便于对饭店的生产经营情况进行分析，有利于不同饭店之间进行比较，更重要的是利用多步式利润表有利于预测饭店今后的盈利能力。

2. 单步式利润表

单步式利润表是将本期所有的收入加在一起，然后将所有的费用加在一起，通过一次计算求出本期利润。单步式利润表简单、直观，易于理解，但由于其提供的信息有限，故很少采用。

目前，我国企业的利润表均采用多步式，具体包括五部分内容：营业收入，营业利润，利润总额，净利润，每股收益。其格式如表9-9所示。

表 9-9 利润表

编制单位：××饭店 　　　　　××年度 　　　　　单位：元

项目	行次	本期金额	上期金额
一、营业收入			
减：营业成本			
税金及附加			
销售费用			
管理费用			
财务费用			
资产减值损失			
加：公允价值变动收益(损失以"－"号填列)			
投资收益(损失以"－"号填列)			
其中：对联营企业和合营企业的投资收益			
二、营业利润(亏损以"－"号填列)			
加：营业外收入			
减：营业外支出			
其中：非流动资产处置损失			
三、利润总额(亏损总额以"－"号填列)			
减：所得税费用			
四、净利润(净亏损以"－"号填列)			
五、每股收益			

项目	行次	本期金额	上期金额
（一）基本每股收益			
（二）稀释每股收益			
六、其他综合收益			
七、综合收益总额			

案例分析

刚刚毕业于某财经大学会计专业的小姚应聘到一家开办了 3 年的私营饭店,他发现这家饭店的经营状况很不稳定,每月的盈利变化很大,他决定对该公司的盈利状况进行分析。通过分析本月的财务报表,他发现:

本月饭店共取得利润 1 254 658.23 元,其中来源于餐饮的利润 264 861.59 元,来源于住宿的收入约 156 961.61 元,其他收入大多来自饭店购买股票取得的收益,而饭店购买的股票上个月竟然是亏损的。

再对餐饮和住宿进行了解,竟发现这两个部门每月的资金投入都是供不应求,导致经常缺货,有时竟然无法接待客人。

小姚找到了饭店老板薛经理,建议他把手上的股票卖掉大部分,薛经理很疑惑:"我这个月仅仅股票投资就赚了 80 多万,为什么要卖掉呢?"小薛用会计知识给他进行了分析,薛经理越听越开心,终于决定卖掉手中的大部分股票,用于饭店餐饮和住宿部的投资,通过一段时间的经营发现饭店的经营状况变得稳定起来。

思考:

1. 你认为小姚对薛经理说了些什么?

2. 饭店的盈利由哪些内容构成?

3. 薛经理应如何改善经营,提高饭店的利润?

任务二　利润表的编制技术

一、利润表的编制技术

利润表是一张动态报表,反映的是饭店在某一期间经营成果的构成情况,其日期的填写不同于资产负债表,应填列编报的会计期间,如月份、季度或年度。

利润表"上期金额"栏内各项数字,应根据上年该期利润表"本期金额"栏内所列数字填列。如果上年该期利润表规定的各个项目的名称和内容同本期不相一致,应对上年该期利润表各项目的名称和数字按本期的规定进行调整,填入利润表"上期金额"栏内。

利润表"本期金额"栏内各项数字一般应根据损益类科目的发生额分析填列。

利润表具体项目的编制方法如下:

(一)营业收入的计算列示

1. 主营业务收入

主营业务收入是反映饭店在销售商品、提供劳务及让渡资产使用权等日常活动中所产生的收入。每一个饭店都有自己的主营业务收入。不同的饭店主营业务收入可能因为发展战略的不同而不同。

2.其他业务收入

其他业务收入是用来核算饭店确认的除主营业务活动以外的其他经营活动实现的收入，包括出租固定资产、出租包装物和商品等实现的收入。

工业企业在卖产品的同时，又需要买材料，如果买材料买多了，就需要把多余的材料卖掉，即工业企业既可以卖产品，也可以卖材料。但是工业企业卖材料肯定不是主营业务。

比如，其他业务利润比重超过主营业务利润比重，是否表明饭店目前的主营业务有被其他业务替代的可能？而饭店的其他业务是否有其发展前景？再比如，当饭店的投资收益比重很高时，就需了解饭店的投资结构如何？各种投资项目的风险程度如何？

(二)营业利润的计算列示

营业利润是以营业收入为基础的，它的计算公式为：

营业利润＝营业收入(主营业务收入＋其他业务收入)－营业成本(主营业务成本＋其他业务成本)－税金及附加－销售费用－管理费用－财务费用－资产减值损失＋公允价值变动收益(－公允价值变动损失)＋投资收益(－投资损失)

1.主营业务成本

主营业务成本是指饭店因销售商品、提供劳务或让渡资产使用权等日常活动而发生的实际成本。主要包括原材料、人工成本(工资)和固定资产折旧等。比如花 20 元买一件商品，然后 32 元卖掉，那么 12 元就是该商品的主营业务收入，而其中的 20 元则是它的主营业务成本。

案例分析

成本结转操纵利润

例如购买同一件商品，第一次买的时候是 20 元一个，第二次买的时候是 32 元一个，如果你想让利润多的时候，就按 20 元转为成本，所选用的成本结转方法是先进先出法，这样成本小了，利润就多了；如果你想让利润少的时候，就把 32 元转为成本，所选用的方法是后进先出法。方法的变更使费用可大可小，导致的结果就是利润可以增加也可以减少。但是我国规定不允许采用后进先出法。

2.其他业务成本

其他业务成本是用来核算饭店确认的除主营业务活动以外的其他经营活动所发生的支出，它包括饭店销售材料的成本、出租固定资产的折旧额、出租无形资产的摊销额、出租包装物的成本或摊销额等。

3.营业税金及附加

营业税金及附加是用来反映饭店经营主要业务应负担的营业税(已取消)、消费税、城市维护建设税、资源税和教育费附加等相关税费。填报此项指标时应注意，实行新税制后，会计上规定应交增值税不再计入"主营业务税金及附加"项，无论是一般纳税企业还是小规模纳税企业均应在"应交增值税明细表"中单独反映。根据企业会计"利润表"中对应指标的本年累计数填列。

知识拓展

饭店"营改增"后的税率

在"营改增"完成前，饭店行业提供的服务属于营业税应税服务，税率为 5%，而"营改增"

之后适用什么税率呢?《营业税改征增值税试点实施办法》已明确约定餐饮业一般纳税人税率为6%(不可抵扣),而小规模纳税人适用的综合征收率为3%。外卖业务实行17%的增值税率,客房服务实行6%的增值税率,并且可以抵扣,场租业务实行11%的增值税率,培训业务实行6%的增值税率。

4.销售费用

饭店销售费用控制就是对营销过程中发生的成本费用的控制。饭店营销活动内容非常广泛,每一项营销活动都可能需要发生一些费用,都可能存在成本漏洞,因此,饭店应该将销售费用的控制作为一项重点项目来关注。

5.管理费用

饭店管理费用是指管理部门为组织和管理饭店经营活动而发生的各种费用。

管理费用一般包括分摊到各营业部门的行政管理部门人员工资、福利费、工作餐费、服装费、办公费、差旅费、会议费、物料用品消耗、低值易耗品摊销、燃料费、水电费、折旧费、修理费和其他行政活动费、工会经费、员工教育经费、劳动保险费、待业保险费、外事费、租赁费、咨询费、审计费、诉讼费、排污费、绿化费、土地使用费、土地损失补偿费、技术转让费、研究开发费、聘请注册会计师和律师费等。

6.财务费用

财务费用一般指饭店为筹集经营所需资金而发生的成本。财务费用包括利息支出(减利息收入)、汇兑损失(减汇兑收益)、金融机构手续费等。讨论饭店财务费用的控制就必须讨论饭店的资金筹措。

7.资产减值损失

资产减值损失反映的是饭店各项资产发生的减值损失。本科目应根据"资产减值损失"科目的发生额分析填列。

8.公允价值变动损益

公允价值变动损益是指饭店以各种资产,如投资性房地产、债务重组、非货币交换、交易性金融资产等公允价值变动形成的应计入当期损益的利得或损失。即公允价值与账面价值之间的差额。该项目反映了资产在持有期间因公允价值变动而产生的损益。也是利润表上的项目"公允价值变动收益"填列依据。如为净损失,以"-"号填列。本项目应根据"公允价值变动收益"科目的发生额分析填列。

9.投资收益

投资收益是指饭店进行投资所获得的经济利益,是饭店在一定的会计期间对外投资所取得的回报。投资收益包括对外投资所分得的股利和收到的债券利息。不过投资活动也可能遭受损失,如果投资到期收回的或到期前转让所得款低于账面价值的差额,则为投资损失。如为投资损失,则金额以"-"号填列。

(三)利润总额的计算列示

利润总额是在计算营业利润的基础上进行的。利润总额的计算公式如下:

$$利润总额＝营业利润＋营业外收入－营业外支出$$

1.营业外收入

营业外收入是因为饭店偶然的交易和事项而产生的,并不是来自于饭店日常经营活动所获取的收入。营业外收入是饭店发生的与生产经营没有直接关系的各项收入。饭店的营业外收入主要包括非流动资产处置利得、政府补助、盘盈利得、捐赠利得等。同样是无形资产带来的收入,如果是偶然性的交易带来的,它属于营业外收入,如果是经常性的,它就属于其他业务收入。这样划分的目的就是要考察该饭店是否具有永久性盈利能力。

2.营业外支出

营业外支出也是来自于饭店偶然的交易和事项,并不是来自于饭店日常经营活动所产生的支出。营业外支出是饭店发生的与生产经营没有直接关系的各项支出。它主要包括非流动资产处置损失、公益性捐赠支出、非常损失、盘亏损失等。

(四)净利润的计算列示

净利润是以利润总额为基础计算出来的,计算公式为:

$$净利润 = 利润总额 - 所得税费用$$

饭店的所得税费用是以所得额为征收对象,纳税所得越多征得越多,所得越少征得越少,没有所得就不用征收。饭店的经营所得和其他所得,依照有关所得税法及其实施条例的规定需要缴纳所得税。其计算公式如下:

$$所得税 = 应纳税所得额 × 所得税税率$$

知识拓展

了解企业所得税

一般企业所得税采用 25% 的比例税率。税法规定,国家需要重点扶持的高新技术企业,按 15% 的税率征税;对年度应纳税所得额不超过 30 万元,从业人数不超过 100 人,资产总额不超过 3 000 万元的工业企业以及年度应纳税所得额不超过 30 万元,从业人数不超过 80 人,资产总额不超过 1 000 万元的其他企业,减按 20% 的税率征收企业所得税。

(五)每股收益的列示

在证券市场上市的饭店的每股收益包括基本每股收益和稀释每股收益,应根据每股收益准则的规定计算填列。

二、利润表的编制示例

【例 9 - 2】以下是 A 饭店股份有限公司 2016 年度利润表。

表 9 - 10 利润表

编制单位:A饭店股份有限公司   单位:元

项目	本期金额	上期金额(略)
一、营业收入	238 466 691.37	283 232 575.42
减:营业成本	59 790 383.10	78 064 396.53
营业税金及附加	12 503 505.56	14 389 797.06
销售费用	64 917 982.04	65 804 476.94

项　目	本期金额	上期金额（略）
管理费用	74 519 388.29	77 927 584.01
财务费用	− 3 110 673.36	386 104.87
资产减值损失	− 141 969.58	− 606 398.99
加：公允价值变动收益（损失以"−"号填列）	239 001.84	− 4 531.79
投资收益（损失以"−"号填列）	41 301 661.52	54 862 295.86
其中：对联营企业和合营企业的投资收益	41 072 431.85	54 721 121.15
二、营业利润（亏损以"−"号填列）	71 528 738.68	102 124 379.07
加：营业外收入	172 788.74	2 530 220.72
减：营业外支出	370 209.01	261 129.22
其中：非流动资产处置损失	259 129.22	14 040.80
三、利润总额（亏损总额以"−"号填列）	71 331 318.41	104 393 470.57
减：所得税费用	7 888 283.93	12 432 876.00
四、净利润（净亏损以"−"号填列）	63 443 034.48	91 960 594.57
五、每股收益		
（一）基本每股收益	0.21	0.30
（二）稀释每股收益		
六、其他综合收益		
七、综合收益总额	63 443 034.48	91 960 594.57

知识拓展

内部使用的利润表和外部报告的利润表

饭店企业编制内部使用的利润表和外部报告的利润表。这些报表有着相当程度的不同。外部报告的利润表相对简单，仅提供企业经营的汇总数字。表9-11为W国际集团公司2016年年度报告的利润表。该公司的利润表反映下述内容：

- 部门销售收入
- 部门经营费用
- 部门毛利润
- 公司费用
- 利息支出
- 利息收入
- 税前利润
- 所得税费用
- 净利润
- 每股收益

表 9-11 利润表

W 国际集团公司合并利润表
2016 年度报表

	2016	2015	2014
（百万美元，每股收益除外）			
销售			
饭店			
客房	4 288	3 619	3 273
餐饮	1 577	1 361	1 289
其他	1 143	874	765
	7 008	5 854	5 327
合约服务	2 038	1 413	928
	9 046	7 267	6 255
经营成本和费用			
饭店			
部门直接成本			
客房	964	843	772
餐饮	1 195	1 038	973
汇给饭店业主	1 493	1 256	1 120
其他经营费用	2 787	2 265	2 102
	6 439	5 402	4 967
合约服务	1 998	1 357	898
	8 437	6 759	5 865
部门利润			
饭店	569	452	360
合约服务	40	56	30
公司费用和利息前经营利润	609	508	390
公司费用	88	73	59
利息支出	22	37	9
利息收入	32	37	39
税前利润	531	435	361
所得税费用	207	165	142
净利润	324	270	219
每股收益			
预编基本每股收益	1.27	1.06	0.88
预编稀释每股收益	1.19	0.99	0.83

财务报表附注（表中没有包括）往往对解释财务报表中的数字至关重要。

虽然利润表中反映的经营信息数量及其附注对外部使用者已经绰绰有余,但是饭店的经理们需要比外部使用者更加详细、更加频繁的信息。通常,经常作决策的人员需要更多更新的财务信息。管理当局的信息需求一部分来自反映预算和实际的详细月度财务报表,当期与去年同期的比较以及当年与去年的逐日累计报告。

饭店业的许多公司若发现他们逐日的累计与原先的预算差距较大,就调整他们的经营预算。经理们然后可以将实际与最新的预算作比较。除了月度财务报表外,饭店为管理当局编制的另一份重要报表是日报表。会计师们编制月度利润表以及相关的部门利润表在很大程度上可以满足管理当局对财务信息的需求。

(资料来源:Raymond S. Schmidgall,James W. Damitio. 饭店财务会计[M]. 北京:中国旅游出版社,2004.)

知识拓展

饭店 GOP 的核算及其运用

美国的《饭店统一会计制度》一书中介绍到饭店运营过程中的经营毛利润(gross operating profit,GOP)是饭店经营效益优劣的衡量标准。饭店业主以经营毛利润作为考核饭店经营者业绩的主要指标。

在饭店业,GOP 不是一个陌生的名词,特别是在国际品牌饭店,GOP 更是被提升为与国际化标准接轨而被大力追捧,从而成为衡量经营者经营业绩的最重要的指标。事实是否如此呢?

有些饭店在利润表中将 GOP 反映为收入减去成本、人工费用、营运部门的直接费用、后台部门的间接费用后的余额。主张以 GOP 来衡量经营业绩的认为,饭店总经理能够控制的是饭店日常营运过程的消耗品,而对于饭店的建造投资、内外装修、营运设备等固定资产是投资者的事情,是总经理所不能左右的。因此固定资产折旧、贷款利息等是投资者成本,GOP 减去折旧费、利息费、开办费摊销后的结余是饭店的净利润,也是投资者所能得到的净利润。

下面举例说明利息对经营业绩的影响,比如甲饭店和乙饭店两饭店规模完全相同,投资3亿元,两家饭店 2016 年的经营情况完全相同,产生的 GOP 都为 2 000 万元,唯一不同的是甲饭店的投资款全部为股东投入,股本 3 亿元;乙饭店的投资股东投入 1.5 亿元,其余 1.5 亿元全部为银行贷款,年贷款利率为 5%,房屋等折旧按 20 年计算。则两饭店 2016 年的报表反映如表 9-12 所示:

表 9-12 甲、乙饭店 2016 年投资方式不同时的简单报表 单位:万元

项目	甲饭店	乙饭店
GOP	2 000	2 000
利息	0	750
折旧	1 500	1 500
净利润	500	−250

从上述计算可以得到,甲、乙饭店的净利润分别为 500 万元和−250 万元,看起来甲饭店的经营业绩要比乙饭店好 750 万元,可事实上这 750 万元全部是乙饭店的贷款利息形成的,与饭店的经营业绩没有任何关系,却恰恰与投资者的实力和投资策略有关。若凭此净利润指标

来断定甲饭店总经理经营业绩比乙饭店总经理好，势必打击乙饭店经营者的积极性。所以仅仅以净利润来衡量饭店的经营业绩是不合理的。

我们再来看饭店的建造投资，一般来说饭店的规模、档次越高，需要投入的资金也越多。但在筹建过程中，即使饭店的规模、档次相同，不同的决策也会导致不同的投入。负责人责任心强，业务精通，工程费用控制得好，建设成本就会较低；相反，负责人责任心弱，业务生疏，工程费用控制得不好，建设成本就会较高。为便于分析，这里我们假设甲乙两饭店建成后的规模档次基本相同，但甲饭店建造成本控制得较好，总投资花费了 3 亿元，乙饭店建造成本控制相对差一点，总投资花费 3.2 亿元。两饭店 2016 年的经营情况完全相同，产生的 GOP 都为 2 000 万元，没有贷款利息，房屋等折旧按 20 年计算。则两饭店 2016 年的报表反映如表 9-13 所示：

表 9-13　甲、乙饭店 2016 年总投资金额不同时的简单报表　　　　单位：万元

项目	甲饭店	乙饭店
GOP	2 000	2 000
利息	0	0
折旧	1 500	1 600
净利润	500	400

从上述计算可以得到，甲、乙饭店的净利润分别为 500 万元和 400 万元，看起来甲饭店的经营业绩要比乙饭店好 100 万元，可事实上这 100 万元是由于乙饭店投资建造饭店时成本控制不力造成的，该费用若要由乙饭店的总经理来负责，就会显得责权利不分，影响经营者的积极性。

同样的，开办费摊销若由经营者负责，也同样存在责权利不分，严重影响经营者的积极性的情况。事实上，由于饭店的筹建期非常长，不同的经验、不同的客观情况、不同的外部条件会使筹建期间发生的开办费的差异非常巨大。

由于上述的种种原因，国内很多饭店业人士就提出我们也要与国际饭店财务管理体系接轨，也采用 GOP 来衡量经营者的业绩，从而提高经营者的积极性。而在很多国际品牌的饭店里，也已经采用了国际通用的饭店报表模式，采用了 GOP 这个经济指标。有些在国际性饭店工作多年的工作人员却发现在国内使用 GOP 这个指标也存在很多的不足，甚至引发了一系列的问题。

(1) 在中国，很多国际品牌饭店采用的是特许经营的方式，投资者(业主)投资建造饭店，使用国际饭店的品牌和管理，同时就要支付给管理方数额巨大的管理费。而管理费一般有按营业收入的一定百分比收取的基本管理费和按 GOP 的一定比例收取的鼓励性管理费。经营者认为所有的固定资产折旧、贷款利息、开办费摊销都是"业主成本"，他只负责日常营运过程中发生的"经营成本"。饭店是一个投资大、回收期长的行业，即使 GOP 产生盈利，减去折旧、摊销和利息后，往往产生的是亏损。这就发生了管理方收取了大量的管理费，而投资方产生了巨额亏损的情况。有的业主在签订管理合同时由于缺乏经验，往往没有完全理解某些条款的含义；直到饭店开始经营，每年支付大笔的管理费时，才意识到问题的严重性。业主认为固定资产是饭店日常经营必不可少的条件，若经营者不承担固定资产费用，是非常可笑的，它应该是饭店的"经营成本"。对"经营成本"和"业主成本"的争论成为很多国际品牌饭店的一个突出问

题,它不但影响了饭店的正常营运,更有甚者,直接导致管理方和业主方的合作破裂,使双方都蒙受损失。

(2)按照国内的财务制度规定固定资产的标准是"使用期限在1年以上的房屋、建筑物、机器、机械运输工具和其他与生产经营有关的设备、器具、工具等。不属于生产经营主要设备的物品,单位价值在2 000元以上,并且使用期限超过两年的,也应作为固定资产核算"。按照该规定,2 000元以上的设备、工具等都要作为固定资产,提取折旧。虽然饭店筹建期间设备的采购,经营者往往是不参与的,但饭店是一个持续经营的过程,饭店营运所需的设备、工具种类繁多,在饭店开始营业后,往往要补充和更换相当多的设备、工具等物品,开业后物品的购置饭店经营者是直接参与决策的。一般来说,设备工具的质量越高,后期的维修费用就越低,使用起来也更方便。由于折旧和利息不作为经营者考核的项目,而维护保养费恰恰又是经营者承担的费用,在采购固定资产时,经营者必定会趋向于采购价高质优的设备工具,而将性价比的考虑放于其次。虽然投资者在采购固定资产时可以参与决策,但其专业化程度是比不上经营者的。这就容易产生采购设备工具时有利于经营者不利于投资者的现象。

(3)由于折旧不作为经营者考核的项目,不利于促进经营者对固定资产的全面管理、维护保养和正确操作。没有投资者的督促,经营者往往不会主动建立全面的固定资产管理制度,有的饭店甚至发生开业十年都没有固定资产明细账的情况。高档的设备需要用高档的维修配件和护理液、清洁剂等,但由于日常的维保是饭店的经营费用,这就可能发生采用低档维修配件、维修用品代用的情况,甚至"透支"使用设备器具,这就可能降低设备的使用寿命。没有对固定资产的考核,就很难让经营者重视对固定资产的管理。

从以上论述可以看出,GOP指标并不完美,单纯把GOP作为衡量经营者的业绩仍然存在着一定的缺陷。我们认为不能完全否认GOP的作用,但可以适当作一些调整,以使GOP更能完整、合理、准确地反映经营者的业绩。

(1)考核经营者对固定资产的管理,比如对每种设备器具规定一个使用期限,若在使用期限内固定资产发生提前报废,则固定资产的重置费用由经营者承担,作为经营成本;若固定资产正常报废甚至逾龄报废,则仍作为投资者成本。这样既能促使经营者重视对固定资产使用的管理,又能避免所有固定资产都由经营者承担的"一刀切"的做法。

(2)将固定资产以租赁的方式出租给经营者使用。经营者使用固定资产必须要支付一定的使用成本,可以根据固定资产的市场价值,确定适当的租赁费,经营者每月都要支付规定的租赁费,作为经营成本。当然该租赁费是对饭店经营的内部考核,并不是真正意义上的租赁。通过采用按市场价收取租赁费的方式,改变了经营者无偿使用固定资产的不合理现象,又避免了折旧费受投资额、折旧年限等诸多额外因素影响的不足。

(3)在签订管理合同时,明确"经营成本"和"业主成本"的具体划分。对于固定资产的划分标准可以适当地提高,比如单价在4 000元以上,使用年限在5年以上的作为固定资产,其他物品一律作为日常营运消耗品,作为经营成本。当然这个标准的确定是双方互相协商的过程。但在签订合同前就明白问题的所在,必然可以使业主方处于主动的位置。当然这种对固定资产标准的重新划分只是管理方和业主方的重新约定,是内部核算的需要,正式核算仍要遵守国内的财务制度。

如何准确合理地来考核经营者的业绩是一个永远不会停止的课题,我们期待着更加科学、合理、有激励作用的方式。

模块四　现金流量表的编制

任务一　现金流量表概述

一、现金流量表的内容

从传统意义上看,饭店主要使用的财务报表是利润表和资产负债表。资产负债表反映了会计期末企业的财务状况,而利润表反映了会计期间的经营成果。尽管这些报表为我们提供了广泛的信息,但是它们并不能回答以下问题:

(1)经营获得的现金数量是多少?

(2)在一年中借入的长期负债是多少?

(3)在一年中购买的财产和设备的数量有多少?

(4)通过出售股本而筹集的资金数量是多少?

(5)在一年中支付的股利是多少?

(6)在一年中投资的长期投资有多少?

现金流量表就是为了回答以上及其他问题而设计的,因为现金流量表显示了会计期间内现金的来源和使用方式。

现金流量表,是指反映饭店在一定会计期间现金和现金等价物流入和流出的报表。从编制原则上看,现金流量表按照收付实现制原则编制,将权责发生制下的盈利信息调整为收付实现制下的现金流量信息,便于信息使用者了解饭店净利润的质量。从内容上看,现金流量表被划分为经营活动、投资活动和筹资活动三个部分,每类活动又分为各具体项目,这些项目从不同角度反映饭店业务活动的现金流入与流出,弥补了资产负债表和利润表提供信息的不足。通过现金流量表,报表使用者能够了解现金流量的影响因素,评价饭店的支付能力、偿债能力和周转能力,预测饭店未来现金流量,为其决策提供有力依据。

二、现金流量表的作用

现金流量表显示了会计期内企业的经营、投资和筹资活动对于现今的影响。它解释了会计期间现今的变化:也就是说,如果从 20×× 年 1 月 1 日(会计期初)到 12 月 31 日(会计期末)减少了 3 000.00 元,那么现金流量表会反映由公司各种活动所导致的现金总量的减少。

就现金流量表而言,现金的范围包括现金和现金等价物。现金等价物是短期的、高流动性的投资,比如国库券和货币市场账款。公司使用经营活动暂时不用的现金等价物来作为投资资金。一般来说,这些短期投资都是在 90 天或者更短的时间内完成的。由于我们认为现金和现金等价物是一样的,因此就现金流量表的作用而言,我们并不把现金和现金等价物之间的相互转换作为现金的收入与支出。

现金流量表的主要作用在于提供一个企业现金收入与支出的相关信息,从而帮助使用者(投资者、债权人、经理和其他人员),为以下活动提供方便:

1.评估企业创造未来净现金流量的能力

尽管财务报表的使用者对于企业未来的兴趣要高于企业的过去,但是许多财务报表的使用者,特别是外部使用者,必须依靠历史财务信息来评价企业未来的经营能力。因此,对于企业未来现金收益感兴趣的投资者会使用现金流量表来确定企业过去的资源,并通过现金来评估企业未来支付股利的能力。

2.评估企业偿还债务的能力

财务报表的使用者希望评估债务到期时企业偿还债务的能力。如果公司偿还债务的可能性很小,那么供应商就很可能不会将商品和服务出售给该企业。

3.评价企业的净收益与现金收支之间的差异

现金流量表能够使使用者迅速决定现金的主要来源,以及这些来源与企业经营的关系。投资者、债权人和其他财务报表的使用者一般喜欢那些能从经营活动中获得现金的企业(也就是说,从它们的主营业务产生现金),而不喜欢从那些仅通过筹资和投资活动而产生现金的企业(也就是说,相对于主营业务而言,这些活动具有随机的性质)。

4.评价企业会计期间内现金和非现金投资和筹资的影响

投资活动与财产和设备等非现金资产的购买与处置有关。筹资活动与长期债务的借贷和偿还以及股本的购买与出售有关。非现金活动(也就是说,不包括现金的交易)包括诸如以股权或者长期债务收购一个饭店的交易。

师生互动

老师:同学们,学习了现金流量表的作用后,你们能不能说出哪些人需要使用现金流量表呢?

同学:公司的管理层?

老师:管理层为什么需要使用现金流量表呢? 除了管理层需要使用,还有哪些人?

图 9-1 显示了现金流量表与其他财务报表的关系。图中提到的留存收益表反映了经营和股利公告的结果,并且使两张连续的资产负债表的留存收益账户一致。在会计期末,当临时账户(收入和费用)结清时,利润表上的净利润转入留存收益账户。同时,当使用直接法(在本项目后面讨论)编制现金流量表时,在现金流量表上要显示净利润。最后,现金流量表除了显示了现金的来源和用途外,也间接调整了资产负债表上的多数账户。

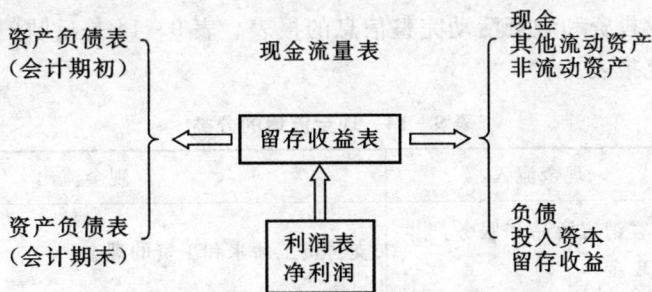

图 9-1 现金流量表和其他财务报表的关系

(资料来源:Raymond S. Schmidgall,James W. Damitio. 饭店财务会计[M].北京:中国旅游出版社,2004.)

任务二 现金流量表的编制技术

一、现金流量的分类

现金流量表将现金收支分为由经营、投资和筹资活动产生三类。每个类别中都包括现金流入和现金流出。这些现金流量的具体内容描述如下：

1. 经营活动所产生的现金流量

经营活动所产生的现金流量的现金流量包括与收入和费用相关的现金交易。收入（现金流入）包括对住店客人销售食品、饮料和其他商品与服务所产生的现金流量，以及利息和股利收入。费用（现金流出）是指经营性现金支出，包括支付给雇员的薪水、工资、税费、供应商付款等等。经营性现金流出也包括利息费用。

2. 投资活动所产生的现金流量

投资活动所产生的现金流量主要与非流动资产的购买与处置有关，特别是财产、设备和投资等非流动资产。同时也包括从适销证券（短期投资）的购买和处置中所产生的现金流量。

3. 筹资活动所产生的现金流量

筹资活动所产生的现金流量与债券的出售和到期以及与股本的出售和回购有关。现金流入包括由股票发售以及由借入长期和短期债务资金所产生的现金流入。现金流出包括贷款的支付（负债支付利息部分是经营活动产生的现金流量）、对股东支付股利以及股票回购所引起的现金流出。应付账款、应交税费的支付，以及各种应计费用的支付，例如应付工资，并不属于筹资活动中对贷款的支付，而都应当归入经营活动所产生的现金流出这一类别。

另外，还有饭店所进行的非现金投资和筹资活动，例如与某一饭店建筑交换股本。由于这些内容仅仅是一种交换，没有产生现金交易。因此，这些非现金活动并不在现金流量上显示出来。然而，由于现金流量表的主要目的是报告筹资和投资活动，并且由于这些活动会影响未来的现金流量，我们必须在现金流量表这一独立的报表上披露这些信息，从而为财务信息的使用者提供一份展示企业投资和融资活动完整信息的报表。表9-14是反映门户客栈的非现金投资和筹资活动的补充报表。

表 9-14 现金流量的分类

活动	现金流入	现金流出
经营活动	对客销售商品和服务产生的现金	支付员工薪水和工资的现金
	收到利息和股利产生的现金	支付供应商提供食品、饮料等的现金
		向政府部门交纳税金的现金
		支付给贷款者的利息
		支付给其他人的费用

活动	现金流入	现金流出
投资活动	出售财产和设备的现金	购买财产和设备支付的现金
	出售适销证券和投资产生的现金	购买投资支付的现金
	贷款收回产生的现金	放贷的现金
筹资活动	出售股本而获得的现金	买股本的现金
	发行债券获得的现金	偿还债务的现金
		支付股利的现金

(资料来源:Raymond S. Schmidgall,James W. Damitio. 饭店财务会计[M]. 北京:中国旅游出版社,2004.)

二、现金流量表的基本格式及编制

现金流量表的基本格式如表 9 - 15 所示。一般来说,首先报告经营活动所产生的现金流量。我们可以使用直接法或者间接法(将在后续部分讨论)来报告经营活动所产生的现金流量。投资和筹资活动所产生的现金流量显示在经营活动所产生的现金流量的下面。每一部分都要显示各项目的现金流入和流出。例如,偿还 50 000.00 元债务并借入 150 000.00 元新债务之后,长期负债会增加 100 000.00 元。每一笔现金的流出和流入都要分别显示,而不是仅将流入和流出的净值直接记录在现金流量表上。最后,如上所述,现金流量表必须包括一张反映非现金资产投资和筹资活动的补充报表。

表 9 - 15　现金流量表的基本格式

经营活动产生的现金流量 (使用直接法或者间接法)	××
投资活动产生的现金流量 (列出现金流入和流出)	××
筹资活动产生的现金流量 (列出现金流入和流出)	××
现金的净增加(减少)	××
期初现金	××
期末现金	××
非现金投资和筹资交易报表 (列出单个交易)	××

(资料来源:Raymond S. Schmidgall,James W. Damitio. 饭店财务会计[M]. 北京:中国旅游出版社,2004.)

案例思考

直接法和间接法介绍

报告经营活动现金流量的方法有两种:直接法和间接法。直接法显示销售产生的现金收入和费用引起的现金支出。这一方法要求利润表上的每一个项目都像上面我们对销售的转换那样由权责发生制转换成收付实现制。在这方面,威尔士客栈的另一转化例子是工资费用。假设 2016 年威尔士客栈的工资费用是 700 000.00 美元,在资产负债表上期初的应计工资为 15 000.00 美元,而期末为 20 000.00 美元。那么 2016 年威尔士客栈工资支出的现金为:

工资费用引起的现金流出＝工资费用－应计工资的增加(＋应计工资的减少)
$$=700\,000-5\,000$$
$$=695\,000.00(美元)$$

因此,尽管在利润表上全年工资费用为 700 000.00 美元,然而实际支付的现金是 695 000.00 美元。

当使用直接法时,利润表上的有些费用并不涉及直接的现金支出,因此我们可以将其忽略。例如,折旧费用只是对费用进行调整,使其与收入相对应。折旧并不会引起现金流量的变化,因此当我们使用直接法时可以忽略折旧。对于摊销费用以及出售资产和设备的损益的处理也要使用同样的方法。表 9－16 显示了对于现金流量表的经营活动现金流量部分的直接法和间接法处理。

多数饭店企业使用间接法,因为这种方法所需要的信息比直接法更容易获得。下面我们介绍间接法。

计算经营活动产生的现金流量的间接法是从净利润开始的。根据利润表上的非现金项目调整净利润。最常见的抵减净利润的非现金支出项目是折旧。由于在利润表上,在计算净利润之前先减去了折旧,因而在计算经营活动产生的现金流量时应当将折旧数额加回到净利润上。在利润表上其他需要加减的项目还有摊销费用、非现金资产出售的损益和适销证券。

表 9－16　经营活动产生的现金流量部分的基本格式

经营活动产生的净现金流量		
直接法		
经营活动产生的现金流量:		
销售收入现金		×××
收到利息和股利		×××
合计		×××
现金支出:		
工资		×××
存货采购		×××
其他费用		×××
利息费用		×××
所得税	×××	×××
经营活动产生的净现金流量		×××
间接法		
经营活动产生的现金流量:		
净利润		×××

将净利润调整为经营活动产生的净现金流量：		
折旧费用		×××
出售财产的收益		(×××)
出售投资损失		×××
应收账款增加		(×××)
存货减少		×××
……		
应计工资增加	×××	×××
经营活动产生的净现金流量		×××

（资料来源：Raymond S. Schmidgall，James W. Damitio. 饭店财务会计［M］. 北京：中国旅游出版社，2004.）

实训课业

1. 什么是饭店财务会计报表？财务会计报表包括哪些内容？

2. 编制会计报表的作用有哪些？

3. 什么是饭店资产负债表？编制资产负债表的作用是什么？如何编制？

4. 什么是饭店利润表？编制利润表的作用是什么？如何编制？

5. 什么是饭店现金流量表？编制现金流量表的作用是什么？

6. 计算现金流量表中的经营现金流量的两种方法是什么？二者有什么区别？

项目十　饭店会计信息系统

学习目标

- **职业知识**

了解会计信息系统的三个发展阶段;掌握会计信息系统的定义和目标;理解会计信息系统的基本功能;掌握会计信息系统规划、分析与设计的方法;了解会计信息系统的开发过程与开发形式。

- **职业能力**

运用本项目专业知识研究相关案例,掌握饭店的会计信息系统的开发与运用;通过本项目后的实训课业,培养相关专业技能。

- **职业道德**

结合本项目中的"同步思考"和"师生互动"等教学内容,依照会计信息系统的开发流程,强化饭店财务会计人员对于会计信息系统的理解。

案例思考

某饭店是一家综合性的饭店。为了能够更好地升级饭店的管理水平,提高饭店的管理效益,该饭店建立了部门经理负责制,改变了经营方式,经济效益明显增强。但该饭店总经理同时发现,在经营效率提高的同时,管理成本的上升不容小觑。为了进一步平衡成本和效益之间的关系,决定与某大学合作,以委托开发方式为主研究管理信息系统。

接受委托的单位进行了可行性分析,认为根据当时的条件饭店还不适合立即采用新的管理信息系统来帮助提高管理水平,而应先在某些部门开始试点运用信息系统的方式进行信息化管理,再全面铺开。

思考: 那么饭店会计信息系统到底在饭店管理中起到多大的作用呢?

模块一　饭店会计信息系统概述

任务一　饭店会计信息系统的基本概念

会计是饭店的一个重要信息系统,它是以货币为主要计量单位,运用本身特有的一些方法,对经济过程中占有财产物资和发生消耗的原始数据等资料进行收集、储存、加工和传输,并提供给有关部门和人员进行决策的以财务信息为主的经济信息,其目的是反映过去经济活动,控制目前的经济活动,并预测未来的经济活动。把这些环节放在一起,形成的有机整体就成为了会计信息系统。为了更好地处理繁杂的会计数据,从 20 世纪 60 年代开始,计算机陆续被一些发达国家应用于会计领域,从而引发了会计数据处理的重大变革。将电子计算机处理技术与会计的结合,称为会计信息系统,其集成了饭店业务处理、会计核算、财务管理于一体,能够充分利用饭店内部业务处理及核算信息和饭店外部经济信息,准确分析现状和预测未来,为饭店提供管理、分析和决策服务。

一、会计数据和会计信息

为了更好地理解饭店会计信息系统是如何为饭店的会计工作提供帮助的,可以从组成会计信息系统的个体说起。一般来说,组成会计信息系统的两个最主要的单元个体是会计数据和会计信息。饭店会计信息系统正是将这两个有机地组合起来的逻辑系统。

1. 会计数据

会计数据是用于描述经济业务属性的数据,它是对饭店经济业务发生情况的客观记录。会计数据是指在会计工作中,从不同渠道、不同来源取得的各种原始资料、原始凭证以及记账凭证等上面所记载的数据。根据会计数据业务处理的特点,会计数据具有连续性、系统性和周期性的特点。但这些会计数据本身并不能作为人们判断和得出结论的依据,它还必须按照一定的加工程序成为对会计工作有用、有价值的信息。

2. 会计信息

会计信息是指按照一定的要求或需要,通过一系列专门的跨级方法,对会计数据加工或处理后提供给饭店内外部信息使用者管理决策所需要的各项会计数据,包括资产、负债、所有者权益信息,收入、费用、利润信息,以及其他能以货币表现的信息。由于会计信息在经济管理中有极重要的作用,因此准确、及时是会计信息的要求。

3. 会计数据和会计信息的关系

会计数据和会计信息在本质上并没有很明显的界限,但会计信息比会计数据更富有逻辑性和说明性。在会计信息系统中,会计数据经过初级加工变成会计信息并被接下来的工作使用。

4. 会计数据和会计信息的特点

会计数据与会计信息有如下特点:

(1)会计数据和信息是反映与资产、负债或所有者权益的增减变动有关的经济业务的数据或信息。

(2)会计数据和信息的处理具有周期性。很多会计数据和信息的处理是周期性的,每个周期的处理方法基本上是一样的。如每个月的工资计算、资产折旧、每天的凭证处理、每月的银行存款对账、每月结账、打印会计报表,都可重复循环。所以会计数据和会计信息的处理十分适合用计算机来完成。

(3)会计数据和信息不仅对饭店外部利益关系人的决策有用,而且对企业各级管理人员的管理与决策有用。许多管理工作中的分析、预测、决策、规划、控制、考核、评价等所需的数据和信息,均以会计数据和会计信息为基础。

(4)会计数据和信息要求客观、真实、公允。由于会计数据和信息具有客观、真实、公允的要求,因此,对会计数据和信息的收集、处理及结果的输出都必须有严格的控制措施,以保证会计数据和信息的合法、完整、准确、客观真实与可靠。

5. 会计数据和会计信息的分类

按照不同的分类标准,会计数据和会计信息可有不同的分类:

（1）按照用户对象和处理规则分，可分为财务会计信息与管理会计信息。

（2）按用途层次分，可分为业务处理型、管理控制型、决策支持型的会计数据与信息。

（3）按综合程度分，可分为业务凭证型、账簿和业务报表型、会计报表型的会计数据信息。

（4）按数据信息载体，可分为纸质会计数据信息、磁性会计数据信息。前者如纸质的凭证、账簿、报表等；后者如记录在磁盘、磁带上的会计数据文件等。

📚 知识拓展

会计信息系统的演进

会计信息系统是在技术进步、管理变革和会计理论不断发展和完善的基础上逐步发展的，因此，在不同时期，对会计信息系统的理解和定义也就不尽相同。

国外较早提出会计信息系统概念的组织是美国会计学会（AAA）。1966年，美国会计学会出版的《论会计基本理论》（A Statement of Basic Accounting Theory）明确提出了会计是一个信息系统，并指出"会计是为便于信息使用者有根据地判断和决策而鉴别、计量和传输信息的过程"。会计信息系统的观点从西方传入我国并被我国学者接受大约在20世纪80年代。中国人民大学教授王景新是最早研究会计信息系统的学者之一，他将信息技术与会计有机结合，在1986年撰写了《会计信息系统的分析与设计》一书，对会计信息系统的定义、分析和设计提出了有价值的观点。

美国学者鲍德纳在2002年撰写的《会计信息系统》（Accounting Information System）一书中给出了会计信息系统较为权威的定义：会计信息系统是基于计算机的、将会计数据转换为系统信息的一种系统。但是目前会计信息系统还包括教育处理循环、信息技术的使用以及信息系统的开发。

二、会计信息系统

由上文的叙述我们可以知道，会计信息系统串联了会计数据和会计信息，并把它们按照一定逻辑的方式串联起来。但事实上，会计信息系统有着更为复杂的定义和内涵。

1.会计信息系统的概念

在饭店在发生经济业务时，会计工作首先是填制和审核凭证，然后用复式记账的方法登记账簿，定期或不定期进行财产清查；期末需要编制会计报表，在平时需要对经济活动进行分析考核，运用会计信息进行管理。所有这些活动都紧密联系在一起，相互依存，环环相扣，在饭店的经营过程中会产生大量的数据信息，而这些信息的串联就被称为会计信息系统。但会计信息系统的真正产生是随着科学技术的进步和信息技术的不断发展而应用于会计工作的，因此，可以对会计信息系统下如下定义：会计信息系统是指利用信息技术对会计数据进行采集、存储、处理和传递，旨在向饭店或主体的内部管理人员和饭店或主体的外部信息使用者提供有助于进行决策的经济信息系统。

2.会计信息系统的目标

会计信息系统是为饭店服务的，是饭店会计工作必不可少的组成部分。会计信息系统的目标应该服从于饭店以及饭店内部的信息系统和会计三者的目标。也即为饭店内外部的决策使用者提供所需要的信息。会计信息系统的功能、规模和结构的不同，使得会计信息用户可以得不同内容和质量的信息。

当然,具体到不同的决策者,由于需要的不同,希望获取会计信息也会不同。会计信息系统要满足所有信息使用者的需求是不切实际的,因此,会计信息系统要有一个基本的功能定位,也就是:利用各种会计规则和方法,加工来自饭店各项业务活动中的数据,产生满足外部信息使用者的财务会计信息和提供饭店经营管理者需要的管理会计信息,以辅助人们利用会计信息系统进行相关决策。其中会计规则和会计方法是由会计人员根据信息用户的需求综合制定的,他们并不是一成不变的,而是随着外界情况的变化不断调整的。

3. 会计信息系统的特点

(1)综合性。会计信息系统是全面反映饭店供销和饭店管理各个环节的综合信息。饭店的活动通常分为两大类,一类是对客服务,另一类是管理活动。在对客服务中,各部门都会有某种程度上的会计数据的发生,而在管理活动中,又会利用大量的会计信息。因此会计信息系统能够综合地反映、监督和控制整个饭店的经营活动。

(2)复杂性。会计信息系统本身是一个独立的整体,由许多智能子系统组成,如账务处理子系统、工资子系统、固定资产子系统、成本核算子系统,内部结构较为复杂,各子系统在运行过程中进行数据的收集、加工、传递、使用,联结成一个有机的整体。另外,由于会计信息系统全面地反映饭店各个环节的信息,它跟其他管理子系统和饭店外部的联系也十分复杂。会计信息系统从其他管理子系统和系统外界获取信息,也将处理结果提供给有关系统,使得系统外部接口较复杂。

(3)会计信息的及时性、准确性和可靠性。通过计算机对会计数据的实时处理,可以及时提供生产经营活动中的最新信息,并大大缩短跨级核算周期。包括:严格遵守企业会计准则及其指南、会计法规的要求;连续、完整、真实、准确地反映经济业务;及时提供相关会计信息等。

(4)内部控制严格。会计信息系统中的数据不仅在处理时要层层复合,保证其正确性,还要保证在任何条件下以任何形式进行核查核对,留有审计线索,防止犯罪破坏,为审计工作的开展提供必要条件。比如,饭店举行的不定期盘点中,就是将实盘数据和会计数据进行比较,再比如,会计信息系统会准确地反映饭店易消耗品的流向,因此,会计信息系统为饭店审计工作的开展提供了良好的技术支撑。

4. 会计信息系统的目标

从广义上来说,会计信息系统是为组织服务的,是会计工作中必不可少的组成部分,因此,会计信息系统的目标应服从于组织、信息系统、会计三者目标。而从狭义上来说,饭店会计信息系统的目标亦要符合上述三者的目标。

首先,饭店是一个营利组织,其目的是通过提供周到的服务,获取更多的利润;其次,信息系统纳入到会计领域是为了能够更快更好地提供相关的会计核算,方便会计工作;第三,会计的目标是要提高饭店的经济效益以获取更多的利润。由此,饭店会计信息系统的目标可以确定为:为了方便地进行会计工作,从而提供更好的数据,为饭店的经营管理提供依据和决策。具体来说,会计工作者希望通过会计信息系统减轻工作强度并依然可以提供良好的数据要求,而企业的管理者则希望会计信息系统能够及时准确地提供会计分析数据帮助其对饭店进行业绩的管理。作为行业专家来说,其希望通过会计信息系统所提供的数据得到整个行业饭店运作的情况,为制定政策找到良好的依据。这就要求会计工作者在设计会计信息系统的时候不仅要考虑到自身使用的情况,还需要考虑到饭店经营者、政策制定者的需求,将需求和信息系统本身的优越性结合起来,才能够完成会计信息系统的目标。

任务二 饭店会计信息系统的结构

系统是若干要素的有机体,系统结构是系统中各要素的中介,系统通过结构将要素连接起来,并决定系统的性质。一个完整的会计信息系统通常由硬件、软件、操作软件等要素组成,系统软件可分为操作系统软件和应用软件两个层次,应用软件又可再分为财务会计和管理会计两个层次。因此,会计信息系统的结构是指组成会计信息系统内各层次要素的组织形式、规则。会计信息系统的结构决定了会计信息系统的功能与目标。然而,饭店会计信息系统并没有上述这么复杂,对于饭店来说,会计信息系统着重于对于物料进出管理及日常的账务处理,因此饭店的会计信息系统层次及结构则较为简单。

一、饭店会计信息系统的应用层次

系统要素的组织形式是系统的结构,但结构又可以分为不同的等级或层次。对于饭店会计工作者的要求来说,饭店会计信息系统首先要解决辅助核算的功能,也就是说帮助会计工作者完成核算及日常账务处理;其次,饭店会计信息系统还需要为管理层提供一定的有用数据,帮助其完成管理和决策。根据饭店对于会计信息系统的要求,饭店会计信息系统主要分为三个层次。

1.核算型会计信息系统

核算型会计信息系统,通俗来说是一种面对业务数据处理的信息系统。这一层次的会计信息系统只能够满足对于日常数据的编辑处理,因此这一层次的会计信息系统的目标是用计算机代替人工操作,提高处理效率。我国目前大多数中小饭店会计核算业务的计算机会计信息系统属于这一层次。

2.管理型会计信息系统

管理型会计信息系统是为实现辅助管理功能而设计的一种信息系统。这一层次的会计信息系统可以帮助饭店管理层实现数据供给。比如在管理物料及低值易耗品时,会计信息系统能够及时地反映出所存物料的多寡,由此,管理者可以直接进行采购,节省时间提高效率。

3.决策支持型会计信息系统

决策支持型会计信息系统是以提高决策的效果为目标,面向决策者的一种信息系统,是由管理型信息系统逐渐发展而成的。这一层次的会计信息系统则包含了更多的要求。目前较为大型的饭店会计信息系统均能提供这样的功能,通过对数据的编辑处理,不仅将有用的信息提供给管理人员,还提供一定的管理方案,这便是决策支持的会计信息系统。

决策支持型系统具有以下特征:①包含有大量的资料和不同的决策模型;②有助于解决半结构化或非结构化的决策问题;③其主要功能在于增进决策的效果,而不是效率;④仅扮演辅助支持决策的角色,而不是替代管理者作出决策。

决策可以根据待解决问题的结构化程度和决策者的管理层次分类。信息系统必须与决策需要相吻合。不同层次的决策需要应用不同的资料和模型。例如,下层管理者主要需要有关企业内部营运作业的详细资料;下层管理者所作出的决策大多属于结构化、常规化的问题,但随着管理层次的上升,决策将越来越非结构化。结构化与非结构化的划分是相对的,无论是哪一管理层次的决策者,都需要处理兼具结构化和非结构化的决策问题。

师生互动

结合饭店信息系统的模块,师生互动讨论,理解什么是结构化问题,什么是非结构化问题。

二、会计信息系统的功能结构

会计信息系统的功能结构是指一个完整的会计软件由哪几个子系统组成,每个子系统完成哪些功能,以及各子系统之间的相互关系等。

会计信息系统是随着信息技术革命和会计学科的逐步发展和完善的。早期的会计信息系统包含子系统非常少,主要为账务处理、工资核算、报表等子系统。每个子系统功能也比较简单,主要是帮助财会人员完成记账、算账、报账等基本核算业务。随着信息技术和会计学科的发展,会计信息系统已经从核算型过渡到管理型,它涵盖供、销、人、财、物以及决策分析等饭店经济活动的各个领域,功能不断完善,子系统不断扩展,尽可能满足不同饭店的会计核算和管理的需要。

饭店作为第三产业,其产业特性和行业特点尤其明显,一般来说饭店的会计信息系统由两大系统组成,分别是财务会计系统和管理会计系统。财务会计系统一般按会计循环划分,包括账务处理、采购与应付核算,存货核算、成本核算、工资核算、固定资产核算、销售与应收核算、会计报表和银行对账等职能。管理会计系统一般包括资金管理、成本管理、决策计划以及利润分析和销售预测等子系统。

除了以上会计自身考虑以外,会计信息系统中还必须包括数据的期初录入、系统的环境参数设置等系统设置功能。另外,由于数据处理方式的改变,原有的会计档案保存形式等发生了变化,必须专设数据管理功能,进行数据的存储、备份与保护。因而除了上述的基本功能外,会计信息系统一般还要专设系统初始化设置、系统维护两个子系统。

1.财务会计各子系统的主要功能

(1)账务处理子系统。

账务处理子系统用于日常账务处理,从记账凭证的填制开始,完成凭证的审核、记账、对账、结账等业务处理,并对总账、明细账、日记账以及凭证、科目汇总表等账证进行查询,提供各种形式的查询打印功能。

账务处理子系统是整个电算化会计信息系统的核心。各业务核算子系统如工资核算、存货核算、成本核算、销售与采购业务核算等生成的凭证需要转入账务处理子系统进行登账,同时,其总账、明细账等会计信息也是会计报表子系统的数据基础。

(2)采购与应付子系统。

采购是饭店必须要经历的经营过程,饭店必须为购买材料等付出一定的资金,形成应付账款。该系统反映饭店采购业务管理和采购成本核算的实际需要,制订采购计划,对采购订单、采购到货以及入库状况进行全面的管理,为采购部门和财会部门提供准确及时的信息,辅助管理决策以及对各种应付账款的登记、核销以及应付账款的分析预测工作;及时分析各种流动负债的数额及偿还流动负债所需要的资金;提供详细的客户和产品的统计分析,帮助财会人员有效管理应付款。

(3)工资核算子系统。

工资核算子系统是以职工个人的原始工资数据为基础,完成职工工资的计算、工资费用的汇总和分配,计算个人所得税,查询、统计和打印各种工资表,自动编制工资费用分配转账凭证传递给账务处理功能。

(4)固定资产核算子系统。

固定资产核算子系统主要是对设备进行管理,即存储和管理固定资产卡片,灵活地进行增加、删除、修改、查询、打印、统计与汇总;进行固定资产的变动、输入固定资产增减变动或项目内容的变化原始凭证后,自动登记固定资产明细账,更新固定资产卡片;完成计提折旧和分配,产生"折旧计提及分配明细表""固定资产综合指标统计表"等,费用分配转账凭证可自动转入账务处理等子系统;可灵活地查询、统计和打印各种账表。

(5)成本核算子系统。

饭店生存和发展的关键,在于不断提高经济效益,提高经济效益的手段,一是增收,二是节支。增收靠创新,节支靠成本控制。而成本控制的基础是成本核算工作。成本核算是饭店会计核算的中心内容,它按成本计算对象,采用一定的方法对费用进行归集和分类,并计算成本计算对象的总成本,编制成本报表。由于成本子系统的数据来源比较复杂,与外部联系密切,同时成本核算工作量大,而且各企业成本核算方法也不尽相同,难以做到通用化,因此在成本核算子系统中需要设置的参数通常比较多。

(6)销售与应收子系统。

对于饭店来说,销售是其经营价值体现的过程。销售是饭店流动资金周转的最后阶段,使产品资金占用转化为货币资金回笼。该子系统对销售、应收客户往来等方面进行处理,以反映饭店营运状态和经营成果,还可以根据饭店管理的需要,对所收集到的数据进一步加工,进行产品销售预测、账龄分析、利润预测和分析等,辅助管理人员进行管理决策。它主要反映销售核算和管理、应收账款管理等。

(7)会计报表子系统。

报表处理子系统主要根据会计核算数据(如账务处理子系统产生的总账及明细账等数据)完成各种会计报表的编制与汇总工作,产生各种内部报表、外部报表及汇总报表,根据报表数据生成各种分析图等。

随着网络技术的发展,报表子系统能够利用现代网络通信技术,为行业型、集团型用户解决远程报表的汇总、数据传输、检索查询和分析处理等功能,既可满足母公司合并报表的需要,又可用于分、子公司单独报表的编制,而且还支持多级单位层层上报、汇总使用。

2.管理会计各子系统主要功能

(1)资金管理子系统。

随着市场经济的不断发展,资金管理越来越受到饭店管理者的重视,为了满足资金管理的需求,目前有些软件提供了资金管理子系统。它可以满足饭店对资金管理的需求;以银行提供的单据、企业内部单据凭证为依据,记录资金业务以及其涉及资金管理方面的业务;处理对内、对外的收款、付款、转账等业务;提供逐笔计息管理功能,实现每笔资金的管理;提供积数计息管理功能,实现往来存贷资金的管理;提供各单据的动态查询以及各类统计报表。

(2)成本管理子系统。

随着成本管理意识的增强,目前很多商品化软件增加了成本管理子系统,以满足饭店对成本管理的事前预测、事中控制和事后分析的需要。它包括:①成本计划功能,通过费用计划单价和单位产品费用耗量生成计划成本,为成本预测和分析提供数据;②成本预测功能,运用一次移动平均和年均增长率法以及计划(历史)成本数据对部门总成本和产量及产品成本进行预测,满足企业经营决策需要;③成本分析功能,可以对分批核算的成本进行追踪分析,计算部门内利润,对历史数据对比分析,分析计划成本与实际成本差异,分析成本项目构成比例。

(3)项目管理子系统。

项目成本管理是以项目管理和成本会计为基础,对项目进行成本核算管理。项目管理系统可根据饭店的实际情况灵活定义项目信息,灵活定义项目的直接成本项、间接成本项和期间费用项;可以通过定义要素分配方案的方法,将归集的公共要素按照用户的要求以多种形式分摊到项目;同时可从总账凭证中获取数据,灵活获取项目成本核算所需求的数据;系统提供灵活的自定义报表查询,能满足不同角色对成本信息的需求。

(4)决策计划子系统。

决策子系统的特点在于以交互方式支持决策者解决半结构化或非结构化的决策问题。在此基础上又提出了群体决策与计划系统,支持决策群体共同决策以及编制与分解各种计划。

(5)其他。

除了以上各子系统外,管理跨级系统还包括投资决策、筹资决策、利润分析和销售预测、财务计划等子系统。

师生互动

结合饭店信息系统的模块,师生互动讨论,什么样的系统是饭店必备的,哪些是可以合并的系统。

模块二　饭店会计信息系统的运用

任务一　饭店会计信息系统的开发与设计

一、饭店会计信息系统开发概述

会计信息系统的建立是饭店的一项重要财务活动。它不是饭店内部会计人员自行研发设计,而是和专业的会计信息系统公司共同商讨,决定方案,使其成为一种实用性更强的软件。尽管有相关人员辅助,但作为饭店会计人员应该关注会计信息系统开发过程的完整性。

会计信息系统用于向饭店内部人员提供会计信息,会计信息的质量直接取决于建立会计信息系统的开发活动。会计人员和审计人员参与会计信息系统的开发活动,能够使系统开发专业人员明确他们的问题和需求,确保会计信息系统遵循会计准则、财务会计制度和相关法律、法规的规定,建立、健全、执行恰当的控制,保证会计信息系统留有充分的审计线索。

饭店通常以两种主要方式获得会计信息系统:一是购买软件供应商的商品化软件;二是通过证实的系统开发活动,由饭店内部自行开发。

目前,软件市场上出现了专门针对饭店行业的软件,与专用软件相比,取得通用商品化软件的费用较低,但是,由于用户需要依赖开发商进行系统维护,用户面临的风险是开发商可能会停止对系统的支持。内部开发最主要的优势在于制定系统与饭店独特的业务操作高度协调,避免了通用商品化软件功能的冗余和不灵活等缺陷,但是制定系统的开发时间会很长。

选择商品化软件和内部自行开发系统的方式各有利弊。饭店可以通过购买商品化软件满足某些需求,再通过内部开发其他系统满足另外的需求。系统开发的生命周期通常与内部开发相关,但系统开发生命周期的某些阶段,特别是系统需求分析,对从开发商处购买的系统也同样适用。

会计信息系统的建立是一项复杂的系统工程,了解会计信息系统的开发过程和开发方法,能够更好地应用、管理和评价会计信息系统。

二、饭店会计信息系统的规划、分析与设计

(一)会计信息系统的规划

当饭店现行的会计信息系统已经不能满足饭店业务发展或管理的要求,需要开发新的会计信息系统取代现行系统时,就进入系统开发的第一阶段——会计信息系统规划阶段。系统的规划和科学的论证可以减少盲目性,使系统具有良好的整体性和较高的适应性。

1. 明确系统规划的目的

系统的规划首先要明确系统规划的目的。系统规划的目的是将个别系统项目或应用程序和饭店的战略目标相联系。主要系统的开发得到各级管理层的支持是十分重要的,直到全部系统开发的有效方法是设立一个系统开发指导委员会,委员会必须代表高级管理层,因为信息系统应当服从饭店的整体战略规划。委员会的任务是致力于现在和将来的信息需求,对系统的规划和控制负责。一般情况下,系统开发项目由系统专业人员(系统分析师、系统工程师及程序设计人员)、最终用户(包括经理、操作人员、会计人员和内部审计人员)等人员组成。

2. 进行相应的初步调查

当确立了系统的目标之后,则应进行相应的初步调查。根据饭店的实际情况,组织有关人员开展初步调查。初步调查只需要对现行的会计信息系统进行大致调查,主要包括:①现行系统的基本情况:现行会计信息系统的组织机构与人员安排、工作方式、要处理的业务及数量,系统与各部门之间的关系,各部门对信息系统的需求情况,数据处理流程,业务流程的现状、存在的主要问题和不足,以及流程在新技术条件下的重组等。②新系统的目标:新系统要解决当前存在的哪些问题,根据各部门对系统信息的需求和使用情况,确定新系统要增加哪些功能,要求系统达到什么样的目标等。③系统开发的条件:饭店管理与会计工作的基础,领导与会计人员对系统开发的态度,能投入到系统开发的人力、物力、财力,以及人员培训的初步计划,系统开发是否还有其他限制条件等。在调查过程中,系统开发领导小组在必要时可聘请有关专家参加讨论,担任顾问。经过调查、分析,要初步确立是否建立新系统;准备建立何种规模的新系统;系统要解决什么问题,达到哪些目标;系统软件硬件的总体配置如何;系统的开发形式等。如果初步确定要开发新系统,则确定开发新系统的初步备选方案,并对这些备选方案进行可行性分析。

3. 系统的可行性分析

可行性分析的任务是明确系统开发的必要性和可行性。必要性来自实现开发任务的迫切性,可行性则取决于实现应用系统的资源和条件。可行性分析是任何一个大信息系统正式投入力量之前必须进行的一项工作。这对保证资源的合理使用、避免浪费是十分必要的。可行性分析应从以下三个方面开始考虑:①技术可行性。技术可行性是指根据现有的技术条件,能否达到所提出的要求;所需要的物理资源是否具备,能否得到。技术条件包括硬件、软件系统、

应用软件和技术人员。②经济可行性。要估计系统的成本和效益,分析系统经济上是否合理。如果不能提供开发系统所需的资金,或不能提高企业的效益,就不应该开发此系统。所以,经济可行性要解决两个问题:资金可得性和经济合理性。③管理可行性。考虑所建立的系统能否在该企业实现,在当前操作环境下能否很好地运行。即组织内外是否具备接受和使用新系统的条件。从组织内部讲,新系统的建立可能导致某些制度甚至管理体制的变动,组织的承受能力影响系统生存。从组织外部讲,新系统运行后,报表、票据格式的改变是否被有关部门认可和接受,将影响饭店的经营。

根据以上几个方面可行性分析,可以得出一些相应的结论,根据结论来判断是否需要继续新系统的开发。系统规划的最后阶段是拟写可行性项目建议书,主要包括:①明确现行系统主要解决的问题,确定新系统的目标,并规定具体的指标要求。②论证在现有条件下,新系统目标实现的必要性及可能性。③若结论认为是可行的,则提出新系统开发的基本设想,制订开发计划,包括各阶段人力、资金、设备的需求等。

(二)会计信息系统的分析

系统分析阶段要通过详细的调查分析,抽象出新系统的逻辑模型,锁定系统边界、功能、处理过程和信息结构,为系统设计奠定基础。

在系统分析的阶段首先要做的是对现有系统进行详尽的调查。现行系统调查具有如下优势:①只要彻底了解现行系统,就能确定哪些方面值得保留,或稍作修改就可供新系统使用;②需要确定在实施新系统时,哪些任务、步骤和数据应该随着旧系统逐步停止,哪些应该继续保留;③需要确定问题所在的原因,也许问题不在系统本身,可能只是管理层或员工造成的,无须重新设计新系统就可以解决。

一般来说,常用的调查方法有:①召开调查会;②访问;③填写调查表;④参加业务实践等。参加业务实践是了解系统的较好形式,在这一阶段可以收集一套可供程序调试用的实验数据。

无论使用何种调查方式,都必须对系统进行详尽的调查。在调查过程中,要对系统进行描述,包括文字描绘和图形描绘。详细调查的内容主要包括:①饭店组织的结构调查。组织结构指的是一个组织(部门、科室等)的组成以及这些组成部分之间的隶属关系或管理与被管理的关系,通常可用组织结构图表示。调查中还应详细了解各级组织的职能和有关人员的工作职责、决策内容、存在问题以及对新系统的要求。这项调查侧重于组织的功能,是未来系统开发的方向、子系统划分的依据之一。②系统的业务处理流程和业务划分流程。根据组织的状况,详细了解组织的业务流程和各部门的业务功能的划分,为信息流和数据流的分析做准备,为将来的功能分析做准备。③数据流程和信息流程的调查。根据前面所做的工作,进行数据和信息流程的分析,将系统需求具体化,掌握功能与信息的关系。④数据分析和功能分析。数据分析以数据流程图为依据,建立数据字典。以数据流程图和前面所作的业务功能分析为基础进行功能分析。

(三)会计信息系统的设计

会计信息系统的设计是在进行了系统分析并明确了系统逻辑模型的基础上,根据实际的技术条件、经济条件和组织条件,确定系统的实施方案,即将系统的逻辑模型转化为系统的物理模型。系统设计阶段要回答系统"怎么做"的问题。系统设计包括概念设计、评估可选择的方案和详细设计。

1.概念设计

概念设计的目的在于通过向用户提供若干合理的选择,系统专业人员可以避免对新系统造成先入为主的限制。在系统分析过程中提出了若干满足系统需求的概念系统以供选择,需要对这些概念系统进行评估,从中选择较为合理的备选方案。随后,通过对这些备选方案的成本、效益进行比较,选出一个最佳设计。

概念设计通常采用结构化的方法。结构化设计的基本思想是模块化,是讲一个系统分解为若干个彼此具有一定的独立性,同时也具有一定联系的组成部分,这些组成部分被称为"模块"。结构化设计的主要任务就是建立系统结构图,用系统结构图描述系统的层次、分块结构。它开始于所建立系统的数据流程图,自顶向下逐级分解,直至被完全理解。通过这种方法,设计中的业务过程通常被制成数据流程和结构图表。

2.评估与选择

在评估与选择阶段,要从所有概念设计方案中选择一个系统方案。确定最佳系统方案是系统开发过程中的关键环节。由于系统具有较高的不确定性,决策失误将带来巨大损失。因此,评估与选择的目的在于构建决策过程,以减少不确定性和决策风险失误。

评估与选择阶段包括两个步骤:实施详细的可行性研究和进行成本效益分析。可行性研究在上文的阐述中已经表明,在此不赘述。成本效益分析有助于管理层确定选择的系统产生的收益是否(或在多大程度上)大于其成本。成本效益分析是通过比较项目的全部成本和效益来评估项目价值的一种方法,成本效益分析作为一种经济决策方法,将成本费用分析法运用于政府部门的计划决策之中,以寻求在投资决策上如何以最小的成本获得最大的收益。虽然针对信息系统成本效益分析不易确定和量化,但在没有更好的评估方法可以选择时,成本效益分析连同可行性研究仍然是比较不同系统设计的有效方法。

成本效益分析通常分为三个步骤:确认成本、确认收益、进行成本和收益的比较,具体如下:

(1)确认成本。成本通常分为一次性成本和经常性成本。一次性成本是开发系统和执行系统的初始投资(如硬件获取费、软件获取费、场地准备费用、系统设计费用、编程调试费用、数据转换费用、人员培训费用等)。经常性成本是在系统开发生命周期内发生的运行和维护成本(包括硬件维护费用、软件维护费用、材料消耗费用、人员工资费用、保险费用等)。

(2)确认效益。效益通常分为有形效益和无形效益。有形效益是指可以度量的并可用价值指标描述的效益。无形效益尽管很重要,但不易量化,通常评估无形效益带有明显主观因素。一般来说,有形效益包括收入增加和成本降低的效益,无形效益主要包括提高客户满意度、缩短客户等待时间、改善控制环境、改善雇员满意度、增强对竞争对手行为的反应速度等。

(3)进行成本和收益的比较。对前两个步骤中的成本和效益进行比较分析。通常用净现值法和回收期法进行评估。净现值法是指将系统开发生命周期中的效益现值减去成本现值,对于独立应用方案,净现值为正的可行,净现值为负的不可行;对于互斥方案,净现值最大的方案可行。而收回期法则是指投资引起的现金流入累计到与投资额相等时所需要的时间。选择系统方案时,回收速度通常是决定性因素,回收年限越短,方案越有利。

3.详细设计

详细设计的目的在于对拟开发的系统进行详细的说明,满足系统分析时所明确的系统需求,并与概念保持一致。在详细设计阶段,要对系统所有的组成部分予以详尽的规定,系统设计对每一个模块进行详细的定义和说明,包括代码设计、输出设计、数据库文件设计、输入设计、安全保密设计、处理过程设计(每个模块的详细功能、输入数据、使用文件及使用方式、输出内容及格式、模块实现的详细算法、程序构成)等。

任务二　饭店会计信息系统的实施与控制

建立饭店会计信息系统是一项复杂的系统工程。它既需要软件和硬件设备的大量投资,又需要人力、物力的投入,需要做长期艰苦的工作。一般来说酒店会计人员在专业信息系统设计公司的帮助下完成了会计信息系统的开发后,就应该将已开发好的信息系统进行测试实施,以保证信息系统尽快地适应酒店工作的需要。

一、饭店会计信息系统的实施

系统实施,一般来说是指按照已审批的系统设计报告来安装、测试和启用新系统的一套程序。系统实施是在系统调查与分析、系统设计之后的另一个系统开发主要阶段。对于新系统的实施,参与人不仅仅局限于酒店的会计人员和财务负责人,酒店的管理层也应参与其中,充分探求会计信息系统的可用性和适用性。

一般来说饭店信息系统的实施是一个比较复杂的过程,但实施方法至关重要,找到合适的实施方法更加事倍功半。

(一)饭店会计信息系统实施的方法

1.会计信息系统实施的一般方法

一般来说,想要会计信息系统快速有效地进行实施测试,可以通过下列三种主要方法:

(1)平行法。

平行法是控制系统实施的最佳方法。应用平行法,新旧系统将同时运行一段时间,然后把两个系统的运行结果进行比较。如果新系统的运行情况令人满意,即可停止旧系统的运行;如果新系统的运行不太令人满意,则需要做重新修改完善后再试运行。显而易见,平行法的风险较小,因为原有的系统要等新系统运行正常之后才停止使用。

(2)直接法。

和平行法相比,直接法的风险较大。新系统已经启用,原有系统马上停止运作。新系统的运作结果无从比较,亦无法确定新系统的功能是否一定优于原有的系统。但直接法试运行的成本低,因为它不需要两个系统同时运行。

(3)模块法。

这种方法是前两种系统实施方法的结合。新系统的安装与启用采取化整为零的方式,分成若干个子系统或应用模块依次安装启用。当每一个子系统,或者一个应用模块安装完毕,经过测试检查其运转良好后投入使用,然后再安装下一个子系统或应用模块。模块法较之直接法风险小,一经发现问题可马上停止系统的转换,等问题解决后,下一个模块才安装启用。

2.饭店会计信息系统的实施方法

饭店会计信息系统的实施会带有自身的要求和特点。一般来说,饭店的会计信息系统更侧重于物料的进出核算、采买的审批以及日常营业额的结算。因此对于新系统的实施通常也会考察物料供销存等重要系统,因此饭店会计信息系统的实施一般会采用模块法。通过用新模块来代替旧模块,达到提高信息系统工作的效果。

(二)饭店会计信息系统实施的主要步骤

在确立信息系统的实施方法后,饭店就可根据自身的条件规划实施的步骤方案。一般来说,饭店会计信息系统在实施时要考虑两个部分的因素:一是软硬件研究阶段提出的系统实体构成规划的实施,这部分限定了新系统所需要的软件和硬件设备;二是系统设计阶段所制定的系统设计报告,该报告列明了系统设计的细则、系统实施计划、系统测试计划、使用说明书的起始部分和人员培训计划等,根据系统设计报告将依次完成系统的设计,编写计算机程序,进行人员培训,测试新系统的运作,最后启用新系统。以模块法为例,饭店会计信息系统的实施主要有以下步骤:

1. 完成系统设计

系统设计是饭店会计人员与专业的系统设计人员共同协作完成的。专业的系统设计人员根据饭店会计人员提出的要求以及信息系统的逻辑要求进行初步设计。在取得认可之后,信息系统的设计人员进行代码编写及可视化设计。最后交由饭店会计人员初步验证可行性并试用。若试用后觉得满意,就可进入下一环节。

2. 计算机硬件设备和系统软件的购置和安装

一旦系统实体组成规划获得高层主管的认可和批准,即可着手购买开发系统所需的软件和硬件,选择新系统的装置地点,做好各项安装前准备工作,以便新系统的安装和运行。

新系统的安装地点的各项事前准备,诸如空调设备、保护措施、计算机中心的结构布局、人员出入检查制度、网络布线计划等,都要事先计划周到。计算机设备的购置应从系统的实际出发,以经济、使用为原则,着重考虑设备的性能、质量、价格以及经销商的技术水平、服务等方面的因素。由于计算机硬件设备的更新换代速度太快,一般不提倡所谓的"一步到位"的购置方式,只要计算机设备能够满足新系统的实现需要并有适度的超前性即可。

由于大多数品牌的计算机都配备有相应的操作软件,这些系统软件的安装并不复杂,因而对单机系统来说,系统软件的安装与调试比较容易实现,但对于网络系统,系统软件的安装与调试需要由计算机专业人员才能完成。

3. 分模块替代实验和综合性测试

随着软硬件的基本准备妥当,就可进入会计信息系统实施的最关键步骤。模块法在实施时最重要的环节就是对所需要替换的模块进行排序。在排序时需要考虑两个方面的因素:①模块的重要性。模块的重要性指的是该模块在整个翻新的信息系统中所起到的作用或者该模块在当初设计会计信息系统中的重要性以及该原始模块在旧会计信息系统的重要性。在首次替换模块进行测试的时候不应该将最重要的模块进行替换,以免发生不可逆的损失。②模块的逻辑性。这里讲的逻辑性是针对整个系统而言的。在进行替换时,应该需要考虑替换的逻辑性,属于同一性质或者在同一子系统中的模块应该集中替换。

4. 挑选与培训操作人员

要有效地使用新系统,就必须正确挑选和培训新系统所需的操作人员,而新系统的使用者也有必要了解新系统的目的、特点和性能。在制定有关培训人员和培训时间的决策时,饭店必须进行有效的成本效益分析。培训的途径一般包括:由软件、硬件供应商举办的培训;委托专门从事培训的公司或培训机构;企业内部自行培训;利用计算机辅助学习软件自我培训等。培训方法的选择取决于培训目的。正式的教室演示或网络路演只适用于对新系统的大概了解;现场在职培训结合讲授、演示和实际操作,效果更好,尤其适用于对主要操作人员的培训;对于不同地点(如公司分部)的操作人员也可以借助录像或网络等培训手段;使用计算机自学软件对新手可能有一定的困难,但对有经验的或有一定系统知识的员工来说,则可能是一种低成本和见效快的培训方法。

利用饭店自有的信息系统专家来培训系统的使用是一种既省钱又有效率的办法。饭店的同事之间互教互学则效果更佳。此外,计算机系统的实时帮助,如果设计得当,也可以是一个很好的老师。

5.编写使用说明书

使用说明书详细描述新系统的手工操作或自动作业系统的各种功能和运作过程。说明书的主要内容包括使用者的责任、系统输入方式、计算机系统的沟通界面、手工或自动资料存档、作业控制流程、系统输出的形式,以及有关的手工或自动资料存档、作业控制流程、系统输出的形式,以及有关的手工或自动操作的处理步骤说明等。编写良好的使用说明书可以大幅度提高系统运作的效率。如果使用者可以借助于使用说明书可以大幅度提高系统运作效率,则新系统的使用就会更为有效和更少产生差错,从而实现新系统的预期目的。

使用说明书一般是由系统设计师在设计阶段编写的。系统设计师了解系统的功能与效用,必须用简洁语言告诉使用者如何使用系统。实施过程中负责培训的人员也可以参与使用说明书的编写,培训人员首先应学会使用系统,然后准备有关的培训教材。经培训后的新系统的使用者必须理解使用说明书的内容,在操作过程中要经常检查说明书。

6.测试新系统

除了程序模块必须测试之外,整个新开发的系统也要进行全面的测试,以确定新系统能否真正满足使用者的需要,以及新系统的运作是否让使用者和操作人员感到满意。测试先由系统开发人员执行,然后由系统开发人员和使用者一起执行,最后由使用者自行测试。系统测试要尽可能地模拟实际作业环境(如人员、设备、资料、输入、输出等),这样测试的结果才能更为有效和实用。

测试的方法有很多种,从使用者的角度来说,下列三种测试最为重要:

(1)测试系统。用来验证系统是否真正符合原定的目标与要求。系统测试一般由开发小组执行。

(2)认可性测试。由使用者自己执行,检验系统运作的各方面是否令人满意和可接受。使用者必须测试系统的手工和自动处理的作业状况,检查使用说明书和其他描绘记录文件是否完整,以及人员培训是否已达到预期目的。

(3)操作测试。对系统的某一部分执行实际作业环境下的运作测试,检查系统设施和其他环境因素,诸如资料输入地点、文件报告输出与传送、联机通讯等是否均让人满意。

7.获取高层主管的批准

在完成上述六个实施程序后,开发或实施小组人员要拟写项目完成报告提交给高层主管审批。高层主管审批要检查或履行下列步骤:

(1)新系统的使用说明书是否内容完整和实用,新旧系统的转换计划是否切实可行,人员培训计划是否按时完成。

（2）新系统已经全部安装完毕且运行良好，资料处理人员已对信息系统行全面的技术检查，验证设计有效、程序符合标准。

（3）高层主管进一步审查新系统的目的、成本和预期收益，以确定新系统的实施能否实现饭店的最大利益。

（4）EDP审计师是否已检查系统的测试结果，并提供相关的报告。

8. 新旧系统的转换

完成上述七个步骤后，接下来便是新旧系统的转换，或者说，用新模块正式替代原有的模块。新旧系统的转换包括资料档案和应用程序的转换，必须建立完备的描述记录。完成系统转换后，并不代表实施测试的结束，在工作中遇到的问题也应及时报备，使得工作得到最大程度的完善。

二、饭店会计信息系统的内部控制

（一）内部控制概述

内部控制概念的发展经历了四个阶段，即内部牵制、内部控制制度、内部控制结构和内部控制整合框架。当前比较流行的内部控制概念是由COSO委员会在1992年颁布的报告《内部控制——整体框架》中提出的："内部控制是一个提供合理保证的过程，受企业董事会、管理当局和其他员工的影响，旨在保证财务报告的可靠性、经营的效果和效率以及现行法规的遵循，其构成要素来源于管理阶层经营企业的方式，并与管理的过程相结合。"这一概念已被内部控制的理论界广泛接纳，在实务中也多以此为蓝本来设计企业的内部控制框架。

建立内部控制制度同样也是饭店需要遵循的要求，内部控制的存在给饭店的管理当局提出了重要的责任。由于各个饭店的情况不同在内部控制目标的要求上也有所侧重。总的来说，管理当局设计和实施内部控制主要是为了达到如下目的：

（1）确保财务报告的可靠性。管理当局必须拥有可靠的信息系统，从而能为经营决策及财务报告提供正确的信息，内部控制必须保证信息系统提供的信息是真实可靠的。

（2）确保资源的有效使用，保证经营活动的效率性和效果性。饭店内部控制必须促进对饭店资源的有效率和有效果的运用，保护资产和记录的安全完整，避免资源的浪费。

（3）防止、发现并纠正错误和舞弊，确保企业的各项活动遵循法律或法规的要求。随着饭店经营形式的多样化，经济业务复杂程度增强，发生错误和舞弊的可能性随之增加。错误和舞弊一般会给企业带来重大损失，导致财务报表信息失真，这就要求内部控制在防止、纠错和舞弊方面有所作为。

知识拓展

COSO报告与内部控制

当前，专门从事内部控制研究的最权威机构是COSO委员会，其代表作分别是1992年发布的《内部控制——整体框架》(IC-IF)和2004年颁布的《企业风险管理框架》(ERM)。

在COSO提出《内部控制——整体框架》之前，内部控制出现过多重形态。20世纪30年代以前，内部控制主要表现为内部牵制；20世纪30—80年代，内部控制被划分为内部管理控制制度和内部会计控制制度；20世纪80—90年代，出现内部控制结构化的观点，内部控制由三块构成:控制环境、会计系统和控制程序。1992 年《内部控制——整体框架》引入了要素的提法,从五个要素来研究内部控制,分别是:①控制环境(control environment);②风险评估(risk appraisal);③控制活动(control activity);④信息和沟通(information and communication);⑤监督(monitoring)。

(二)内部控制的方式

内部控制是一个体系,不同的内部控制方式有着不同的作用范围,它们在纵横多个层次上协调工作,共同发挥其功能。内部控制方式主要有以下几种:

1.授权控制方式

授权控制方式是指任命一个恰当的管理人员来负责交易的授权,只有经授权人审核和确定的业务事项才可以进行会计记录和处理,那些未经授权人批准的会计事项,则不允许进入会计信息系统。

2.顺序控制方式

顺序控制方式是指将反映业务事项的凭证记录按一定的规则(如发生日期的先后)进行排列,并用连续的编号进行标注,通过编号保持记录的系统性和完整性。支票、发票、重要的日记账、订购单等许多商业凭证都可采用这种方式来控制。

3.总计数控制方式

总计数控制方式是指在顺序控制的基础上,对已入账事项的、分别产生于不同数据处理过程的两总计数进行比较,以反映可能出现的遗漏、重复或错误。如对明细账和总分类账的总计数进行比较,对复式记账凭证的借贷方总计数进行比较等。

4.档案系统控制方式

档案系统控制方式是指在各项经济业务发生前,先建立一个原始文件副本的系统档案,当所有业务开始执行后,每完成一个项目,就勾销一项,最后在档案系统中的未勾销项目就是没有完成控制目标的项目。

5.进程控制方式

一些经济业务的完成要经过多个步骤或办理多道手续,这些步骤或手续承前启后,一环扣一环,下一个环节工作的开始以上一环节正常结束为前提。进程控制是指将同一性质的经济业务按要求完成的先后进行排列,并按日程表的指示去执行。如一些购销业务需要经过审批,一些面向高级管理人员的综合报告则来自下属各级经营业绩的逐级汇总。

6.限制接近控制方式

限制接近控制方式是指只对某些行为,只限于已被授权的人员接近,未经批准的人员禁止接触。如财产的转移和使用,记录的查看和修改,以及一些特定工作场所的人员出入等。限制性接触对保护现金、存款、有价证券以及存货等流动性大的财产尤为重要。

7.平行运作控制方式

平行运作控制方式是指对同一经济业务的数据采用不同处理方式,或由不同的人员来作相同或类似的处理,看是否得到相同或预期的结果。如银行存款日记账与银行对账单的核对,将辅助账和控制账相比较等。

8.职责分工控制方式

职责分工控制的核心在于将不相容职务进行分离,对每一个职能部门或人员的职责进行明确的界定。各职能单元之间相互牵制,相互监督。如管钱的不能管物和账,管物的不能管账和钱等等。职责分离可以有效地防止工作人员利用职权舞弊。

(三)饭店内部控制的局限性

任何系统的有效运作都有赖于健全的内部控制。也就是说,必须建立有效的机制或程序,进行衡量、监控、调节,从而保证各系统实现其既定的目标。但内部控制不是万能的,它本身存在着一定的局限性。正确认识内部控制的局限性,有助于确立内部控制在内部管理中的地位和作用,从而指导饭店内部控制的构建与实施。内部控制的局限性主要表现在以下几个方面:

1.内部控制制度的制定和实施要考虑成本效益原则

实施内部控制的成本效益问题会影响其效能。一方面,从控制效果上看,控制环节和控制措施越严密复杂,控制的效果也就会越好,但控制环节越多、控制措施越复杂,相应的控制成本也就越高,同时还会影响饭店生产经营活动的效率;另一方面,从节约成本、提高管理效率上看,企业的控制环节和控制措施不够严密,又很难真正达到有效控制结果,只有当一项控制所能给饭店带来的效益大于其所花费的成本时,饭店管理当局才会考虑设置并实施该项控制。

2.因经营环境、业务性质的改变使内部控制消失或失效

饭店已有的内部控制是针对重复发生的业务设计的,而且一旦设置就具有相对稳定性。如果出现不经常发生或未预计到的经济业务,就会对该类业务缺乏控制能力,从而影响内部控制的效果。同时,信息技术的高速发展与普通应用,也会影响内部控制的自我完善。

3.设计人原因引起的局限性

任何"完美"的内部控制系统都会因设计人经验和知识水平的限制而带有缺陷;也有可能由于制定者从局部利益出发,造成"控外不控内、控上不控下"的局面,使内部控制大打折扣。

4.执行人原因引起的局限性

饭店内部行使控制职能的管理人员滥用职权、蓄意营私舞弊,饭店内部承担不相容职务的人员相互勾结、串通作弊,或者饭店内部行使控制职能的人员素质不适用岗位要求,那么即使具有良好的内部控制,也不会发挥其应有的作用。尤其是饭店领导或关键人员凌驾于内部控制制度之上的行为,会给饭店带来致命的损失。另外内部控制还可能因为执行部门的横向和竖向不连贯或抵触而削弱。

实训课业

1.什么是会计信息系统?
2.为什么会计人员和审计人员要参与会计信息系统的开发?
3.为什么要进行会计信息系统的规划?规划的任务是什么?
4.调查几个饭店,分析和对比其会计信息系统的总体结构,它们有何相同之处,有何不同之处,为什么?

参考文献

[1]李文玲.酒店会计实操从入门到精通[M].北京:中国铁道出版社,2013.

[2]宋雪鸣,费志冰.饭店财务运转与管理[M].北京:高等教育出版社,2008.

[3]方法林,孙嘉欣.旅游企业财务基础知识[M].西安:西安交通大学出版社,2010.

[4]张玉森,陈伟清.基础会计[M].北京:高等教育出版社,2011.

[5]王江宗,张宝清.财务会计[M].北京:高等教育出版社,2012.

[6]王志强.饭店业经营活动的财务分析[J].饭店现代化,2012(10).

[7]毛勤.现代酒店财务管理现状与发展研究[J].当代经济,2012(10).

[8]万光玲.餐饮成本控制[M].广州:广东旅游出版社,2010.

[9]汪纯孝.饭店食品和饮料成本控制[M].北京:旅游教育出版社,1990.

[10]曾繁英.新时期饭店餐饮成本控制的思考[J].经济师,2001(11).

[11]董惠良.财务会计[M].上海:上海交通大学出版社,2002.

[12]熊燕.论饭店餐饮成本控制——标准成本法的应用研究[D].重庆:重庆大学,2006:1-7.

[13]苏亚梅.酒店财务分析浅谈[J].现代商业,2010(29).

[14]财政部会计司编写组.企业会计准则讲解(2010版)[M].北京:人民出版社,2010.

[15]李红.现代饭店财务管理[M].大连:东北财经大学出版社,2014.

[16]任延东,禹阿平.新编基础会计实训[M].大连:大连理工大学出版社,2012.

[17]王文庆.企业财务管理[M].北京:北京经济学院出版社,1989.

[18]刘尘晖.企业经营经济学[M].长沙:湖南科学技术出版社,1986.

[19]周龙腾.酒店会计[M].北京:中国宇航出版社,2014.

[20]宋莉娟.餐饮酒店企业会计核算实务[M].北京:中华工商联合出版社,2014.

[21]平准.酒店会计核算与纳税实务[M].北京:人民邮电出版社,2014.

[22]吕劲松.无形资产会计[M].北京:中国审计出版社,1998.

[23]赵炳贤.资本运营论[M].北京:企业管理出版社,1997.

[24]张小雪.餐饮酒店企业会计与纳税技巧[M].北京:人民邮电出版社,2014.

[25]刘继艳.如何做好酒店会计[M].北京:经济管理出版社,2016.

[26]代义国.酒店会计报表编制实战[M].广州:广东经济出版社,2012.

[27]全国会计从业资格考试辅导教材编写组.会计基础[M].北京:经济科学出版社,2014.

[28]财政部会计资格评价中心.财务管理[M].北京:中国财政经济出版社,2014.

[29]财政部会计资格评价中心.中级会计实务[M].北京:中国财政经济出版社,2014.

[30]Raymand S. Schmidgall.饭店业管理会计[M].4版.北京:中国旅游出版社,2002.

[31]Raymand S. Schmidgall,James W. Damitio.饭店财务会计[M].2版.北京:中国旅游出版社,2004.

[32]美国饭店及汽车旅馆协会.饭店统一会计制度[M].北京:旅游教育出版社,1990.

图书在版编目(CIP)数据

饭店财务会计/方法林,周婷主编. —西安:西安
交通大学出版社,2017.3
ISBN 978 - 7 - 5605 - 9535 - 1

Ⅰ.①饭⋯　Ⅱ.①方⋯②周⋯　Ⅲ.①饭店-财务
会计　Ⅳ.①F719.2

中国版本图书馆 CIP 数据核字(2017)第 067808 号

书　　名	饭店财务会计	
主　　编	方法林　周　婷	
责任编辑	李逢国	
出版发行	西安交通大学出版社	
	(西安市兴庆南路 10 号　邮政编码 710049)	
网　　址	http://www.xjtupress.com	
电　　话	(029)82668357　82667874(发行中心)	
	(029)82668315(总编办)	
传　　真	(029)82668280	
印　　刷	陕西丰源印务有限公司	
开　　本	787mm×1092mm　1/16　印张 17.125　字数 414 千字	
版次印次	2017 年 5 月第 1 版　　2017 年 5 月第 1 次印刷	
书　　号	ISBN 978 - 7 - 5605 - 9535 - 1	
定　　价	35.00 元	

读者购书、书店添货、如发现印装质量问题,请与本社发行中心联系、调换。
订购热线:(029)82665248　(029)82665249
投稿热线:(029)82668133
读者信箱:xj_rwjg@126.com